阅读·图书馆

郑晓光·著

北方联合出版传媒（集团）股份有限公司

万卷出版公司
VOLUMES PUBLISHING COMPANY

©　郑晓光　2014

图书在版编目（CIP）数据

阅读·图书馆／郑晓光著．—— 沈阳：万卷出版公司，2014.7（2023.5 重印）

ISBN 978-7-5470-3122-3

Ⅰ．①阅… Ⅱ．①郑… Ⅲ．①图书馆事业 – 研究 – 中国 Ⅳ．① G259.2

中国版本图书馆 CIP 数据核字 (2014) 第 156003 号

出　品　人：王维良
出版发行：北方联合出版传媒（集团）股份有限公司
　　　　　万卷出版公司
　　　　　（地址：沈阳市和平区十一纬路 29 号　邮编：110003）
印　刷　者：三河市双升印务有限公司
经　销　者：全国新华书店
幅面尺寸：155mm×220mm
字　　　数：200 千字
印　　　张：17.5
出版时间：2014 年 7 月第 1 版
印刷时间：2023 年 5 月第 2 次印刷
责任编辑：胡　利
责任校对：张　莹
封面设计：悦读坊
内文制作：悦读坊
ISBN 978-7-5470-3122-3
定　　　价：59.00 元
联系电话：024-23284090
传　　　真：024-23284448

C O N T E N T S 目录

■ 前　言
阅读的乐趣　文化的传播　文明的传承

　　不同时代有不同时代的图书和图书馆，不同时代有不同时代的阅读和欣赏模式。阅读也好，图书馆也罢，其共同的追求都在于对文化的传播，其共同的责任也都在于对文明的传承。一个不善于阅读的人，就会暴露出人文底蕴的不足；一个不盛行阅读的时代，就会暴露出文化内涵的缺失，甚至是文明传承的滞后。正基于此，才有"书籍是人类进步的阶梯""读书是高尚的享受"，也才有"世界上最壮丽的宫殿是藏书最多的图书馆"这样的至真之理。

　　图书馆不是组装车间，让人一进一出就满腹经纶；图书馆不是喧嚣闹市，让人一走一过就满载而归；图书馆不是鲜花绿草，让人一品一鉴就赏心悦目。图书馆是书香圣地，让人在其中闻香赏乐；图书馆是金玉满堂，让人在其中熟读精思；图书馆是薪火传承，让人在其中品味真谛；图书馆是思想圣殿，让人在其中感悟文明之魂。

　　阅读是一种快乐，一种沁人心脾的快乐；阅读是一种感受，一种自我存在的感受；阅读是一种心境，一种调节自我的心境；阅读是一种品位，一种生活点滴的品位；阅读是一种升华，一种理想信念的升华。随着经济社会的飞速发展，人们的认知载体变得更为复杂化，在时代向前迈进的征程中，就更加需要重视阅读、发展阅读、创新阅读，就更加需要通过阅读来传播文化、传承文明。

一、阅读与图书馆的发展让人乐道生津

　　阅读是一个古老的话题，图书出版业飞速发展，电子信息产业跨越

腾飞，别样的世界文化正在迅速地发展与变革着，以多样化的方式引导着人们的世界观和认识论，乃至整个社会都萦绕着阅读的天籁。

作为乐享生活的圣地——图书馆，如果阅读不能成为"快乐的天使"，不能带给人们心灵的享受；如果阅读不能充当"开光的利刃"，不能劈斩人们前进征途中的荆棘，那么，阅读这个人类文明传承的发动机，必将失去其引擎的功效，阅读这个"认识你自己"最有效的方式，也将失去神圣的灵光，图书馆这座"古老的神殿"也将嗅不到人间的香火。

面对阅读书籍几何级数般地递增，面对图书馆飞速发展创造的人间瑰宝，喜欢阅读的人们并没有迷失方向。阅读让人们找到了新的愉悦点，大胆地旋动快乐的引擎，对图书馆的服务职能、阅读与图书馆的关系、图书馆中阅读的推广模式、图书馆中阅读的创新设想，以及中国图书馆的未来走向等一系列问题进行反思和追问，以至于通过剖析让图书馆成为未来社会发展百花园中的一道亮丽风景，让阅读成为推动社会前进的"马达"。在图书馆的产生和发展历程中，关注到了价值问题、体系建设问题、文化传播问题等，经历了观念转变、历史沿革、教育创新、认识发展等不同的阶段，图书馆已经逐渐摆脱了社会发展的制约，逐步突破了文化发展的瓶颈，开始进入阅读载体提供和阅读群体适应性的功能主义转变。阅读虽然有古老的发展历史，但这并不意味着全民阅读的风气已经全面形成，在阅读应该成为全社会共同生活需求的今天，图书馆的发展脚步也应该更加迅速，应该以一种势如破竹的气势，伴随着阅读风气的蓬勃发展，积极探索推广模式，努力破解改革发展过程中的瓶颈，深入推进各领域的改革创新，实现制度化、大众化、人文化的科学走向。

然而，一些迷茫中的人们，并没有感受到阅读的乐趣，仍然在生活中徘徊，在求索中困惑，困惑自己不能找到人生的乐趣，困惑自己不能定位科学的人生轨迹，困惑自己不能破解生活中的难题。正如北京师范大学的于丹教授所说："今天是一个图书爆炸的时代，但是我们读书的心越来越不静了，我们读书的行为可以说有点急功近利了。人的阅读可以分为两种，一种是有用的阅读，一种是无用的阅读，一种是为知识的阅读，另外一种是为生命的阅读。有用的阅读提供了我们一些生存的底线，这固然重要，但并不是阅读的全部。"①

的确，阅读应该在每个人的生活中都占据一定的位置，用阅读来充实自己，用阅读来快乐自己。其实，这一切都简单得不能再简单，容易得不能再容易。通过阅读完全可以发现生活的简单性，通过阅读完全可以洞彻关系的复杂性，实现简单与复杂的辩证统一，找到生活中让人最阳光乐道的一面，这也正是阅读的魅力所在。

诚然，阅读是如何应对客观世界的变迁、社会的发展、人类的进步等问题，通过剖析不难发现，其实，阅读让人们看到的是无机世界的有机元素，让人们感受到的是无声世界的强力震撼，这就是阅读的生命力功能。阅读是如何应对读者群体差异导致的世界观和认识论差异问题，同样不难看出的是，阅读适合于不同群体，适用于不同的场合，发挥不同的职能，这就是阅读的普适性功能。还需要思考的是，阅读是如何打破文化的壁垒，带给人们身心的轻松与愉悦，其实阅读的功能还在于对人们心灵的洗涤，把人们从自我的情景中带入到他我的世界中，去切身感受作者世界中所描述的人、事、物，进而实现自我与他我的辩证统一，达到愉悦身心的目的。

这些阅读的功能充分证明了，阅读应该被更为广泛地普及，这种发展势头风鹏正举。当然，这种发展历程也必将是任重而道远。

二、阅读与图书馆共扬文化传播之风帆

早在公元前 3000 年，就有世界上最早的图书馆。在历史的沿革过程中，图书馆这个阅读的重要载体发挥着不同的历史作用，让世界范围内的文化传播之舟扬帆起航。几千年来，世界各地的图书馆在不停地发展变化，完整地记录了不同历史时期的文化信仰和文化发展脉络，让人类的思想精髓在更大的范围内得到传播。阅读让不同时期的人们能够以不同的方式来审视和认识历史与文化的发展变化，保持了文化传播的连

---

①舜网（济南）. 名人名家谈读书［EB/OL］.
http://news.163.com/09/0424/04/57 L0H4IH000120GR.html.

续性。但是，随着时代加速度式的发展，知识的丰富、领域的庞杂、需求的变迁，都令人始料不及，来自于各个领域的不同层次的阅读爱好者，更加关注阅读中表现出的各种复杂关系。少儿群体看到的是从"猫和老鼠"时代到"喜羊羊与灰太狼"时代的启蒙文化发展变化，学生群体看到的是从应试教育的被动式阅读到素质教育的主动式阅读的教育文化发展，中青年群体们看到的是从简单的感性阅读到复杂的理性阅读的社会文化发展，老年群体看到的是从养儿防老社会向"老有所养、老有所依"社会的养老文化迈进，特殊群体看到的是从饿殍遍野到社会帮扶和社会保障体系的建立与完善推动的平等文化发展，等等。这些问题的发展变化和视角的发展变化，都是不同的阅读的人们已经和正在关注的文化的发展变化，其中阅读对于文化传播的价值是不言自明的。

当然，在社会发展的过程中，阅读与图书馆的发展也似乎出现了不同步的现象，值得我们去思考和追问。阅读的群体表现出的是多样性，图书馆的服务职能也表现出多样性，但是，这两种多样性之间的关系如何？是否能够做到一一对应呢？也就是说，图书馆的多样性职能能否满足阅读群体多样性的需求呢？二者之间能否保持一定的和谐与同步呢？另外，从文化传播的角度来说，图书馆以固有的隐性模式来实现文化的传播，而阅读则以特有的显性功能来实现文化的传播，尽管图书馆和阅读都能够起到文化传播的作用，但是，其实现的方式却存在一定的差异，这也是阅读与图书馆需要处理的关系问题。

应当承认，阅读对于文化的传播和图书馆对于文化的传播都是完全必要的。但是，如果片面地认为阅读和图书馆的意义仅在于传播文化，其他领域之外的一切问题都是毫无意义的，那恐怕有些过于局限化。其实，阅读与图书馆也在推动着社会的发展与进步。当然，这种发展与进步同文化的发展与进步存在着密切的关联性，但却不能将二者简单地等同视之，这也正是我们需要认真思考的问题。

反思图书馆的发展历程，不难发现，文化不是在喧闹中产生，而是在阅读中发展与传播的。阅读不在"时髦"中张扬，而在投入中领会。阅读需要图书馆，阅读需要安静，阅读需要专一。文化的传播需要立足于实际，立足于百姓的生活，立足于社会的发展，人们在阅读中学会感悟与领会，将文化的精髓内化于自身，推动着人类的生产生活实践。

俄国著名作家、文学评论家车尔尼雪夫斯基曾经这样评判图书馆事业，他认为："图书馆事业只有得到健康发展时，才会成为美好的事业。"这种观点在一定意义上阐述了图书馆在各项事业（其中包括文化事业）发展中的重要价值，这也正是图书馆事业必须要坚持和遵循的根本原则，只有这样才能更好地推动文化事业的发展，推动社会的进步，推动全民综合素质的提升。

正是社会主义文化强国战略的提出，正是社会主义文化大发展、大繁荣的时代感召，正是为了全面建成小康社会，实现中华民族伟大复兴的中国梦，才让我们更加坚定文化发展的势在必行，更加坚定图书馆的发展建设和良好的阅读风气的营造势在必行，更加坚定在全社会掀起"全民好读书、乐读书"的阅读热潮势在必行，全面推动21世纪的阅读和图书馆事业的蓬勃发展。

当然，对于阅读、图书馆等相关领域问题的解读和剖析有众多的视角，无论是高度重视也好，抑或是无所谓的态度也罢，但有一点是任何人也改变不了的事实，阅读在推动人们文化素质提升过程中所发挥的作用是无可替代的，图书馆对于人类文化的传播所发挥的作用同样是无可替代的。当下，全国各地的市民都在以各种形式参与到全面阅读的活动中，让阅读的风气逐渐形成，一些高校和社会的图书馆也陆续向普通市民开放，让文化资源达到了充分的共享，阅读和图书馆已不再是古老岁月中贵族们的专享。

可以预见，在不久的将来，当阅读成为全民共同的习惯，当图书馆成为全民自我充实和完善的场所，中国将当之无愧地成为社会主义文化强国。

三、阅读与图书馆让文明传承前程似锦

阅读是文明传承的火炬，是一个时代的文明与其他时代的文明相衔接最精致、最深刻的媒介。今天我们所面临的阅读氛围是史无前例的，14亿国人正在向社会主义文化强国的目标齐头并进，这是一部载满丰功伟绩的史册，是历史振兴的见证，是文明传承的执着。阅读可以改造客观世界，可以推动社会运行，可以创造社会和谐。2013年中国图书馆年会把"书香中国——阅读引领未来"作为主题，表明了这一时期文明传承的生命力，以及全民阅读的影响力，这是历史的选择，是人民的选择，是文化传播的选择，更是文明传承的必然选择。

图书馆的建立与发展推动了世界文明的传承历史，让世界文化遗产实现了全球范围内的共享，这在一定程度上会发生供需关系的变化，以及软实力资源的大范围流动，也推动了经济社会的发展与深刻变革。随着人们阅读需求的不断提高，人们的知识结构发生了深刻变化，认识问题的广度和深度都在发生着改变，对图书馆服务职能的要求也更加具体，甚至在阅读过程中会出现问题的变异现象，这些都是阅读与图书馆必须要面对的现实问题，也是人类文明发展过程中必须要解决的问题。复旦大学钱文中教授曾经非常犀利地谈过文明的问题，他认为："一个社会不可能所有人都受过教育，但是一个社会之所以能持续发展，最根本的原因是这个社会应该有文明，社会成员应该有教养。现在我们的情况实际上是整个社会文明程度太差，你再有钱，经济再发展，城市乱哄哄的，不排队，不让座，乱闯红灯，不讲规矩，没有一个人会幸福的。所以《弟子规》是讲尊敬老人，讲一些做人的基本规矩。如果说《三字经》比较偏重于'文化'的话，《弟子规》更多的是讲'文明'。如果一种文化不落地为文明，这种文化早晚要被风吹雨打去。西方文化之所以至今强大，主要是它落实成文明，变成了人的习惯。玛雅文化之所以消亡，恐怕它没有好好落地为文明。"①

---

①中国青年网.钱文忠：中国人道德观崩塌很快［EB/OL］.
http://wenhua.youth.cn/wx/zjpl/201012/t20101221_1437317_1.htm.

历史的实践证明，阅读使人们认识问题的方式在不断发生变化，符合认识论的基本原理，而且，阅读使人们认识世界的过程也是一个发展的过程，是文明传承的过程，在这个过程中，知识水平和认知能力同时达到了螺旋式上升的结果，这就是阅读的产物，是人类的进步，是文化的进步，是文明传承的历史必然。

从发展的角度看，人类面临的现实瓶颈在不断发展变化，图书馆所收藏的图书也在不断地丰富，这些图书是某一阶段人类在某些领域意识形态的综合体。在不同的发展时期，人们的困惑在不断地被解决的同时又在不断地产生，这就要求人们用理性的思维方式来解决当下的现实问题，也正是在这样的过程中，实现了文化的传播与文明的传承。

然而，阅读的重要舞台在图书馆，图书馆的主人是读者，读者通过阅读来感受图书馆的内涵，来感受和认知文化的变迁，这是一个以文明为媒介的相互作用的过程。

第一，图书馆的发展历史需要剖析。从表层看，图书馆的历史非常简单，无论是公元前 3000 多年前的产生，还是历经近代到现代、当代的发展历程，就是个规模不断壮大的过程，也是一个文化不断发展的过程。其实，从本质上看，图书馆各领域间的衔接都是一个动态化的过程，在这个过程中，文明得到传承和延续，推动着时代的发展与进步。换句话说，图书馆发展的历史是人类文明发展史的最有利的见证，对图书馆的发展历史进行剖析为其他问题研究奠定了坚实的基础。

第二，阅读的群体需要辨证看待。阅读不是某个人或者某一类人的特权，任何人都有学习和阅读的自由，对于图书馆而言，就需要针对不同的群体对象，提供有针对性的欣赏空间，这样才能建立较为和谐的群体关系。不同的群体对于阅读的需求是存在较为明显的差异的，尤其是针对不同的文化需求更是存在本质上的差异，这就需要在实践中不断去摸索和完善。

第三，图书馆的职能需要创新发展。图书馆绝对不能仅仅用馆藏图书来衡量其价值，更不能将图书馆变成历史博物馆。尽管图书馆中会陈列许多历史类的书籍，但是，这些书籍的价值远非对于长久历史的记录，而是一种彰显时代文化的符号，或者表现某种时代的文明程度。随着时代的不断发展，图书馆的职能也要创新，即便是对于提供阅读服务的常规职能也要发展，这也正是我们需要认真总结的东西。

第四，阅读的推广模式亟待突破。建设社会主义文化强国不是一句简单的口号，构建书香中国也不是一日即成的事，从上到下，以及横向之间，都需要打破固有的瓶颈，在阅读模式推广上做文章，让全民都能够充分享受阅读带来的不凡收获，在阅读中汲取人类文明的精华，为社会的发展做贡献，在全社会范围内营造人人崇尚阅读、人人参与阅读的全民阅读氛围，让书香溢满中国华夏大地。

第五，图书馆的未来走向需要积极探索。在时代发展过程中，图书馆的改革与创新面临新型挑战，要针对特定的问题，采用积极有效的应对措施，进行协调解决，在制度化、大众化、人文化等方面进行积极探索，推动图书馆综合职能的全面提升，为阅读者提供更为便利的平台，从硬件上为社会主义文化强国建设、书香中国建设以及全民阅读氛围营造提供坚实的保证。

阅读与图书馆作为文化传播的载体，作为文明传承的纽带，应当是社会发展、人类进步、文明提升的"工具"，而不应当成为阻碍社会发展、人类进步、文明提升的"篱笆"。文化的传播，文明的传承，似为阅读与图书馆的发展构想，实则是阅读与图书馆创新发展的共同使命。

作为完成使命之作，本书没有也不可能对上述诸多问题均给予讨论，只能围绕一般问题进行剖析和追问。

■第一章
中国图书馆的产生、发展及思想变迁

我们伟大的祖国有着悠久的历史、灿烂的文化，作为世界上唯一一个保存了上下五千年的文化形态，为世界人民提供了不可多得的文化遗产，这种文化的传承与发展和图书馆的历史与发展有着不可分割的联系。图书馆的存在让文化得以保存，图书馆的存在让文化得以传承，图书馆的存在让人们爱上阅读，图书馆的存在推动社会不断进步。图书馆作为一种静态的文化，提供给人们无限的文化资源，让人们在知识的海洋里遨游，不断丰富自己、发展自己。同时，图书馆还记录着不同时代人们的思想情况，表达着人们的创造力和想象力。要想更好地了解中国，我们必须要走进图书馆，去阅读，去钻研，了解人类思想发展的脉络，从中获取更多的能量。图书馆的发展不仅为个人的进步贡献着自己的能量，也为社会的进步默默地奉献着。所以，我们要想更好地了解我们伟大的祖国，了解我们社会的动态，就要走进图书馆，关注图书馆的发展情况，用阅读来丰富自己、完善自己。

一、近代中国图书馆的产生与发展

要想真正了解图书馆，就要从图书馆的产生与发展谈起。公元前2000多年，我国的周朝就有保管盟约文书的官府叫"盟府"。这是我国最早的藏书的地方。《左传·僖公五年》："（虢叔）为文王卿士，勋在王室，藏于盟府。"相传老子曾为周柱下史，后人用"柱下"称老子或老子的《道德经》，后来"柱下"借指藏书的地方。到了汉朝，西汉的石渠阁是西汉皇室藏书之处，建于汉高祖时期，位于未央宫殿北。石渠阁阁下以石砌成沟渠，用于盛水导水，有利于防火保卫，故而得名。东汉时期，"东观"就是当时收藏典籍的处所，位于洛阳南宫，修建年代不详，建筑高大华丽，四周殿阁相望，环境幽雅。汉代时还有宫廷内部藏书的地方，称为"兰台"，由御史中丞掌管。到了隋朝设有观文殿，所有书籍都典藏于此。宋朝时藏书的官署叫作"崇文院"，其中每类图书皆有叙录，每种书皆有解题，是中国较早的解题书目。明代时藏书室叫作"澹生堂"。清朝的四库全书七阁是清朝藏书的地方，其中七阁分为北四阁和江南三阁。北四阁包括文渊阁、文源阁、文津阁、文溯阁。文渊阁建于乾隆四十年，即1775年，位于北京紫禁城内，第一部《四库全书》写成后就藏于这里。民国后书归故宫博物院收藏。文源阁也是乾隆四十年建，在北京西郊圆明园内，1860年英法联军入侵时，书与阁俱遭兵火焚毁。文津阁也建于乾隆四十年，在今承德避暑山庄，藏书于1915年运至北京，现藏于国家图书馆。文溯阁建于乾隆四十七年，在辽宁省沈阳市故宫之西，书于1966年10月移藏在甘肃省图书馆。江南三阁包括文宗阁、文澜阁和文汇阁。文宗阁建于乾隆四十四年，原在江苏省镇江金山寺，太平天国时毁于兵火。文澜阁建于乾隆四十九年。文汇阁建于乾隆四十五年，原在江苏扬州市大观堂，在太平天国战争中毁于兵火。

"图书馆"一词是个外来语，19世纪末从日本传入我国。在此之前，我国的藏书机构只注重收藏，一般不对外开放。直到近代，我们的以教育为目的、对外开放的图书馆才逐步建立起来。我国图书馆的产生也是有一个过程的，我国的公共图书馆是从清朝末年开始兴起的。下面分别从清朝末年和民国初年两个时期来介绍中国图书馆的产生与发展。

（一）清朝末期藏书楼的产生与发展

中国近代图书馆的发展是以藏书为主，并逐步向社会开放的公共图书馆转变，其最初是以"藏书楼"的形式出现的。其实藏书楼在我国也是有着悠久历史的，但"藏书楼"这一特定名称是"唐宋之际才见于记载，并于明清之际开始普遍在社会上盛行"。①这里所说的藏书楼是历代官方机构、民间团体或私人收集典藏图书文献之处所，并非所有"藏书楼"都是"楼"，其实就是藏有图书的建筑。由于是私藏，基本上就是藏书的主人、学者、朋友研读校订的场所。藏书楼在我国也有着悠久的历史，至今已有 2000 多年，从秦汉以来，私藏与官藏就并驾齐驱，共同发展，成为中华文化保存与传播的两大渠道。唐代出现了雕版印刷以后，书籍开始普及，到了宋元时期就形成了风气，明清则达到了鼎盛时期。作为中华文化物质载体的中国藏书楼，它的规模、历史和功绩在世界文明史上都是独一无二的。据文献记载，最早的私人藏书楼始于北魏，在此后的 1500 多年中，相继出现过几千座藏书楼，其中有一定影响的就达 1000 多座。我国近代的藏书楼与古代的藏书楼还有着本质的区别，近代的藏书楼是面向社会公众开放的，本着传播文化和思想、培养人才的教育功能而设立。

提到近代的藏书楼，最为著名的要数"皖省藏书楼"，它是我国第一座具有公共图书馆性质的藏书楼。"皖省藏书楼"由安徽官绅何熙年在 1901 年创办于省城安庆。它开启了我国公共图书馆的先河，可视为我国近代第一个公共的图书馆。"1901 年 10 月 21 日，皖省图书馆正式开馆，初期每天接待读者 20 余人，后来发展到每天接待 200 余人。"②这个数字就当时社会上读书人的比例来看是相当多了，足以表明人们当时对这种新型的学习场所的接受程度和喜爱程度，也反映出"皖省藏书馆"在藏书建设、服务方式和管理思想等方面的先进性和时效性。皖省藏书馆的成功在于适应社会发展需要，能够满足人们日常的阅读需求，是社会发展和进步的产物。除"皖省藏书楼"之外，更为值得一提的是

---

①吴晞，李万健.从藏书楼到图书馆［M］.北京：北京图书馆出版社，1996：8.
②佚名：《记藏书楼阅书日众》，《中外日报》，1901 年 10 月 24 日，1902年 5 月 16 日.

浙江的古越藏书楼，是一处具有我国图书馆发展历史上里程碑性质的藏书处所，相当于中国的近代图书馆，类目及其含义反映了当时图书分类发生变革的过程和变化的特征，也反映了我国私人藏书楼向公共图书馆的过渡。古越藏书楼由浙江绍兴绅士徐树兰于1900年开始创办，出资5.6两银子，捐献私人藏书7万余卷，到1903年向公众开放。古越藏书楼不仅收藏古籍，收买时务、实业等新书，还在经、史、子、集的传统分类基础上，开创了全新的图书分类方法，将全部藏书分为学、政两大部，共48类。现代图书馆学家非常兴奋地赞叹：这是中国学术史、思想史和图书分类史上的一个突破！

江苏省和粤闽两省一直是我国经济发展比较突出的地区，也是我国明清两代文人荟萃之地，藏书楼最早也是兴起于此。在西学东渐之时，这里又是文化传播之地，藏书楼诞生在这里是无可厚非的，比如盐城藏书楼是江苏省第一所藏书楼，还有江西安县的藏书公所。闽粤两省也是受传播知识、培育人才的近代图书馆观念影响最早的地区之一，设立了鳌峰藏书楼和佛山藏书楼。这些藏书楼的设立都是以教育民众为目的，向社会公众开放，供社会公众学习的藏书馆所，为广大民众的阅读、学习提供了广阔的空间，同时也加快了图书馆自身的发展，使图书馆深入到人们的生活中，成为人们喜闻乐见的阅读场所。

（二）清朝末期图书馆的产生与发展

藏书楼大量兴起之后，随着中外文化的交融，"图书馆"这个崭新的词汇也逐步走进人们的眼帘。人们不再满足于藏书楼储藏图书的功能，要向更为进步的方向发展，于是"图书馆"便应运而生。1904年，江苏常州的学者们在当地创办了一所图书馆，取名"常州图书馆"。这是中国第一次以"图书馆"命名的图书馆，为我们的图书馆事业开了先河。常州图书馆现在已经成为一所现代化的图书馆，面向社会各界学者开放，为社会上喜欢阅读的读者服务着。在常州图书馆之后，各地的图书馆也相继创办，其中最为著名的是京师图书馆和江南图书馆。

　　京师图书馆是现在中国国家图书馆的前身，始建于1909年9月9日，时值清政府推行"新政"，地址设在北京的什刹海广化寺。但由于清末政局动荡，无人关心和重视文化事业，直到清帝逊位，京师图书馆也没有正式接待过读者。辛亥革命之后，北洋政府的教育部接管了京师图书馆，并将其改名为国立京师图书馆，民国元年才开始正式接待读者。后更名为北平图书馆、北京图书馆，1998年更名为国家图书馆，由江泽民总书记题写馆名。

　　江南图书馆是我国第一所公共图书馆，有着100多年的历史，由光绪年间的两江总督端方于1907年在惜阴书院原址创办，缪荃孙任总办。该图书馆位于南京市鼓楼区清凉山下，现在是南京图书馆的古籍部。江南图书馆于1910年8月正式开放，服务于读者。缪荃孙是著名的藏书家、图书馆学家，在他的苦心经营下，江南图书馆保存了我国很多稀有的文化典籍。江南图书馆于1927年后改为国立中央大学国学图书馆，1929年改为江苏省立国学图书馆，1952年国学图书馆和原中央图书馆合并为现南京图书馆。

　　新式图书馆的兴起与社会经济的发展和文化的进步有着密不可分的联系，在西学东渐时期，我们对于西方图书馆的运用与发展受益颇多，当时社会对文化与知识的需求的增加，也让图书馆有了生存的空间。当然，当时社会上先进人物的引导也发挥着重要作用，像林则徐、魏源都对西方图书馆作了介绍。他们也是最早介绍西方图书馆的中国人。魏源在他的《海国图志》中描述："其诸国所读书籍，皆圣贤撰著，从古相传，而一以天主经典为宗。即后贤有作，亦必合于大道，有益人心，乃许流传国内。亦专设检书官看详群书，经详定讫，方准书肆刊行。故书院积书至数十万卷，毋容一字蛊惑人心，败坏风俗者。其都会大抵，皆有官设书院，聚书于中。日开门二次，听士子入内抄写诵读，但不许携出也。"[1]让国人对图书馆有了宏观上的了解，大家对图书馆开始感兴趣。

----

[1]魏源.海国图志［M］.长沙：岳麓书社，2011.

这对图书馆在我国的兴起起到了至关重要的作用，也为图书馆在我国日后的发展做了最好的铺垫。

清末时期正是文化改革的时期，也为图书馆的发展提供了空间。在我们面临内忧外患之时，正是国人需要大量的知识来提高自身素质的时期，当时清末的官员们呼吁清政府创办图书馆来满足国人对知识的需求。尽管清朝末期的政府已经岌岌可危，但政府的力量仍远远大于民众，在政府的扶植下，在进步官员的努力下，图书馆也就悄然而生。清政府在对藏书楼到图书馆的转化过程中也做出了突出的贡献，使藏书楼和图书馆实现了完美的衔接，不仅保护了我们优秀的文化遗产，也方便了国人阅读，提高了国人的知识含量，为社会的发展与进步做出了不可磨灭的贡献。

（三）民国时期图书馆的产生与发展

在中国近代历史上，1911 年是一个重要的时间结点，对于图书馆的发展史来说，民国时期也具有重要的历史意义。辛亥革命推翻了几千年来中国封建王朝的统治，这对于追求自由的人们来说，无疑是对长期以来思想束缚的一种挣脱。一些新的思潮、新的文化产物、新的意识形态开始在刚刚经历历史性巨变的中国慢慢传播开来，一些学者们为了表达自己对思想解放的兴奋，开始将个人的思想用图书的形式记录下来。尤其是在 1919 年以后，受马克思主义新思潮的影响，更是大大推动了中国出版业的发展，迎来了中国出版业飞速发展的春天，众多范畴的作品相继出版，推动了中国文化事业的进步。与此同时，一些从海外归来的学者将国外的所见所闻，以及国外的一些出版业成果也带到国内进行宣传，对近代中国图书馆业的产生与发展起到了大大的刺激性作用，在更大范围内让图书馆的发展火种得到蔓延。实际上，这种伴随着文化和思想的发展而导致的图书馆业的发展，是历史发展的必然产物，确立了近代中国图书馆的地位，为未来中国图书馆业的蓬勃发展奠定了良好的根基。

一般我们提到近代图书馆的产生与发展，大多是指辛亥革命之后到新中国成立之前这段时间。相比之下，人们对于图书馆的认知已经上升到一定的历史水平，而且，图书馆的发展也出现了质与量的同步变化现象。另外，教育、阅读、图书馆、社会之间的关系更为复杂化，尤其是这几个层面之间的相互作用对各自的发展起到了积极的推动作用。尽管如此，人们的思想局限仍然没有得到彻底解放，这种束缚也在一定程度上制约着阅读与图书馆的发展。

为了适应近代中国的教育和社会发展需求，图书馆以给全社会提供较为优质的普遍化服务为基本职能而得到大力发展，这对于刚刚由相对封闭的社会过渡到受西方思潮影响的社会来说，是意识形态的发展与进步。对于全社会的图书馆事业发展来说，需要一个逐步的发展过程，然而，在当时的中国社会还存在一个问题，就是很多穷苦大众，尤其是那些被压迫的大众，相对来说接受教育的机会并不均等。也就是说，很多穷苦大众并不能享受到图书馆的便捷，这无形之中阻碍了图书馆的社会化功能。但是，随着政府重视程度的不断提升，这种阻碍逐渐淡化，图书馆的社会化功能在社会发展中逐渐凸显，图书馆也以一种硬件载体的方式参与到社会教育发展事业中，推动了社会的进步。

民国时期的图书馆特点主要表现为职能定位水准的提升，这一点也得益于政府部门对图书馆发展的高度重视。尤其在图书馆发展过程中，相关的制度体系建设也在不断发展与完善，使包括普通大众在内的人们对图书馆的认知得到进一步提升，图书馆以另外一种姿态站在了世人面前——由静态的"古董"变成了动态的"淑女"，即人们对图书馆的认识在不断变化，这无形之中也推动了图书馆的发展。

"民国初年，省一级设置仍延清季之制，设23省，即直隶省、奉天省、吉林省、黑龙江省、山东省、河南省、山西省、江苏省、安徽省、江西省、福建省、浙江省、湖北省、湖南省、陕西省、甘肃省、新疆省、四川省、广东省、广西省、云南省、贵州省、台湾省"[1]。随着以京师图

---

[1]徐学林.中国历代行政区划［M］.合肥：安徽教育出版社，1991：286-294.

书馆为代表的图书馆制度的发展与完善，也推动了一系列省一级的图书馆制度的创新与变革，以保证图书馆与时代发展的同步性，实现图书馆的职能转变。从时间上看，这些省一级图书馆并不是在民国时期建立的，而是在京师图书馆发展的影响下，在民国时期得到了一定的发展空间，使这些图书馆在管理、制度、规模、条件、服务、图书的质与量等众多领域都得到了一定程度的发展。这是教育发展的需求，是社会发展的需求，是阅读的需求，也是广大人民需求导向的历史选择。

通俗图书馆也是民国时期图书馆发展的一种特殊产物，是当时社会发展的历史性选择，也可以说是代表了一种图书馆发展的态势。从形式上看，通俗图书馆并不是一个独立的图书馆形态，而是一种理念上的图书馆，或者可以把其称为当时的一种发展模式，也或者是一种经营管理模式。当时，在全国范围内，共有各种存在形式的通俗图书馆超过200所，藏书的数量和人均读者阅读量也具有较大的规模，这在一定程度上也推动了民国时期图书馆事业的发展。

不仅如此，由于民国时期对教育需求的发展推动图书馆的发展，也出现了一些兼具教育功能和图书馆功能的机构，如巡行文库、公众阅报所、儿童图书馆、女招待室等，这些都具备一些特定的职能，满足了当时社会发展的需要。巡行文库相当于将通俗图书馆具体细化，从数量上看要略多于通俗图书馆。相比之下，公众阅报所的门槛就更低了，更加贴近基层的群众。儿童图书馆和女招待室的针对性就更强了，能够为特定群体提供特定的服务。从这些在民国时期新兴的图书馆形式来看，其出发点在于将教育的理念和新的思想传递给最基层的大众，让更多的人了解社会的发展步伐，其实这也让图书馆的作用和精神得到了辩证发展。

二、当代中国图书馆的发展

新中国成立以后，中国图书馆事业的发展速度更加迅速。伴随着我国各项事业的有序推进,图书馆在社会发展过程中的作用也更加突显,尤其在推动政治、经济、文化、社会、教育、科技等众多领域中发挥了不可替代的作用。

通常来看，关于图书馆事业的发展也在不同的发展时期表现出不同的发展特点，同时，基于不同的特点而发挥不同的作用。起初，从新中国成立初期到三大改造完成之前，中国社会刚刚摆脱战争的洗礼，一些新思想的产生与发展必然主宰和推动着图书馆的发展，使图书馆发挥时代引领性的作用，尤其是对于最广大人民群众的思想起到积极的引领性作用。随着这种引领作用的有序推进，在社会中产生了一些"左""右"思想冲突的态势，无形之中也对图书馆的发展产生了较大的冲击，让图书馆的发展出现了一些畸形般的变化，在一定程度上阻碍了图书馆的科学发展。当改革开放的号角在祖国的大江南北全面吹响那一刻，中国的政治、经济、文化、教育、科技等各项事业都迎来了历史上的春天，与此同时，也带来了图书馆发展历程中的春天。伴着这种春风细雨般的滋润，图书馆的"嫩苗"茁壮成长。在中国特色社会主义文化背景的影响下，面对国内、国际形势的深刻变革，图书馆的发展也面临新的历史冲击与挑战。尤其是高科技的飞速发展，互联网时代所带来的深刻变革，使图书馆的职能面临转型。面对这种时代的变化，图书馆的发展又一次面临历史性的抉择。当社会主义文化大发展大繁荣成为历史发展的必然，当党的十八大和党的十八届三中全会对我国的各项事业进行全面部署，在全面建成小康社会和实现中华民族伟大复兴中国梦的历史征程中，也对图书馆事业的发展提出了新的要求，图书馆事业的发展也迎来了新的机遇与挑战。

（一）从新中国成立到三大改造完成期间图书馆的发展

如果说，中国图书馆事业的发展是在高潮迭起中不断成熟和完善的，那么，中国图书馆发展所面临的第一次高潮应该归结于新中国成立到三大改造完成这段历史时期。当时，我们的国家已经摆脱了战争的创伤，全民都需要从战争的阴霾中走出来。怎样来应对我国新的历史发展时期？知识是武装头脑最好的方式，而图书馆中能够提供古往今来的各种历史经验，为中国的社会发展提供辩证的借鉴依据。基于此，对于精神饥渴的人民大众来说，图书馆无疑是一种"良方"。

从规模上看，从1949年到1957年，中国图书馆的数量翻了将近5倍，可以用几何增长的态势来形容，大量的公共图书馆免费向广大人民群众开放。与此同时，工会图书馆、农村图书馆、军队图书馆等也在不断地发展和建设，使图书馆的内容不断地得到丰富和发展。

始建于抗日战争时期的工会图书馆，在1949年之后迎来了新的发展机遇，无论是全国的工会还是各级的地方工会，抑或是一些企业的工会，都相继成立自己的图书馆，为工人阶级提供必要的服务场所，满足了广大职工及其家属在知识充实方面的需求，让大家以更加饱满的热情投身于祖国的发展事业中。同时，工会图书馆的职能也在不断丰富，不仅仅为广大职工及家属提供一般的借阅服务，还帮助这些读者提供书籍方面的讲解服务，以及通过丰富多彩的活动来交流各种书籍的核心理念，对书籍的宣传工作起到了积极的推动作用。

新中国成立后，随着中国社会发展的需要，农村图书馆的建设也在尝试中不断发展。对于我国这个农业大国来说，农村图书馆的发展建设无疑为农民素质的全面提升奠定了良好基础，推动了农业文化知识的传播，使广大农民群众也能够全方位地去了解更多的农业知识，实现科学化的种植与养殖，推动农村经济的发展建设。最初，农村图书馆建立的出发点在于改变农村普遍的经营理念，让农民也能够接受这种新思想的洗礼，"据统计，1951年仅东北地区就建立了农村图书室4923个"。①实践证明，农村图书馆的这种发展探索对于当时的农村经济发展发挥了很大的作用。

从世界历史上看，早在18世纪的时候，丹麦的军团就建立了图书馆，

①陈源蒸，张树华，毕世栋.中国图书馆百年纪事：1840–2000［M］.北京：北京图书馆出版社，2004：119.

而中国早期的军队图书馆成立于 1931 年，工农红军和机关中都设立了图书馆，例如，在连队中建立列宁室，以满足部队在军事和政治等领域的知识需求。新中国成立后，军队图书馆也得到了较大的发展，为军队干部和普通军人提供各种综合性服务，在军事理论和政治理论方面都有了显著的提升，大大地提高了全军的综合素质，增强了中国军队的战斗力和政治力，同时也丰富了军队的政治文化生活。

纵观从 1949 年到 1957 年这一时期的图书馆发展，可以看出图书馆管理方面的制度体系也在不断地建立与发展，相关制度的建立为图书馆的发展提供了必要的保证，使图书馆的发展逐渐向网络协作化的方向发展，在图书馆的学科建设方面也取得了一定的进步，让图书馆有力地推动了资源的共享和文化知识的传播。

（二）从三大改造完成到改革开放前图书馆的徘徊发展

对于中国的社会发展来说，"大跃进"和"文化大革命"是不能回避的一段历史。

"文化大革命"中，图书馆很多常规性的工作被搁浅下来，大量的图书馆关停，图书馆的数量急剧下降。很多有历史价值的图书被不同程度地损毁，很多宝贵的文化资料丢失，成为文化发展历史上的缺憾。

当然，也有很多对图书馆发展具有高度热情的工作人员，在孜孜不倦地为图书馆的发展付出着。以国家科学图书馆为例，"仅 1974 年读者到馆人数 78344 人次，书刊流通达 180951 册（件），其中西郊自然科学部就接待了读者 58902 人次，借阅书刊 54789 册（件）；城内社会科学服务部一个部，每天平均接待的读者比'文革'前 1965 年的最高数还多 40%"。[1]这也充分证明了图书馆发展的独特性，表现出强烈的不可阻挡力，让文化的火种得以传播和接续。

---

[1]国家科学图书馆馆史陈列室（网络版）.文革期间的一方净土——馆员回忆科学家齐聚图书馆［EB/OL］.

http://www.las.ac.cn/history/history-4_2.html.

（三）改革开放 35 年来中国图书馆事业的全面发展

当历史的发展迈入到改革开放的时代时，笼罩在中国社会发展上空的"雾霾"迅速消散了，图书馆事业的发展也以一种拨云见日的态势迎来了一缕新的阳光。图书馆的各项事业相继恢复，一切经济社会发展重新步入到新的轨道上来，科教兴国战略被提出，中国特色社会主义文化正在建设，社会主义文化大发展大繁荣的格局正在构建，在全面建成小康社会，实现中华民族伟大复兴的历史征程中，我们共同迎来了图书馆事业的全面发展和繁荣。

改革开放初期，随着经济社会发展产生的强大推动力，图书馆发展的成效也逐步凸显，各级各类图书馆的数量呈稳步上升态势，图书馆的藏书量不断增多，从事图书馆工作的人员队伍不断壮大，专项经费支持也得到有效落实，场馆建设面积不断扩大，这些都推动了图书馆事业的蓬勃发展。从相关文献资料记载来看，"1984 年图书馆的数量就由 1980 年的 1732 所增至 2217 所，图书馆的藏书量也由 1980 年的 19900 万册增至 1984 年的 24885 万册，图书馆的人员队伍由 1982 年的 19461 人增加至 1984 年的 26794 人，图书馆的专项经费支持由 1980 年的 4860 万元增至 1984 年的 11849 万元，图书馆的场馆建设面积也由 1980 年的 91.9 万平方米增至 1984 年的 145 万平方米"。[①]这些实质性的进展，为图书馆的全面发展奠定了坚实的基础。

随着改革开放的全面展开，经济增速明显加快，物价出现上涨，当然，图书的价格上涨也是发展的必然，随之而出现了经费紧张的问题，使图书馆的发展步伐逐步放缓。但是，伴随着信息化的逐步发展，信息传播速度的不断加快，数字化图书馆的出现让放缓的图书馆迎来了新的发展良机，发展态势出现了小幅回升。然而，追求经济发展已经成为一种势不可挡的态势，这就出现了发展与服务的矛盾，让图书馆这种本来所具

---

①黄宗忠. 中国新型图书馆事业百年（1904-2004）（续）[J]. 图书馆，2004（3）：7-11.

有的公共服务职能带有了一些利益的色彩，无形之中也为图书馆的发展造成了一定的不良影响。一方面，政府提倡图书馆为经济社会发展提供必要的支撑；另一方面，图书馆为了应对物价上涨、经费吃紧导致的一系列问题而开展有偿服务，进而产生了一些收费项目。为了应对这些问题，以国家图书馆为代表的全国 100 多家图书馆联合发出倡议，提倡图书馆资源的共享。紧接着，在 1998 年时，"数字图书馆"项目在中国国家图书馆正式启动，将图书馆发展推向了信息化时代。然而，这种发展只是人们眼中看到的发展，图书馆建得是越来越大，越来越漂亮，但是内涵并没有提升。同时，图书馆更加侧重对学术性的追求，在一定程度上脱离了大众化，忽视了社会公共服务职能的体现。另外，图书馆也开始用世俗的眼光来关注经济效益，各种收费项目让人看起来不舒服，这也成为资源共享的"天然屏障"，这些因素都不利于图书馆的全面发展。

　　2004 年是图书馆发展史上具有标志性意义的一年，这一年是中国近代图书馆事业创建的第一百个年头。当全面深化改革的战役打响，为了能让改革的成果惠及最广大人民群众，为了早日实现民族复兴、华夏腾飞的梦想，为了能够让"百年图书馆精神"得到广泛传承，中国图书馆历史性地迈进了理性发展、科学发展、快速发展相协调的时代。图书馆的发展真正体现了民生的意蕴，图书馆的权利得到落实，图书馆的精神得以传承，让图书馆的大门向最广大的人民群众敞开，使来自不同领域的人们都可以享受到这种知识的熏陶和文化的洗礼。为加快社会主义新农村建设，在全国范围内推行文化下乡活动，给普通百姓普及必要的科学文化知识，解决老百姓"买书难、借书难、看书难"的问题，国家部署实施了"农家书屋"工程，设立专项资金，大力发展图书馆事业，把图书馆的服务带到了农家的田间地头，让广大农民也能够全面了解到中国的政治、经济、文化、社会、生态等各领域的发展成果。流动图书馆、志愿服务活动等等成为新型的图书馆发展模式，主要是为了满足一些基层人民群众的文化阅读需求，特别是针对那些地处比较偏远地区的人们，流动图书馆更能满足他们的精神需求。另外，在一些经济比较发达的地区，图书馆呈现集群化发展趋势，让整个城市实现了图书馆的规模化覆盖，有阅读需求的人们可以在图书馆实现一站式的阅读服务，感受各种知识的层出不穷。从 2009 年文化惠民工程的推进到党的十七届六中全会的社会主义文化大发展大繁荣，从党的十八大到党的十八届三中全会，都高度重视文化事业的发展，这些都为图书馆事业的发展创造了更大的发展机遇。在国家的高度重视下，图书馆事业必将前程似锦，图书馆的百草园中也必然会满园飘香。

三、中国近现代图书馆发展的思想变迁

中国的图书馆是一项全民性的事业，很多从事图书馆学科及与图书馆学科有交叉的学者都在不断关注图书馆的发展，包括对图书馆发展历史的关注以及对图书馆发展思想变迁的关注，这些都是图书馆发展历程中宝贵的财富，推动着图书馆事业的顺利发展，也彰显着中国思想文化内涵的博大精深。

（一）从"苏联模式"到新式思想

中国近现代图书馆事业的发展在一定程度上依托于"苏联模式"，同样，在图书馆思想发展方面也与"苏联模式"有着非常密切的关系。在新中国成立后的很长一段时间，"苏联模式"都伴随着中国图书馆事业的发展，为中国图书馆事业的改革提供了重要的思想参考。客观地讲，如果没有"苏联模式"的影响，中国的图书馆事业不一定能够得到那样快速的发展。

在图书馆发展的"苏联模式"中，列宁思想对中国图书馆的发展产生了极为深远的影响。列宁认为，图书馆发展的关键在于图书的有效流通，为广大读者提供更为方便的阅读平台。其实，这就是阅读与图书馆

之间具有密切联系的观点。实际上，对于当时中国的图书馆事业发展来说，的确面临图书紧张阻碍图书馆事业发展的问题，只有让图书真正动起来，才能发挥更大的作用，这与列宁的思想比较吻合，也是"苏联模式"能够对中国图书馆产生重要影响的关键所在——与中国实际发展相贴切。列宁还认为，图书馆事业的发展属于社会主义事业发展的重要范畴，也就是说，从一定意义上看，图书馆的发展是社会主义事业发展的重要内容，如果发展社会主义事业，离开图书馆事业的发展将会是不完整的。同时，列宁认为，图书馆对于人民群众的知识文化教育方面发挥着重要的作用，要实现全面享受教育，脱离图书馆的建设是行不通的。图书馆还要发挥文化传递的功能，让图书馆的优势得到更大程度的发挥，还要让人民群众免费享有这些图书馆的资源，让更多的人认识和了解图书馆，了解图书馆的内涵，了解图书馆所传递的文化和信息。另外，列宁还提倡图书馆的发展要实现信息的交流与分享，而且要在国家层面乃至世界层面实现资源的共享。这样体系化的图书馆建立起来，也有利于图书馆动起来活起来。列宁的图书馆建设思想是一项庞大全面的体系，对于中国的图书馆事业发展发挥了重要的作用，让中国的图书馆发展逐步走向正轨。

随着中国社会的进一步发展，工、农、商、学、兵等各领域与图书馆发展之间的关系也更为密切，并逐渐出现了一些新式的思想影响着图书馆事业的发展。图书馆为工农兵服务，提出了"向科学进军"的口号，在一定层面上对图书馆的发展起到了促进作用。新式思想对于图书馆的发展来说还是产生了很多积极的成效，较为突出的表现为：一方面，正是基于图书馆提供了很多宝贵的文献资料，才让中国的发展有了一定的现实成果支撑，在科技实践的过程中，能够查阅相关的文献资料，为科学研究的开展提供了借鉴；另一方面，基于国家对图书馆事业的高度重视，大大地推动了图书馆事业的飞速发展，使图书馆的很多职能得到了发展与完善，相关辅助性工作得到有效落实，为图书馆的全面发展提供了保障。

（二）从科学管理到全面改革

改革开放让中国的各项事业都重新步入正轨，高考的恢复，科教兴国战略的提出，让知识的地位再一次被重新确立，图书馆发展的思想也开始重新理顺，国家逐步用科学化的制度来指导图书馆事业的发展，重视图书馆的制度管理体系建设，追求管理的科学性。

在图书馆的科学管理思想中，首先落实的是与借阅相关的图书馆制度，开馆时间、借阅制度都有明确的科学规定，同时对图书馆管理人员构成情况、任职要求、管理职责等方面也进行了科学的规范，还有就是对图书馆普通工作人员的队伍建设、职业要求、专业、学历等相关领域也做出了具体要求。另外，对于图书馆的经费设置及场馆建设问题也都有了明确的规定。这些制度的科学确立，让图书馆的管理更加系统化、科学化，保证了图书馆事业的发展，使图书馆以多样化的职能推动经济社会的科学发展。

在改革开放初期，对图书馆发展进行改革的思想为图书馆下一步全面改革的推进奠定了坚实的基础，重点表现在这样几个方面：首先，认识到图书馆重要地位的思路。把图书馆发展作为中国社会其他各项事业发展的重要依托性因素之一，作为一项长期的投资，国家相关职能部门要认识到图书馆发展的重要性和必要性。其次，图书馆的改革要坚持客观性的思路。中国图书馆的各项改革必须与中国发展的客观实际相吻合，发挥图书馆的各项基本职能，为祖国和人民服务，同时，图书馆的改革也不能脱离图书馆发展的客观实际，要立足于图书馆的现有基础进行科学化的改革。最后，图书馆的改革要保证部门间的协调性，落实岗位责任制度。图书馆的改革不能一蹴而就，要有计划、有步骤，尤其是在改革的过程中不能忽视系统内部和系统间的协调配合，同时，图书馆各岗位的责任制度也要做到清晰明了，权责明确，落实到位，保证图书馆的有效运行。另外，图书馆的改革还需要解决硬实力与软实力相统一的问题，既要保证图书馆硬件改革的力度，为广大读者提供温馨舒适的阅读空间，又要保证图书馆的软性服务能够更加具体，让各种细节性服务推动图书馆事业的发展。

全面深化改革是历史发展的需求，也是图书馆改革的必然阶段，让图书馆精神得到更有效的传递，让科学文化知识得到更有效的传播，让文明的火种得到更有效的传承。

当图书馆事业的发展踏入到 21 世纪的征程时，"新图书馆运动"的高潮逐渐兴起，其出发点在于让图书馆能够实现更大范围的普及，让图书馆履行其丰富的社会职能，把人本主义思想融入图书馆的建设和发展中来，推动图书馆事业全面改革大幕的拉开，在人文层面的基础上，实现图书馆理论的不断提升和图书馆实践的有效落实，探索图书馆创新发展的新思路，对图书馆的价值重新进行科学定位，发挥图书馆的更大效能。在这个过程中，图书馆的藏书量不断扩大，图书馆的内涵不断丰富，图书馆的发展理念不断更新，逐渐形成图书馆发展过程中的理论与实践的有机统一、历史与现实的辩证统一、软实力与硬实力的协调统一。

全面深化改革时期提倡图书馆精神的传承，其内涵实质包括以下几个层面：首先，在图书馆的宏观发展层面，要建立更加完备的图书馆制度，让图书馆的精神得到更大范围的传播，尤其是让图书馆能够服务于更基层的群体，使图书馆成为一个大众的平台，实现图书馆的跨越式发展。其次，在图书馆的内涵发展层面，图书馆的发展应该立足于自身的建设与提升，不断加强图书馆管理人员素质的提升工程，对图书馆从业人员进行系统化的素质教育，提高他们的从业水平和服务标准，建立框架式的服务模式，为广大读者提供优质化的服务。最后，在图书馆的知识提升层面，图书馆所提供的科学文化知识应该是丰富的，既是历史的蓝本，又是现实的映射，任何个体的人都可以从中找到自己所需要的内容，在其中汲取营养，追求科学的理性。

在全面建设小康社会的历史征程中，为实现中华民族伟大复兴的中国梦，图书馆事业需要进一步深化改革，为社会的全面发展服务，为人民大众服务，让阅读成为一种全民性的习惯，将图书馆的事业引向纵深，在全社会范围内传播知识、传承文明，让图书馆的书香飘满祖国的各个角落。

■第二章
图书馆中的阅读群体

　　图书馆为广大人民群众提供阅读服务，无论是少儿还是学生，无论是中青年还是老年，无论是健康人群还是残疾人，都有阅读的权利，都可以到图书馆中去畅快地阅读，从中了解自己想了解的内容，这是由图书馆的性质所决定的。

　　不同的阅读群体对图书馆的关注是存在差异的，这与阅读群体的身心发展规律有着较为密切的关系。少年儿童会把目光停留在那些花花绿绿的漫画或者是识字卡片，会被一些看似荒诞的故事情节所吸引，"喜洋洋"与"灰太狼"之间总是会进行着无休止的争斗，孩子们会在图书馆中感受着那份别样的情趣。学生们更多地会留意图书馆中哪些试题比较有代表性，北京四中的套题与其他的套题有哪些不同，中考和高考有哪些内容增加，四六级进行了哪些方面的改革等，通过对知识的浏览和过滤来选择自己所需要的内容。中青年们常常会关注图书馆中又出现了哪些畅销的书籍，这些书籍让人关注的焦点在哪儿，哪些图书可以让人励志，哪些图书可以让人学会管理，哪些图书让人学会炒股，哪些图书让人掌握开车的技巧，哪些图书让人了解经商的窍门，等等，都可以在图书馆的海量图书中得到自己想要的答案。老年人会在图书馆中静心阅读，研究如何养生，如何讲究饮食文化，如何应对常见的疾病，如何增进与子女间的沟通，等等，阅读可以让老年人学会平心静气、安享晚年的乐趣。而农民工群体由于在客观上存在一定的阅读局限性，知识储备不足，身体过于劳累，心理上存在自卑感等，图书馆便仿佛成了农民工群体的天然屏障。

阅读是人类共同的话题，群体差异不会成为阅读的瓶颈，不同人群在图书馆中都可以品味书香、品味生活。

一、少儿阅读群体

少儿天生就有阅读的欲望，从最开始的咿咿学语到看图识字，从组词说句到情景描述与故事讲解，这是一个阅读从感性到理性的过程，是阅读的提升过程，也是人类阅读最原初的认知发展过程。从图书馆的少儿阅读群体中，我们能够看到图书馆未来的发展希望，能够预见到中国未来文化传播与文明传承的走向。

（一）图书馆中少儿阅读群体的基本概况

少儿阅读群体是图书馆读者中的重要群体之一。少儿阅读对于少儿的成长成才和图书馆事业的可持续发展都具有重要的意义。很多名人都曾经对少儿阅读的重要性给予过较高的评价，英国著名哲学家弗朗西斯·培根曾经对阅读进行过这样的评价，他指出：“读书可以陶冶个性，每一种心理缺陷，都可以通过聪明的阅读来弥补。”[①]从培根的表述中我们可以看出阅读的重要性。阅读是每位少年儿童都应该养成的良好习惯，这种习惯会对幼儿的未来发展起到积极的推动作用。培根也曾经发表过教育习惯方面的观点，他认为，“习惯真是一种顽强而巨大的力量，它可以主宰人的一生，因此，人从幼年起就应该通过教育培养一种良好的习惯”。[②]图书馆高度重视少儿群体的阅读需求，为少儿群体提供了良好的阅读环境，为图书馆的全面改革与发展奠定了坚实的对象性基础。

早在20世纪末，我国就把阅读作为一项社会性的系统工程，在全民范围内进行推广，这对于我国图书馆事业的发展具有不可替代的作用，

---

① ［英］弗朗西斯·培根（著），蒲隆（译）.培根随笔［M］.上海：上海译文出版社，2010.

② ［英］弗朗西斯·培根（著），蒲隆（译）.培根随笔［M］.上海：上海译文出版社，2010.

使文化得到了更有力的传播，社会文明程度不断提升。为了让中国的少年儿童能够养成乐于读书的良好习惯，由中国的图书馆学组织开展的为期一年的"全国少年儿童阅读年"活动（第一届时间为 2009 年 4 月 23 日至 2010 年 4 月 23 日）于 2010 年 4 月 23 日在长沙闭幕，在一年的时间里，"开展了以'让我们在阅读中一起成长'为主题，以'少年强则中国强'为口号，服务少年儿童、家长、教师为主体的'全国少年儿童阅读年'系列活动"。①阅读活动达 3000 多场次，超过 400 万未成年人踊跃参与此项活动，这是少儿阅读的一次盛宴。

当我们走进目前中国的图书馆，从其中所提供的读物中不难发现，少儿读物占有一定的比重，这为少儿的全民性阅读奠定了丰富的读物资料基础，也是少儿阅读得以全面发展的前提和基础。在 2009 年年初完成的全面阅读状况调查资料表明，"我国 18 周岁以下未成年人图书阅读率较高，达到 81.4%，其中 9 至 13 周岁人群阅读率为 93.5%，远高于成年人。0 至 8 周岁儿童 2008 年平均每人阅读图书 3.11 本，9 至 13 周岁儿童 2008 年平均每人阅读图书 6.98 本，14 至 17 周岁青少年 2008 年平均每人阅读图书 8.66 本。27.4% 的家长在孩子 1 岁前就开始引导孩子进行挂图、绘本、识字卡片等图书的阅读，另有 25% 和 23.6% 的家长分别在孩子 2 岁前和 3 岁前开始引导孩子早期阅读"。②从这组比较权威的数据不难看出，中国的幼儿阅读群体在人数上并不少，问题的关键在于阅读起步的年龄并不超前。也可以说，由于中国家长在幼儿早期教育方面的观念和认知上与发达国家存在一定的差异，导致了中国幼儿阅读群体的年龄起步相对较晚。而且，从中国少儿阅读书籍的享有量数据也不难看出，我们的图书馆发展还有待于进一步加大投入，为孩子们提供更多更优质的阅读书籍，让图书馆中少儿阅读群体不断壮大，这也是图书馆事业发展的"生力军"。

---

①中国广播网 .400 万未成年人参与"全国少年儿童阅读年"活动［EB/OL］. http://finance.sina.com.cn/roll/20100423/20337817662.shtml.
②杨素音 . 少儿阅读推广之我见［J］. 图书馆学刊，2010，(5).

（二）图书馆中少儿阅读存在的突出问题

图书馆为少儿阅读提供了相对广阔的空间，对于少儿阅读习惯的养成发挥了重要作用。然而，图书馆中少儿阅读也存在不少突出的问题，主要表现在以下几个方面：

第一，少儿阅读群体的发展不稳定。新中国成立以后，中国开始更加重视知识的重要作用。为了提高文化知识，参与阅读的人数不断增多，图书馆中少儿阅读的群体也不断壮大。从时间变化发展的维度看，在不同的历史阶段，由于社会的发展与进步程度存在差异，加上政府对科技、教育、文化的重视程度不同，以及不同时期少儿的人口基数不断发生变化，另外，图书馆在不同时期的发展状况也存在一定的差异，等等，这些因素综合起来，导致了图书馆中的少儿阅读群体处于相对不稳定、分布不均匀的状态。尽管如此，图书馆中少儿群体仍然保持着较为旺盛的阅读精神，这是祖国未来发展的潜力和希望，也是文化发展与文明传承的未来之星。

第二，图书馆针对少儿阅读读物的经费支持力度不够。要想保证图书馆事业的发展，其中很重要的因素就是经费问题，这也是为什么在中国图书馆的发展历史中曾经出现过一些收费项目的问题，只有保证了图书馆的经费开支，才能保证图书馆发展的可持续性和服务的质量程度。然而，与很多国家相比，中国图书馆中针对少儿读物的经费投入存在一定程度的不足，当然，其中也存在出版社、作者、经销商等其他方面的因素。但就图书馆来看，我国少儿类书籍的保有量相比一些发达国家还存在很大的差距，一些少儿的阅读需求得不到满足，其中最主要的就是书籍的人均占有量不足。中国出版工作者协会副主席、中国儿童读物促进会主席海飞曾在采访中指出，"我们大概有 30 个专业少儿社在出少儿读物，有 100 多个非专业少儿社成立有儿童读物编辑室，同时有 260 多家少儿报刊社，所以每年出版一万多种儿童图书，发行 4.6 亿册。另外年发报刊 8000 万份。" "这些儿童读物的拥有量，30% 的城市小读者拥有 80% 的儿童读物，70% 的农村小读者只拥有 20% 的儿童读物，所以差距非常大。""我国的未成年人儿童读物拥有量在全世界排名第68位，是以色列的五十分之一，是日本的四十分之一，是美国的三十分之一。"①从这些数据我们不难看出，经费问题是这些数据的最重要原因，尤其是那些比较偏远地区的少儿，对于资源的享有量就更加有限，这对图书馆少儿阅读产生了很大的消极影响。

第三，少儿阅读在图书选择上存在一定的局限。真正的少儿阅读应该是全面性的阅读，无论是学习性的科学文化知识，还是常识性的科普读物，抑或是娱乐性的漫画读物，对于少年儿童来说都有着不同视角的意义，并不是说只有侧重科学文化知识教育类的图书才是好图书，而侧重娱乐休闲的漫画类书籍就是误人子弟的垃圾读物，这种观念完全是一种对少儿阅读的局限，影响到了少儿群体的图书选择。图书馆中少儿阅读的重要影响因素在于家长的教育理念。当前，一些少年儿童的家长认为孩子的任务就是学习，学习最有效的途径就是良好的阅读习惯养成，所以阅读的书籍选择就应该是科学文化知识型的，最起码也应该是常识科普型的读物。这种家长灌输式（强加式）的片面逻辑无形之中缩小了少儿的阅读范围，其实是不利于少儿阅读的。中国有句老话叫"博览群书"，其中的意思就是尽可能地扩大图书的选择范围，让自己有更宽广的知识面。同时，应试教育观念的影响也让很多少年儿童在阅读的过程中自我倾向于考试类书籍，这也造成了阅读书籍选择的局限。另外，从读物的难度来看，由于中国的逻辑思维理念与西方国家人的逻辑思维观念存在差异（中国古代文化侧重感性，西方文化更侧重理性），使当前出版的很多读物更侧重于感性的作品创作模式，逻辑性较强的理性作品在少儿阅读读物中只占有比较有限的份额，等等，这些因素都造成了少儿阅读图书选择的局限。

（三）图书馆中少儿阅读的未来发展趋势

少儿是祖国的未来，少儿阅读热应该与中国的图书馆发展相并行。

①海飞.让孩子们多读书，读好书——海飞："中国儿童阅读日"推动青少年健康阅读［EB/OL］.http://culture.people.com.cn/GB/42496/42499/5613230.html.

少儿阅读对于孩子综合能力的提升，尤其是知识吸收、能力激发、人格完善等方面都具有非常重要的意义，图书馆的少儿阅读可以让孩子们进一步了解神奇的科学发展、和谐的社会进步、优秀的传统文化。对于那些能够与家长一起到图书馆进行阅读的孩子们来说，阅读还可以增进彼此间的良好沟通，使少年儿童的家庭教育与社会教育在阅读中实现统一。

图书馆的可持续发展就要在少儿阅读的发展上下功夫，让中国最广大的少年儿童都养成良好的阅读习惯。苏联著名教育实践家和教育理论家瓦西里·亚力山德罗维奇·苏霍姆林斯基曾在《怎样培养真正的人》中指出："在当今，青少年周围有着一个丰富的世界。他们很乐意去踢踢足球或打打篮球、听听音乐、看看电视，特别爱看体育比赛，真是大饱眼福，痛快。如果让这些快乐耗费了人的全部精神力量，那他就会成为一个知识贫乏、精神空虚的人。……这里，最主要的一点，就是在一个人的童年、少年、青年早期，在他的精神世界里，就应当对最大的满足的吸引——对阅读和读好书、读有趣的书和需要的书的吸引，树立牢固的感受和体会。"[1]可见，阅读是少年儿童人生成长历程中的必修课，只有做好这门必修课，才能让少儿的人生更加丰富多彩，才能更好地肩负起我们祖国实现中华民族伟大复兴的历史重任。

伴随着图书馆的发展，有人认为图书馆讲求的是"静"，而阅读讲求的是"琅琅书声"，二者之间似乎存在着必然的矛盾；也有人认为图书馆重在通过"静"来养心，而少年儿童的天性却是活泼好动，二者之间好像也并不匹配。其实，类似的这些观点都有片面的因素。首先，阅读并不等同于静，也不是说阅读就一定会有"书声琅琅"的现象出现，二者并不矛盾，不能用动和静的问题来看待图书馆中的阅读现象。其次，好动是少年儿童的共性，这与幼儿的身心成长规律有关，但并不意味着好动的少年儿童就不能静心阅读，通过阅读少儿会渐渐融入故事环节中，产生身临其境的感受，从而养成精心钻研的习惯。再次，少年儿童是图

---

①蔡汀等编.苏霍姆林斯基选集(第2卷)[M].北京：教育科学出版社，2001：337.

书馆未来发展的生力军，只有少儿参与到图书馆阅读中，图书馆的发展才会有希望，才会让文化得到传播，让文明得以传承。

图书馆中少儿阅读的未来将表现为如下几个可能性的视角：其一，让普世性阅读的理念逐渐成为主流。对于少年儿童来说，大众化阅读的理念逐步被少年儿童的家长所认可，这样会让自己的孩子参与到这种普世性的阅读中来，提高对图书馆阅读的认识，努力通过阅读来提升少儿的综合素质。其二，阅读成为一种社会性的价值观。图书馆阅读的未来发展会上升到价值观的高度，在传统意义上，通过某一本书了解某一个知识，产生某一种认识，这是狭义的阅读观，其实，阅读的真正意义在于推动全社会风气的形成，少年儿童作为这种社会风气形成的关键性力量，其发展潜力是巨大的。其三，图书馆阅读成为少儿的一项实践必修课。阅读不仅仅是一个学习的过程，更是一个实践的过程，通过图书馆阅读，少年儿童可以养成查阅资料、总结问题、搜集信息等各方面的能力，在阅读过程中让自己能够得到实践性的锻炼，这样图书馆阅读就会被更多的少年儿童所认可，并发挥少儿实践的必修课作用。

二、学生阅读群体

学生阅读群体与少儿阅读群体有交叉的部分，但二者也存在很大的差异性。学习阅读群体更侧重于对知识的领悟过程，阅读的目的在于丰富知识，提高综合素质。从年龄上看，尽管有一部分小学生群体也属于少儿的范畴，但是，本节内容中讨论的学生群体属于广义上的知识型范畴的学生群体，其中包括小学生、中学生、大学生、研究生等，这些群体在不同的年龄阶段会表现出不同的阅读需求，这正是本节需要揭示和论证的核心内容。

（一）图书馆中学生阅读群体的基本概况

学生阅读群体也是图书馆阅读的重要读者群体，学生通过阅读可以不断丰富知识，提高自身的阅历，在推动自身全面发展的同时，也推动图书馆事业的全面发展。图书馆为学生阅读提供了丰富的资源，无论是纸质的图书，还是电子类的书籍，无论是考试类的书籍，还是专业类的书刊，都发挥着不同的阅读作用，让学生群体在图书馆的书海中开心畅游。图书馆的学生阅读群体包括很多对象，小学生、中学生、大学生、研究生等，这些对象在图书馆中阅读的侧重点也存在很大区别，随着知识层次的不断提高，阅读关注的角度也在不断发生变化。

第一，小学生阅读群体。随着社会的发展，小学生阅读更加注重一种兴趣性的因素，现在很多 20 世纪 70 年代出生的家长非常注重对孩子的教育，尤其主张孩子的教育要与孩子的个人兴趣爱好相结合。我国的教育主管部门也多次提出要为学生减负，其中重点就是要为小学生减负，不允许留书面作业，不允许补课，不允许订课外读物等，一些家长就开始开辟新的孩子教育场所，图书馆便成为很多小学生家长经常陪孩子们光顾的地方，少则个把小时，多则半天或者一天。在图书馆中，只要孩子们喜欢的都可以看，只要能与学习知识贴边的都能被家长所认可和接受，这样，小学生阅读群体也成为图书馆读者中的一支雄厚力量。据有关资料统计，"9 至 13 周岁人群阅读率为 93.5%，远高于成年人"。[1]小学生阅读群体的壮大，也为中学生阅读群体的发展奠定了良好的基础。

第二，中学生阅读群体。到了中学阶段，学生的学习压力开始逐渐增大，到图书馆去博览群书的人越来越少了，兴趣化阅读的人也越来越少了，更多的人到图书馆是看看与学习科学文化知识关系密切的书籍，或与考试关系密切的书籍。尤其是有升学压力的中考考生和高考考生，能够抽出整块的时间走进图书馆的人为数不多，绝大多数中学生尽管也非常想更多地接触一些课外的知识，尤其是到图书馆中去精心阅读，但是因为课外的时间实在少得可怜，每天能够抽出一个小时以上的时间来进行课外阅读的人更是少之又少，高中生更是如此。这样一来，图书馆的中学生阅读群体便存在很大的局限性，不仅表现在人群的数量上，对阅读书籍的选择也更侧重知识型，这也是一个让我们搞图书馆事业的人

①杨素音.少儿阅读推广之我见［J］.图书馆学刊，2010，(5).

值得反思的现实。

第三，大学生阅读群体。到了大学阶段，相对来说各方面的压力减少了许多，尤其是学习的压力，学生们有更多的空闲时间来自己支配。这样一来，图书馆便成为广大大学生读者非常热衷的场所，查查资料，看看故事，了解一些经史子集，查阅一些英语四六级考试以及计算机等级考试时的相关书籍，等等，都会成为大学生阅读所关注的焦点。高校的图书馆几乎成为每位大学生大学期间都会光顾的场所，图书馆阅读在高校中已经成为一种普及性的习惯，在图书馆一待就是半天或者一天，在图书馆占座更是成为很多喜欢阅读的大学生的一种习惯，一日三餐之后都要提前到图书馆去占座位，为大学生阅读创造了良好的条件。从大学生群体的阅读内容上看，大学生不仅关注书本上的知识，也关注图书馆中电子网络方面的相关信息；不仅关注常规性的学习内容，也关注学术上的创新与前沿理论的探究；不仅关注本专业的书籍，也关注一些课外读物。在大学图书馆，只有你看不过来的书籍，没有你找不到的书籍，这样的形容一点都不为过，图书馆为大学生群体的阅读提供了宝贵资源。

第四，研究生阅读群体。对于研究生来说，无论是为了知识的积累，还是为了日后毕业论文选题、开题、正文撰写等，都不能离开的就是图书馆阅读，在图书馆中有非常丰富的资源供研究生们查阅。研究生阅读更多的是讲究实效性，根据自身专业发展的需要选择相关资料，而不是漫无目的地海量阅读，尤其是那些需要进行论文草拟的研究生，更是图书馆阅读中的重点读者群体。

（二）图书馆中学生阅读存在的突出问题

图书馆对于学生阅读群体发挥着不同寻常的作用，尤其对于大学生群体和研究生群体来说，更是他们人生阅读中不能或缺的重要内容。当然，图书馆中学生阅读也会由于阅读观念、阅读时间、阅读书籍品种等方面的原因而存在一些问题，重点表现在以下几个方面：

首先，阅读群体壮大导致的供需不平衡的问题。由于家长阅读观念的影响，使小学阅读群体不断壮大，与此同时，也对图书馆的书籍供给提出了新的要求。教育部门的减负工程让小学生多了很多空闲的时间，如何来充分利用这些时间，不至于让这些宝贵的时光浪费掉？很多家长认为孩子们应该利用这些时间到图书馆里进行阅读。在这种观念的影响下，图书馆中的学生阅读群体不断壮大，这是全民阅读的良好基础，也让小学生们养成了良好的阅读习惯。故而，阅读的书籍选择如何实现丰富，图书馆如何根据实际需求来为小学生提供更有意义的书籍等等，都是图书馆发展中面临的问题。

其次，阅读时间有限导致的书籍提供时效性的问题。对于中学阅读群体而言，由于存在考试和升学的压力，课外阅读时间不断减少，图书馆中的中学生阅读群体值得关注。当前，我们的教育大背景决定了中学生升学和考试是发展的必然，为了能考出好成绩，考上理想的学校，图书馆中的中学生阅读更多地反映出对课内知识的需求，相对而言，课外阅读的需求较少。阅读表现出的问题是：一方面，中学生阅读群体的人数比较有限，这对于图书馆的发展来说是一种挑战，如何为有效的阅读群体提供高质量、高品位的服务也成为图书馆发展中需要思考的问题；另一方面，中学生的阅读更倾向于考试和升学的需求，图书馆中针对中学生的书籍选择问题也是保证图书馆阅读服务效能发挥的关键，但是，相关知识类图书更新的及时性是图书馆阅读书籍改革面临的问题。

最后，阅读需求多元化导致的图书馆综合服务职能的问题。图书馆中大学生和研究生群体的阅读场所多元化，经费支持的专项化，也是图书馆发展面临的问题，这些都对图书馆的综合服务职能提出了挑战。大学的图书馆应该是能够提供各种可能需要的书籍，这样才能满足大学生和研究生的阅读需求，进而为学生们提供全方位的优质化服务。很多知识领域的资料更新速度都非常快，尤其是一些研究性的刊物与书籍，只有及时更新，才能为学生读者了解到较为前沿的国内外研究进展情况。然而，当今很多高校在图书馆建设方面的专项资金并不能真正落实到位，存在专项资金被临时挪用的情况，甚至一些高校的图书馆专项资金根本

就不达标，不能满足图书馆的发展需求，有些高校认为投资图书馆看不
到显著的收效，使图书馆的正常发展受到影响。这些因素综合在一起，
严重影响到了图书馆的全面发展。

（三）图书馆中学生阅读的未来发展趋势

学生与阅读的关系最为密切，读书历来被看作是学生的天职，图书
馆中如果不能看到大量学生的身影，那么图书馆的发展势必是见不到希
望的曙光的。无论是小学生的阅读，还是中学生的阅读，或者是大学生
和更高层次的研究生的阅读，都有着共同的价值取向，就是通过阅读让
学生们了解到更为丰富的知识，通过阅读让学生们看到知识背后的文化
内涵，通过阅读让学生们感受到自己肩负的文明传承的历史使命。

对于当下的青年学生阅读群体来说，他们有太多的好奇和关注点需
要科学全面的解答，有太多的历史史实需要抛开辉格式的思维方式来解
读，有太多的学术"黑箱子"需要用探索的方式来开启，有太多的辩证
理论需要站在前人的视角上进行重新审视，有太多的文化内涵和文明符
号需要借助书籍阅读的力量来传播。这就是阅读的魅力，是学生阅读群
体所肩负的未来使命，是全社会应该共同关注的责任。

图书馆为学生群体创设了课内与课外得以有效衔接的桥梁，使学生
们在课堂上不愿意接受或者不容易接受的知识可以到图书馆中去查阅
获取。同时，图书馆也成为一些学生补充课内知识内容的有效载体，让
课内的知识可以达到融会贯通的目的。从综合发展来看，图书馆为广大学生
提供了浓厚的阅读氛围，其中有很多免费的宝贵资源是其他途径所不能
获取的，这恰恰是图书馆的优势所在。在图书馆中，不同领域的知识形
成树干式的脉络结构，这样的体系更便于广大学生对文化的深入学习，
实现文化传播的服务职能和文明传承的时代使命。

学生群体是图书馆中的多样性阅读群体，不同阶段的学生对于图书
馆阅读的侧重点存在很大的差异，无论是小学生群体对图书馆阅读的热
衷，还是中学生群体对图书馆阅读的可望而不可即，抑或是大学生和研
究生群体对图书馆阅读的沉迷式投入，都与阅读之间有着较为密切的关

系。通过阅读，学生群体的综合素质能得到不断提升，逐步成长为全面建成小康社会的建设者和中华民族伟大复兴中国梦的实践者。

由于学生群体具有多样化的特征，决定了图书馆中学生阅读的未来发展也将趋向于多元化。其具体表现出以下的发展态势：首先，中小学生家庭、图书馆、学校互动的全新阅读格局将建立。中学学生的阅读需求常常受到来自家庭和学校教育理念的影响，伴随着图书馆事业的快速发展，随着教育改革的不断推进，使家庭、图书馆、学校之间能够建立一种无形的默契，开始更加重视阅读对于学生综合素质提升的重要性，并帮助学生们树立良好的阅读习惯，积极参与到图书馆的阅读活动中。其次，图书馆对于学生群体的开放性更强。图书馆具有较强的开放性，但一些高校图书馆对有些书刊的借阅是存在一些隐性收费的，这无形之中阻碍了图书馆的服务职能和开放功能。未来的图书馆发展方面，相关职能部门会加大对图书馆的资金投入，保证图书馆对学生群体的绝对开放性。再次，图书馆的藏书量将不断增多，成为学生群体阅读氛围营造的重要参考因素。学生的阅读需求是多元化的，尤其是高校的大学生群体和研究生群体，更希望能够在图书馆中找到自身专业研究所需要的各种书籍，而对于有些稀缺书籍，图书馆就需要加大图书的采购，保证图书的有效供给，为学生阅读创造良好的客观条件。同时，图书馆的藏书量也是图书馆综合实力的显著表现，更成为学生群体阅读氛围营造的重要前提，未来的图书馆发展会建设成为知识文化的宝库和文明传承的象牙塔。

三、中青年阅读群体

从年龄范围上看，中青年人与大学生、研究生等会存在一定程度的交叉，大学生和研究生更倾向于学习型，且前文已经对大学生和研究生两种群体进行分析，因此，本节中所涉及的中青年群体重点侧重于忙于生活和工作的这类人群。中青年时期的人有太多的理想和抱负要去实现，较为严重的家庭压力、社会压力、生活压力，让处于中青年时期的人们有些喘不多气来。这种异乎寻常的繁忙，也让这些中青年人在阅读方面的时间似乎少了许多，不仅很少能抽出整块的时间去图书馆进行阅读，甚至日常生活中的阅读时间也是少之又少。当然，这也许是回避阅读的一种借口而已。尽管如此，我们在图书馆中仍然能够经常看到很多中青年群体在拿着各种书籍翻看着，学习各种领域的知识，励志方面的也好，创业方面的也罢，乃至休闲娱乐类书籍都成为他们阅读的内容。那么，图书馆中的中青年阅读群体的基本情况有哪些，他们在阅读过程中表现出怎样的问题，未来他们的阅读会呈现怎样的发展态势，这些都与图书馆的发展息息相关，也与全民阅读的氛围营造有着十分密切的关系。

（一）图书馆中中青年阅读群体的基本概况

本来阅读应该是被人们广泛推崇的一种有益活动，从阅读中可以汲取很多方面的知识，对于人们综合素质的提升具有十分重要的意义。然而，由于来自家庭、生活、社会等各方面的压力，无形之中占用了中青年人的大量阅读时间，别说静下心来到图书馆去读书，就是能静下心来在办公室或者躺在床上完整地将一篇散文杂记读完都是很多人的一种奢望，浮躁、功利主义的思想在很多中青年人的头脑中作祟，让阅读离他们越来越远。

的确，中青年人是应该努力工作的，然而，阅读的习惯也不应该被彻底遗忘啊！尽管有很多人在宣称社会就是一个大染缸，社会就是一本最丰富的人学图书，但是，不可否认的是，任何一本被出版的图书，都有其不可替代的价值因素，只要读者能够从内心世界去关注这本书，就会从中得到很多收获，哪怕是最简单的收获。图书馆中的静心阅读与社会大环境的历练是有本质区别的，而且，对于文化的传播与文明的传承来说，阅读所发挥的功效也是任何其他行为所不能比拟的，这就是阅读的魅力。

从1999年到2012年，中国新闻出版研究院历时十多年的时间，先后在全国范围内开展了 9 次全民阅读状况调查，主要的调查对象包括年满18周岁以上的中青年群体，调查得出的数据值得我们反思。中青年人群的阅读人数呈现逐渐减少的态势，甚至在 2005 年至 2008 年期间阅读比率居然低于 50%。尽管最近三年阅读比率略有提高，但仍处于不理想的态势。这个数据反映出的信号用"可悲""可怕"来形容都并不为过，中青年人对文化的如此不重视，难道不值得我们反思吗？不让人对民族的发展堪忧吗？

另外，图书馆中的中青年人阅读还表现出较强的形式主义特点。到图书馆拿起一本书，不是五分钟八分钟就翻完，就是拿起来仅仅看看目录便放下了，甚至有些时候看看书名之后就毅然决然地放下了。难道一本书的知识信息和文化内涵用五分钟八分钟就可以搞定？还是一看目录就全明白了？抑或是一看书名就没有耐心再看下去了呢？这就是当前很多中青年阅读群体在图书馆中的阅读情景的真实再现。只看现象不看本质的阅读，只关注速度不关注内涵的阅读，甚至这种阅读只不过是有些人用来证明自己看过了多少本书，都叫什么名字，并以此来炫耀的资本罢了，再无其他更为实质性的意义。

（二）图书馆中中青年人阅读存在的突出问题

图书馆中本来应该有很多静下心来非常投入阅读的中青年人身影，然而，当下的很多图书馆，我们走进去就会发现，不是看到一些来去匆匆的中青年朋友们，就是看到一些心神不宁地不停翻阅各种书籍的中青年读者们；不是看到在角落里翻阅杂志或者茶余饭后类读物的中青年群体，就是看到那些带着孩子给孩子们拿东西的陪衬阅读对象。真正能为自己选一本好书，然后找一个相对僻静的角落，静下心来投入地阅读的中青年读者并不多见，且没有好的阅读习惯，这也正是图书馆中中青年人阅读存在的突出问题之一。当然，图书馆中中青年人阅读存在的问题并不仅限于此，还包括阅读心态问题、阅读时间问题、阅读书目问题等。

第一，没有养成良好的阅读习惯。图书馆应该是中青年人时常光顾的场所，阅读更应该成为这些人热衷的一种文化知识提升手段，良好的阅读习惯不仅仅是个人发展的需要，也是国家发展和民族振兴的需要，中青年人良好的阅读习惯要用心来培养。然而，为了工作和生活而放弃读书的习惯已经成为当前很多中青年人的共性。读书就是浏览，看报就是看"花边"，显然，这种阅读习惯是与中青年人旺盛的精力不相匹配的。不可否认，中青年阶段是有太多的事情需要去处理，为了家庭，为了工作，为了生活，日夜劳碌仿佛成为一种习惯，但是，不能因此就忽略了少年时期养成的阅读习惯。中青年时不养成良好的阅读习惯是对文化传播的不负责任，是浮躁的表现，会影响到全社会书香氛围的营造。

第二，不能摆正科学的阅读心态。阅读需要心灵的亲近，这才是科学的阅读心态。面对物欲横流的不良社会风气的冲击，一些读书无用论的观念开始在有些中青年人的心里作祟，学得好不如嫁得好，读书被看作是属于投入与产出不成正比的富人的专属休闲娱乐活动，通过阅读的投资未必能实现预期的有效收益，等等。这些关于阅读的消极心态影响着很多中青年人。他们在社会上工作、学习、生活，接触到很多不同观念、不同层次的人群，受到来自不同领域的影响，最终让本来可以摆正的科学阅读心态被功利主义的消极心态所影响，进而不能更好地用心来亲近阅读的"天使"。

第三，不能安排有效的阅读时间。"忙"几乎是中青年群体的共性，在阅读方面很难抽出整块的时间来投入。对于阅读应该成为全社会共同追求的年代，对于全民阅读逐步在全社会大范围推广的时期，中青年群体本应成为图书馆阅读的主力，却因为压力把阅读时间压少得不能再少。这些中青年人们，宁可为了买房子去拼命挣钱，却不愿通过阅读提升自己的方式来实现有所居；宁愿为了改善关系而整日酩酊大醉，却不愿抽出时间专注于阅读来建立新的交往圈；宁可在工作闲暇之时到商场超市里闲逛，也不愿一有时间就到图书馆里通过阅读来"躲清静"。这些问题的存在让中青年群体的阅读时间不能被有效利用。

第四，缺乏丰富合理的阅读书籍。出版物的庞杂也是导致中青年人在图书馆中不能捕捉有益阅读信息的重要原因之一。随着我国出版业的飞速发展，公费出书与自费出书、名人出书与大众出书、学者出书与草根出书，等等，让图书的种类越来越多，品味如何把握，层次如何界定，这些都是阅读群体所面对的现实问题。不同品种层次的图书进入到图书馆后，披上了知识内涵的外衣，能否发挥素质提升的作用，不是简单的阅读所能决定的，但对于中青年阅读群体来说，却未必能够真正从本质上对其进行把握。由于缺少丰富合理的阅读书籍，让一些饥渴的中青年阅读群体在阅读后并没有解渴的感觉，反而有种上当受骗的感受，这也成为影响中青年人阅读的突出问题之一。

（三）图书馆中中青年群体阅读的未来发展趋势

对于中青年阅读群体来说，无论有多忙，无论有多大的工作压力和社会压力，都不应该放弃对阅读乐趣的追求，图书馆应该成为中青年人不断自我充实、自我丰富的场所，在阅读中让压力得到释放，让精神得到升华。图书馆还可以让中青年群体摆脱世俗的偏见，从社会的三味书屋进入到图书馆的百草园去感受那份溢满的书香。

古语道：书中自有黄金屋。在图书馆的书中，我们可以看到意想不到的灵光，图书馆是知识的宝库，阅读能够给予我们无尽的力量。对于当下的中青年阅读群体来说，尽管他们常常都需要面对工作、社会、生活的各种压力，尽管他们都需要通过努力拼搏来养家糊口，尽管他们需要进行各种喜欢或者不喜欢的应酬，尽管他们有太多的时间需要用来做太多的事，但是，这些事情永远都不能用来充当减少阅读或者不阅读的理由。未来的中青年是最具知识型的群体之一，随着全社会共同参与阅读氛围的不断营造，以阅读为载体的书香中国的有序推进，在图书馆中进行阅读也会成为一种时尚而被越来越多的中青年人所热衷，能抽出时间投入到图书馆去阅读会成为中青年人共同的生活追求。

中青年群体是社会发展建设的主力军，未来针对该群体的阅读活动会逐步展开，图书馆作为中青年群体历练的天堂，肩负着为中青年人提供阅读服务的职责。未来图书馆中中青年人阅读的发展表现为如下态势：

首先，图书馆阅读将成为中青年群体的生活品味。随着全民素质的不断提升，人们对于生活层次的追求也越来越高，到图书馆去阅读成为中青年群体的首选追求。从阅读的动机来看，中青年群体在图书馆中阅读是为了享受生活，通过有益的阅读来不断提升生活品位，让生活更加丰富多彩。从阅读的需求来看，中青年群体在图书馆中阅读需要的是环境的幽雅与舒适。图书馆不同于小书摊，图书馆能给读者提供幽雅的环境，提供良好的阅读氛围。从阅读的兴趣来看，中青年群体在图书馆中阅读喜欢的是品种齐全的书籍，以及各种丰富的阅读活动，在其中能够感受阅读带来的与众不同的生活情趣。

其次，以阅读会友的风气取代传统的以酒会友的风气。图书馆为中青年群体提供了一种全新的交往平台，使这些人意识到交友未必都需要通过胡吃海喝才能实现，真正的交友应该是通过阅读会友，通过对某本书中观点的交流探讨来达成观点的争鸣，实现交友圈子的突破。图书馆具有浓厚的书香氛围，具有丰富的阅读资源，只要你能够静下心来在图书馆中阅读，就会遇到同样专注于阅读的其他中青年群体，通过阅读建立心灵交往的默契，在全社会的中青年群体中构建一种良好的阅读交往风气。

最后，针对中青年群体阅读需求的图书馆服务升级。图书馆阅读书籍的局限导致了部分中青年的阅读需求不能得到根本满足，未来图书馆会为中青年提供更多高品位的图书，实现阅读服务的升级，让中青年在图书馆中感受多样的书香文化。图书馆的阅读服务形式也由传统的读书会、书画展、征文比赛等不断升级，增设一些休闲型的阅读服务、娱乐型的阅读服务、知识拓展型的阅读服务，针对中青年群体的阅读兴趣，提供多元化的服务，让阅读惠及群体的众多方面。

四、老年阅读群体

随着生活质量的不断提高，面对中国不断加剧的老龄化现状，人们对生活的追求已经不再仅仅局限于物质生活的满足，也开始不断追求精神生活的更高层次。对于老年人来说，在和谐社会中安享晚年的同时，可以到图书馆翻翻书，传播中国传统的孝道文化，做到老有所学、老有所乐，图书馆阅读作为一种全新的养生方式、健身方式，可以让老年人的生活变得更加丰富。走进图书馆，经常会看到老年群体的身影，他们有的专注于如何养生，希望能够通过阅读让自己有个健康的身体；他们有的专注于中国丰富的饮食文化，希望能够通过阅读多学几道拿手好菜；他们有的专注于家庭关系的处理，希望能够通过阅读找到处理好各种家庭关系的秘籍，让家庭关系更加和睦。阅读已成为老年工作的重要内容，图书馆为老年阅读群体提供服务是对老年人权益的保障。

（一）图书馆中老年阅读群体的基本概况

如今，老龄化问题已经成为一个现实的社会学问题，只有实现平稳过渡才能保障社会的有序运行，图书馆对于丰富老年人的生活、提高老年人的生活质量、促进家庭的和谐与社会的稳定具有十分重要的作用。很多老年人退休后都愿意从事一些能够修身养性的休闲娱乐活动，早晨起床后，逛逛公园，打打拳，遛遛弯，让自己呼吸一下新鲜的空气，让自己有个更好的身体，然后，剩余的时间怎么过，几乎成为老年人普遍存在的共性问题，因此，到图书馆去阅读也成为很多老年人的热衷。另外，图书馆阅读也让老年人的素质大大提高。在旧社会，大多数老年人的文化程度处于文盲或者半文盲的状态，现在老年人达到小学文化标准的占近50%，没上过学的不足五分之一，这是老年人素质整体提升的表现，也是图书馆中老年群体不断增多的原因。图书馆中的夕阳阅读群体就像道美丽的风景线，这类群体表现为如下概况：

第一，老年人到图书馆阅读成为一种习惯。现在的老年人在年轻的时候都比较喜欢读读报看看书之类的事，这已经成为老年人长期积累下来的一种生活习惯。老了之后同样愿意关心国家大事，一些老年人也会经常聚到广场上、公园里发表自己的观点，阅读便成为他们交流某些观点的有效途径，也成为他们的一种思维习惯。为了能够让他们的阅读习惯得到持续，图书馆成为很多老年人愿意进入的场所。在这里，他们不仅能够找到自己想了解的内容，而且，这里幽雅的阅读环境也是老年人阅读习惯继续的最佳选择。另外，一些老年人习惯了社会交往的生活，对于刚刚退休的他们来说，离开社会显然会让他们产生很强的失落感，到图书馆中通过阅读来进一步了解社会无疑是一种很好的追求。

第二，到图书馆阅读成为老年人的养生休闲新方式。时间充裕是老年人的共性，如何来打发这些充裕的时间呢？有的老年人选择在一起打打麻将，有的选择到一起下下棋，有的选择到全国各地走走，也有很多老人选择到图书馆中去看看书，将其作为一种全新的休闲方式来充实自己的晚年生活。在图书馆中阅读一些养生类的书籍，回到家里再实践应用，让自己有个健康的好身体；在图书馆中阅读一些花鸟鱼饲养类的书籍，学会点饲养方面的窍门，把家里的花鸟鱼饲养得更好；同样，到图书馆中阅读一些饮食文化类的书籍，在孩子回到家里的时候为他们上灶台露两手儿，感受老年的天伦之乐。可见，阅读已成为老年人养生休闲的新方式，让他们在图书馆中放松着、快乐着。

第三，到图书馆阅读可以调整老年人内心世界的平衡。尽管我们都在强调"百善孝为先"的道理，尽管我们一直在宣传多抽出时间来陪陪我们的爸爸妈妈，然而，不得不承认的是，老年人与年轻人之间永远都会存在着代沟．当步入到老年的群体后，老年人内心世界就会发生微妙的变化，这是个客观存在的事实。如何让老年人的心理得到有效的调整，达到平衡的心理状态？图书馆阅读无疑是一种不可多得的静心良方。尽管从表面上看，社会似乎孤立了老年人，但是读物中的社会一直在等待着老年人去投入。在这里，老年人可以实现心灵上的放松，让无聊的心理、焦虑的心理、烦躁的心理得到有效的调节，同时还可为老年群体提供必要的心灵关怀服务，让老年人感受那种别样贴心的温暖。

（二）图书馆中老年阅读群体存在的突出问题

越来越多的老年人愿意通过阅读的方式来静心、享乐、消遣，这些是老年人应有的权利。到了晚年，忙了一辈子，退休之后到图书馆去看看书，静静心，消磨消磨时间，这些都无可厚非。但是，在图书馆中，我们看到的老年人阅读的身影却远远少于应该有的群体人数。也就是说，虽然很多老年人有阅读的需求和愿望，但他们的身影却没有出现在图书馆中。为什么会发生这样的情况？这正是图书馆中老年阅读群体存在的突出问题，也是值得我们深刻反思的问题。

其一，图书馆图书的字号较小，不方便老年人阅读。绝大多数老年人的视力都会存在一定的局限，这也成为影响老年人阅读效果的主要原因之一。当前，绝大多数出版物在一定程度上都忽视了老年人的视觉局限问题，出版的图书与普通图书没有太大的本质区别，针对老年人视力较差而出版的字号较大的图书比较少，这无形之中限制了老年人的阅读。我国的图书馆发展与发达国家还存在一定的差距，并没有实现适合老年人阅读的读物以大号字的形式上架的标准，对于一些畅销读物实现大小号字体的版本同时上架的现象就更是难上加难了，这对图书馆中的老年人阅读造成了不利影响。

其二，对于行动不便的老年人，电子图书馆的服务不能实现有效普及。阅读是每个人所拥有的权利，无论是中青年人还是老年人，都可以通过阅读来获取自己想要的信息。一些老年人在年岁更高时，就可能会出现行动不便的情况，但是，他们对阅读的渴望并没有因为身体原因而磨灭。尤其是那些在年轻时就经常喜欢读书看报的人，当他们步入老年后，仍然坚守着那份对阅读的热爱、对知识的渴求。这时，年龄等方面原因导致的行动不便无疑成为他们阅读的屏障。正常情况下，电子图书馆的有声服务在一定程度上能够弥补老年人阅读的局限，但是，这种电子服务还未能实现大范围的普及，也没能真正为老年人的阅读提供方便。

其三，老年人自身的自卑心理，不愿意到图书馆给别人添麻烦。一些老年人在心理上比较自卑，尽管有阅读的需求，也不愿意到图书馆这样的公共场所去，认为图书馆是年轻人常去的地方，自己去了会给别人添麻烦，到图书馆去阅读不如在家里阅读方便，这也让图书馆中少了许多老年人的身影。老年人表现出较差的独立性，很多事情都有些许依赖性，尤其退休后，社会交往的圈子更加局限，知识、文化、语言表达能力都明显下降，而图书馆在发展中也没能设立专门针对老年人的服务项目，为老年人提供的阅读服务形式也过于单一化。这样一来，老年人就更不愿意到图书馆中去阅读了，这也对图书馆针对老年人的服务项目提出了新的要求。

（三）图书馆中老年阅读群体的未来发展趋势

老年人年岁已高，退休后缺少了来自工作方面的压力，也少了很多社会的纷争，利用人生这宝贵的清闲时光，开开心心地生活，轻轻松松地娱乐，感受那份夕阳无限好，这将是人生最高的心灵追求。常言道：老吾老，以及人之老。这是中华民族尊敬老人的传统美德，如何给老人创造物质生活之外的文化生活方面的方便？图书馆阅读是一种不错的选择。通过阅读可以帮助老年人进一步了解社会，通过阅读可以发展国家的老年人工作，通过阅读也能让老年人保持健康向上的心态。

尽管从年龄上看，老年人似乎与阅读不相匹配了，然而，实践证明，坚持阅读可以让老年人的思维方式保持较为旺盛的状态，延缓老年人在精神方面的衰老。图书馆为老年人提供了较为丰富的阅读书籍，老年人在其中可以延长学习时间，从而逐渐推动我国老年人事业的蓬勃开展，未来图书馆中的老年人群体将有以下几种发展趋势：

首先，图书馆中针对老年人的阅读形式更加丰富。面对日益突出的老龄化问题，政府会通过多元化的过渡方式来应对，其中利用图书馆中的阅读资源为老年人服务是一种有内涵的可行方式。图书馆针对老年人开展的阅读形式会更加丰富，图书馆中专门的老年人阅览室陆续发展，且服务职能更加健全，室内的书籍种类越来越丰富，还能提供老年人常用的急救药物、方便的生活用品等，为老年人提供全方位的免费服务；图书馆会定期组织老年人开展形式各异的读书会活动，建立老年人交往、交友的新平台，通过读书会老年人可以谈论不同领域的话题，同时，喜欢旅游的老年人可以通过读书会友的形式到合适的地方去游玩，让夕阳更红，让生活更美好；对老年人进行电子图书馆方面的知识培训，使老年人掌握更多的知识资源，对于不熟悉电子信息的老年人读者，图书馆会组织专业人员对老年读者进行系统培训，让老年人掌握一定的电子信息类基本操作技巧,保证对电子类阅读资源的充分享用。

其次,针对老年人的阅读书籍更加丰富和专业。随着图书馆事业的发展,其服务的范畴将实现全方位的覆盖,作为重要的阅读群体——老年人阅读群体,将成为图书馆和图书出版业重点的发展对象之一。大小不一的图书馆会遍布密集的生活区域,图书馆的馆藏资源更加丰富,类似少儿图书一样,以大字号为特点的老年图书将陆续进入图书馆的专业柜台。对于出版业来说,一些畅销书会同时出版一般类的书籍版本和字号大的适合老年人阅读的版本,且在价格上保持同步性。另外,图书馆中会为老年人的阅读方便提供科学化、人性化的服务,例如,免费为老年人提供放大镜、老花镜等方便阅读的服务。各种报刊会经过图书馆的专业化处理,被做成放大的电子版的形式,方便老年人阅读。

最后,图书馆针对老年人阅读的硬实力和软实力普遍提升。图书馆针对老年人阅读的软实力建设方面表现为:图书馆制度的完善,图书馆的法律法规逐步健全,保证图书馆能够为老年人提供更为具体化的社会服务;图书馆服务标准的提升,突破传统的服务项目,未来针对老年人阅读的服务更加系统化、人性化,使老年人感受到无微不至的关怀;图书馆的专项资金投入更加稳定,对于图书馆的资金投入项目将设立专门的账户,专款专用,科学管理,尤其会有针对性地设立老年人阅读服务的专项资金,提高阅读的质量;图书馆的综合项目宣传更加具体,未来会出现一系列关于图书馆的公益性宣传,让老年人了解到都在哪里有什么样的图书馆,这些图书馆里有哪些资源,能够为他们提供哪些服务,等等。

五、农民工阅读群体

图书馆事业的全面发展水平是一个国家文化发展和文明程度的重要标志之一,而如何才能真正实现图书馆事业的全面发展,不能或缺的就是为不同群体提供阅读服务的全面性,其中也包括针对特殊群体提供的阅读服务，这个特殊阅读群体中就包括农民工群体。农民工群体是我国城市化进程中出现的一个新生角色，这类人群为社会的发展做出了不可替代的贡献，但是，这类群体同样需要科学文化知识，需要呼吸我国文明传承的空气。为了满足农民工群体的阅读需求，图书馆应该向这类群体无条件开放，甚至还要有针对性地为这类群体提供特别的阅读服务，让他们也能够汲取更多文化的力量。

（一）图书馆中农民工阅读群体的基本概况

据 2013 年 5 月 27 日国家统计局发布 2012 年全国农民工监测调查报告的统计数据显示，2012 年全国农民工总量达到 26261 万人，比上年增加 983 万人，增长 3.9%。其中，外出农民工 16336 万人，增加 473 万人，增长 3.0%；住户中外出农民工 12961 万人，比上年增加 377 万人，增长 3.0%；举家外出农民工 3375 万人，增加 96 万人，增长 2.9%；本地农民工 9925 万人，增加 510 万人，增长 5.4%，[1]农民工作为农村的剩余劳动力，进入城市成为城市的无私建设者。他们在城市里的地位比较低，常常受到社会的不平等待遇。他们在追求物质文化生活的同时，似乎忽略了精神文化生活水平的提升，结果也容易造成一些社会问题。图书馆作为一种文化传播载体，在农民工业余文化生活的改善方面发挥了重要作用，农民工在图书馆中可以通过阅读提升自身的综合素质。

从当下我国图书馆中农民工群体的基本情况来看，很多图书馆都没有达到较高的发展水平，针对农民工的阅读资源存在较大的局限，很难给农民工阅读提供更为专业化的服务。当然，也有些城市对图书馆工作高度重视，尤其是对农民工在图书馆的阅读活动非常支持，为农民工购置合适的图书，免费为农民工提供阅读开放服务，另外，还开展各种丰富多彩的阅读活动，与农民工群体建立良好的沟通互动。

据 2013 年 5 月 27 日国家统计局发布 2012 年全国农民工监测调查

---

①中央政府门户网站.国家统计局发布 2012 年全国农民工监测调查报告［EB/OL］.

http://www.gov.cn/gzdt/2013-05/27/content_2411923.htm.

报告的统计数据显示，在农民工当中，文盲占 1.5%，小学文化程度占 14.3%，初中文化程度占 60.5%，高中文化程度占 13.3%，中专及以上文化程度占 10.4%。外出农民工和年轻农民工中，高中及以上文化程度分别占 26.5% 和 36.4%。外出农民工的受教育水平高于本地农民工，农民工受教育水平又明显高于非农民工。与上年相比，30 岁以下年轻农民工组高中及以上文化程度比重增加了 2.4 个百分点，明显高于其他组农民工。[①]从数据反映出的综合情况看，农民工的综合文化素质并不高，业余文化生活质量处于较低的程度。为了改变这种客观的现状，有些地区在农民工工作的一线成立了有针对性的图书馆，为农民工提供阅读服务。图书馆中的图书购置与农民工需求保持一致，免费为农民工提供各种图书。全国各地相继成立的农民工图书馆满足了农民工的精神需求，2005 年 1 月 14 日，首都图书馆与北京建工集团在建设工地创办了第一个专门的"工地图书馆"；2007 年 8 月，成都市筹建的全市首家农民工图书馆在武侯区金花桥社区开馆，开馆后，平均每天有 50 余名农民工到这里读书，查找资料，寻找精神食粮；2012 年 5 月 29 日，重庆市渝中区农民工图书馆在渝中区南纪门劳务市场正式开馆运行，这是重庆市第一家农民工图书馆，重庆的农民工朋友可以在此免费看书学习，参加各种劳动技能培训；2013 年 4 月 25 日，安徽省图书馆向郎溪农民工图书馆捐赠 3000 册图书和 10 台电脑，郎溪农民工图书馆成为安徽省第一个真正意义上的农民工图书馆；等等。专业的书籍，专门的服务，专项的投入，也让农民工感受到了政府在精神文化方面的无尽关爱。

（二）图书馆中农民工阅读存在的突出问题

农民工为城市的发展建设付出了很多辛劳，作为城市群体的一分子，同样也有权享受城市的精神文化生活。图书馆为进城务工的农民工提供了阅读服务，一定程度上，这种阅读服务满足了农民工的精神文化需要，

①中央政府门户网站.国家统计局发布 2012 年全国农民工监测调查报告［EB/OL］.

http://www.gov.cn/gzdt/2013-05/27/content_2411923.htm.

也丰富了农民工的业余文化生活，还能为农民工提供某些专业方面的科学文化知识，另外，在农民工的劳动纠纷问题方面也能提供些许参考借鉴。然而，针对图书馆中的农民工阅读却存在很多突出问题。农民工被视作城市的附加群体而成为图书馆发展的编外服务对象，进而在服务能力、服务意识、服务质量等方面都存在一定的不足；图书馆中针对农民工的图书资源不能满足这类群体的阅读需求，对于农民工在阅读方面真正需要什么，图书馆并没有经过客观的论证，其阅读资源更多的是流于形式；图书馆对农民工的服务存在局限性，多为有偿服务，借阅制度过于教条化，开馆服务时间与农民工业余时间存在偏差；图书馆中针对农民工的个性化服务不足，灵活化、大众化的活动开展不到位，不能保证农民工图书馆阅读的多元化。

首先，在农民工的自卑心理与图书馆的服务意识淡漠双重作用下，农民工阅读意识欠缺。农民工阅读群体大多都是由文化层次较低的个体组成，每天的劳动强度较大，但工资待遇却较低，来到陌生的城市打工，人生地不熟，主观上会产生自卑感，觉得到图书馆阅读是城里人的文化品位，阅读与自身的满身尘土根本就不配套，总不能让自己饿着肚皮到图书馆来追求所谓的精神文化啊！因此，参与阅读的积极意识不强。另外，到图书馆的农民工大多为外来务工人员，而图书管理员大多为城市的常住群体，二者在语言交流方面（尤其是一些有地方方言的农民工）会存在一定的障碍，管理员对农民工的服务意识也比较淡漠，经常会戴着"有色眼镜"来看待农民工阅读，服务质量明显跟不上，结果使农民工到图书馆阅读的积极性不高，让图书馆中的农民工阅读群体人数没有得到明显改善。

其次，图书馆中针对农民工阅读的读物资源严重失衡。不得不承认，现在有一些图书馆为了满足政府或者相关职能部门的硬性指标，或者为了拿到这些部门的专项经费支持，只是象征性地承诺可以为农民工提供专业化的读物资源，口口声声说自己可以为农民工的精神文化生活丰富而服务，为农民工的素质全面提升服务。其实，在承诺的背后，我们看到的是专项资金投入后，并没有被作为专项的读物资源采购用，而是用来挪作他用，甚至有些经费悄悄地溜进了个别人的口袋。图书馆在进行书籍采购前，很少有图书馆做过征求农民工群体意见方面的调查，至少从这一点上看，图书馆对于农民工群体真正的阅读需求，掌握情况可能会存在一定的偏差，不了解农民工群体的阅读需求怎么能够采购到万能的图书呢？显然，这种阅读读物资源严重失衡的问题，势必会影响到农民工群体的阅读效果。

最后，图书馆针对农民工的服务缺乏灵活性。我们都知道，农民工来到城市的目的绝对不是吃喝玩乐，而是通过辛苦的努力来赚取一定的资金收入，进而改善农村家庭的生活条件，或者来满足家庭的必要需求。在城市务工期间，他们会存在一定的阅读需求，这是毫无疑问的事实。那么，图书馆（尤其是农民工图书馆）作为社会的公共服务机构，其中的相关服务不能完全被一些制度的条框所束缚。然而，现在有的图书馆存在农民工阅读的一些附加性收费项目，这些收费项目对于本来收入就不高的农民工群体来说，显然是一笔让他们感到心疼的开支，而实际上这些附加性收费是完全可以避免的。还有就是服务的时间限制问题，很多图书馆对农民工的服务时间仍然是早上 8 点到晚上 5 点，这个时间段大多数农民工都在为了生计而辛苦劳作，抽出对于他们来说宝贵的时间到图书馆阅读显然是存在困难的，这也无形之中限制了农民工群体的阅读。

（三）图书馆中农民工阅读的未来发展趋势

图书馆针对农民工群体的阅读服务应该立足于农民工需求的客观实际，与我国精神文明建设的方向保持同步一致，把农民工作为大众化群体的一分子，为他们提供方便的专业化服务，使农民工的综合素质得到普遍的提升，让农民工的业余文化生活质量得到显著提高。未来政府部门会在图书馆的多元化建设方面加大专项资金的投入，以保证图书馆能为农民工提供更为科学可行的阅读服务，让农民工群体也充分享受到全面发展的文化惠民工程的丰硕成果，享受文化繁荣带来的阅读盛宴。

第一，未来政府对图书馆将设立农民工阅读专项投入资金。由于图书馆的公益性性质决定了图书馆与政府投入之间存在着不平衡的现象，不排除一些政府领导为片面追求形象工程而挪用本来属于图书馆发展的专项资金投入，尤其对于满足农民工阅读方面的图书馆专项资金投入更是大大缩水。未来中国的文化发展工程将更加注重公平性和全面性，文化惠民工程会让不同领域的人都能享受到文化发展的成果，农民工图书馆的建设会扩大到更大的领域。同时，一些社会群体和企业也会以公益活动的形式为图书馆提供针对农民工的专项投资，让农民工充分享受阅读的权益。

第二，图书馆针对农民工的服务将更加灵活实用。图书馆将在培养农民工养成良好的阅读习惯上加强宣传，让农民工到图书馆进行阅读时，能够充分感受到图书馆传递的温馨。同时，图书馆还会利用各种宣传媒介来组织农民工参与丰富多彩的阅读活动，通过阅读交流来帮助他们摆脱自卑心理，让农民工参与文化阅读活动的积极性得到充分调动。同时，图书馆会加强针对农民工的阅读综合服务职能的升级，包括在服务的态度、服务的平等性、服务的开放性、读物的广泛性、时间的灵活性等方面，都能够让农民工感受到更多的方便与快捷，每到图书馆进行阅读都会有种家的享受。而且，图书馆针对农民工的阅读服务也将实施全免费的公益性，以满足农民工群体的阅读需求。在阅读时间上，也会根据农民工的实际阅读时间变化进行灵活性的调整，早晚的阅读时间都会适当延长，甚至具备条件的图书馆可以为农民工群体提供上门服务的阅读方便，一些流动的农民工阅读服务车将陆续进入农民工相对密集的区域，为农民工提供贴心的阅读服务。另外，为农民工提供的各种专业性培训、讲座等活动会相继展开，专业的服务、专业的指导真实地走进农民工的现实生活，让农民工能够更为方便地了解到所从事领域的前沿信息，通过阅读为农民工就业提供人文关怀。

第三，社会资助模式将推动图书馆为农民工阅读提供更贴心的服务。随着人民文化素质的普遍提升，在相关城市就业岗位上，对农民工的综合素质要求也会不断提高。图书馆在发挥普通阅读服务职能的同时，也会为农民工提供培训服务，这也将助力农民工素质提升工程的全面推进。另外，图书馆还将进一步扩展，针对农民工的图书馆分馆会陆续建立，使资源得到同步共享，使书籍的流通性更强。在农民工子女的图书阅读方面，图书馆也能提供特殊的优待，让农民工子女享受与其他城市人子女同等的阅读权利，使农民工群体感受到安心贴心的阅读服务。

■第三章
图书馆的服务职能

　　图书馆的职能是什么？这是一个既简单又复杂的问题。图书馆属于公共服务机构，把广大读者作为服务对象，利用丰富的图书馆资源为文化的传播、文明的传承提供优质化的服务，是图书馆神圣的职责与使命。从中国图书馆的发展历史不难看出，中国的图书馆经历了风风雨雨很多年，有封闭，有发展，有改革，有创新，但无论经历怎样的过程，为全社会提供多元化的服务都是图书馆的本质追求，大众阅读、资料查询、知识传播、休闲推广、社会建设这些服务职能都是势在必行的，优秀的图书馆需要在这些领域上踏实地付出，把图书馆作为全社会乃至全人类共同的事业，肩负起服务全人类的职责。

一、大众阅读服务

　　为全民提供精神文化生活所必需的阅读服务是图书馆的重要使命之一，这种阅读服务是大众化的阅读服务，是推动全民素质提升的重要职能。面对一段时期我国全民阅读率持续走低的现状，各领域的人民大众受到来自国内外文化思想、价值观念的多元化影响，都对图书馆的大众阅读服务职能提出了挑战。图书馆只有充分发挥大众服务职能，才能有效推动全民阅读的科学开展，让图书馆肩负起服务社会、推动文化传播与文明传承的历史重任。

（一）图书馆大众阅读服务的历史解析

　　从图书馆的发展历史上不难得出这样的判断，在鸦片战争以前，中国的图书馆事业发展水平处于世界的领先地位。随着图书馆事业的不断发展，图书馆的职能也在不断地发生着改变，图书馆既可以作为一座城市的公用书房，也可以成为开展各种不同形式文化活动的有利载体，更应该发挥大众服务的职能，成为多角度大众阅读服务的全新平台。

美国图书馆协会国际关系委员会主席贝弗利·林奇曾指出，图书馆最初的职责是为了将人类的文化更好地保存下来，随着这种文化保存职能的不断深化与完善，图书馆的职能逐渐向引导公众阅读的职能上转变。

图书馆的职能莫过于教育公民和为公民提供阅读服务两种。所谓教育公民，就是想让更多的人通过图书馆来获取更多有益的信息，进而实现对公民进行教育的目的或职能。其实，如何才能让人们通过图书馆获取更多有意义的信息呢？最简单常见的途径就是阅读。换句话说，图书馆教育公民的职能与图书馆的阅读职能是密不可分的。所谓为公民提供阅读服务，其实就是将图书馆中的阅读资源向更大范围的社会群体开放，让公民享有阅读的权利，这种就是非常明显的阅读职能的发挥。上述图书馆的两种职能完全可以归结为一种职能，那就是图书馆的大众化服务职能。

世界最早期的图书馆是立足于馆藏的职能，类似于现在意义上的档案馆，二者之间的不同点在于图书馆保管的是历史文化书籍类的文献资料（相当于文化档案），而档案馆保管的是各种综合类的相关资料，其中，也不乏存在一些书籍文献资料需要放到图书馆去保管。从这一点上看，图书馆发挥着文化保存的历史职能，让人类共同的文化资源在全世界范围内得到有效传播。那么，这种文化传播又是通过怎样的途径来实现的呢？显然，最有效的方式就是阅读，就是让更多的人通过阅读相关文献来进一步了解历史，了解文化发展的脉络。

随着社会发展的需要，也是为了满足文化传播的需要和人类文明传承的需要，图书馆开始不再是秘密地保管某些文献资料，而是通过向大众群体开放，让更多的人去阅读这些文献，这样才能让文化的种子在阅读的风气中不断传播，飘到适合这粒种子成长的土壤里生根发芽，进而生长出大众阅读的参天大树，这就是图书馆大众阅读的服务职能和目标。

北京大学信息管理系的博士生导师王余光教授认为，抛开图书馆发展历史上的近一百年来看，中国图书馆事业的发展在世界上是占有举足轻重的地位的，中国图书馆领域的人员一直在为国民的阅读服务而奋斗着，尤其是最近的十几年。事实的确如此，我们任何人都不能因为我国图书馆事业发展中曾经出现过曲折的发展历程，就否定这些图书馆人为大众阅读所付出的辛苦，也正是这份执着不变的服务，让知识的执着精神得以传承，让人类的经典得以在更大范围内阅读传诵，让阅读的大众群体遍布祖国的每一个角落。

（二）图书馆大众阅读服务的必要性

全民阅读需要在全社会范围内推广，这是图书馆事业发展的需要，更是文化素质提升工程的需要。图书馆为大众提供阅读服务是图书馆的基本职能，问题的关键在于，这种服务应该是面向最广大的人民群众，且提供的有关阅读服务也是最基本的大众化服务，这种大众化阅读服务职能对于图书馆事业的科学发展至关重要。

随着社会各项事业的飞速发展，图书馆迎来了发展的良机，政府职能部门对图书馆进行专业的资金支持，各种优势的资源与环境推动着图书馆事业的发展。然而，从当前图书馆所发挥的阅读服务职能来看，基于较为复杂的综合性因素作用，一些图书馆的大众化服务职能并没有得到真正意义上的发挥，无论是从服务定位上，还是从具体服务上，都存在缺失的现象。这显然不利于图书馆事业的全面发展。为了让图书真正融入社会，走近大众，在图书馆推行大众阅读服务势在必行。

从目前中国图书馆的发展状况来看，大众阅读服务已经取得了一定的成果，但是，大众化阅读的广度和深度还需要进一步拓展。改革开放以来，尤其是最近几年，相关政府职能部门和社会机构不断提升对图书馆的财力支持和赞助，然而，综合来看，这种投资所造成的影响尽管是积极的，但却与广大人民群众的阅读需要存在着较大的差距。从经费投入来看，图书馆的专项资金不仅存在被挪为他用的情况，还存在不能满足图书馆扩展需要的情况，图书馆的发展速度与专项资金投入数额不能完全匹配，这在一定程度上已经影响到图书馆大众阅读的全面深入展开。我国图书馆人均藏书和经费情况的相关调查数据显示，"2005年以来，我国公共图书馆年度经费总额占国家财政总额的比例一直维持在 0.08% 左右的较低水平，而且呈总体下滑趋势。2011 年，我国人均公共图书馆购书经费不足 1 元，人均藏书量不足 0.5 册，较国际图联和联合国教科文组织推荐的人均 1.5 册至 2.5 册的水平存在显著差距"。[1]因此，我们在客观看待我国图书馆发展所取得成绩的同时，还应该努力开拓多元化筹集资金的渠道，加大对图书馆的专项投资，扩大图书馆的发展规模，提升图书馆的综合实力，这样才能让大众阅读服务的效果更为突出。从图书馆中阅读的公众对象来看，一些大众对阅读的重要性认识度不高，宁可花费时间和精力在其他的事情上，也不能抽出时间到图书馆去坐坐，这也使阅读的大众化群体不能得到更广泛的普及，长期下去，不利于全面良好的阅读习惯的养成。加强对广大人民群众参与阅读的必要性宣传，提升民众对阅读的认识，对图书馆的大众阅读来说非常必要。

图书馆中涵盖了包括政治、经济、文化、科技在内的各种知识，是大众化阅读的前提和基础。我国全面素质与发达国家之间存在一定差距是客观存在的事实，图书馆需要为大众的素质提升提供阅读服务，这是提高全面综合素质的重要举措。图书馆的大众阅读服务决定着图书馆发展的成败与否，面对时代的变迁，教育环境的升级，社会环境的变化，应该为大众打开阅读的大门，推进书香社会的全面发展。

（三）图书馆大众阅读服务的实践探索

大众阅读将成为图书馆服务的价值取向，推动图书馆服务职能的全面升级，把阅读作为一种追求，把服务作为一种品牌，以图书馆为载体，全面推动全社会的文化大发展，发挥阅读的力量，让世界人民都能真正领略中国五千多年的悠久历史文明。图书馆推行大众阅读服务是历史的必然选择，是时代发展的必然选择，是文化传播和文明传承的必然选择，积极探索与图书馆发展相同步的大众阅读服务，推动图书馆服务职能的综合发展与升级。

图书馆为大众阅读服务首先需要解决的是服务理念的问题。大众阅

---

①法制日报．我国公共图书馆人均藏书量不足 0.5 册［EB/OL］．
http://news.ifeng.com/gundong/detail_2013_03/15/23126595_0.shtml.

读服务的理念在对象的层面上是服务于最广大的人民大众，在服务范围的层面上能够在各角度、各领域提供多样化的服务。要建立大众阅读服务的环境，就应该根据社会发展的时代取向，立足于图书馆的发展状况，传播文化、服务社会、融入民生，让拥有读书渴求的每一个人都享有到图书馆阅读的权利。

图书馆的大众阅读服务也需要解决服务队伍建设问题。能够为大众提供阅读服务的队伍必须是经过专业训练的队伍，无论是从馆员综合素质方面，还是在服务的能力方面，都应该努力投身于对大众阅读的宣传工作，让大众养成良好的阅读习惯，这也是图书馆队伍的任务之一。同时，图书馆需要对从业的馆员进行专业知识以外的大众阅读指导方面的服务能力培养，掌握读者的阅读心态，了解与大众阅读相关的各领域内容知识和技能，提高馆员们的大众阅读服务质量和能力水平。

图书馆的大众阅读服务还应该在内涵建设的问题上下功夫。图书馆的内涵建设一方面需要解决的是馆藏图书结构优化升级的问题，图书馆为读者提供基本的阅读所需要的阅读书籍的前提下，还应针对不同群体的阅读需求提供不同的专业化书籍，并为这些群体提供书籍阅读指导服务，使大众阅读服务富有更强的针对性。图书馆的内涵建设需要解决的是为读者提供优质化的阅读环境的问题，良好的阅读环境也是推进阅读大众化的重要依托，图书馆被构建得更加温馨和富有生气，使广大读者产生较强的阅读欲望，在和谐温馨中享受平等的阅读氛围，让图书馆外的群体也希望能够到图书馆中来享受大众阅读服务。

图书馆的大众阅读服务更能体现灵活贴心的人文关怀。各种形式的图书馆都应该具有面向普通大众提供阅读开放的服务职能，通过灵活丰富多彩的活动来激发大众的阅读兴趣。在图书馆的阅读手续方面，应该免费向大众阅读群体开放，尤其对于特殊的阅读群体，更应该解除相对烦琐的阅读手续，提供更方便的阅读服务。在开馆时间方面，根据不同阅读群体的阅读需求，提供弹性的阅读时间服务，尽可能延长读者的阅读时间，为大众读者提供满意服务。另外，图书馆的阅读服务不仅仅表现在简单的书籍阅读的层面，还可以根据图书馆的实际情况进行阅读活动的拓展，如读书会、书法比赛、征文活动等，为大众读者提供全方位的阅读服务，让读者充分感受灵活多样的人文关怀。

大众阅读服务作为图书馆的基本服务职能，顺应了时代发展的需求，满足了大众群体的文化需求，推动了大众阅读服务向全社会的发展与延伸。

二、资料查询服务

读者来到图书馆阅读时，都希望能够以最快的方式找到所需要的资料，资料查询服务属于数字化服务的范畴，为图书馆的阅读群体提供快捷且准确的服务，让广大读者能够充分享受网络信息化的方便，让有限的资源发挥更大的效益。资料查询服务应该趋于多元化，从而推动图书馆服务职能的多元化。

（一）资料查询服务拓宽了图书馆服务

从一定意义上说，资料查询服务拓宽了图书馆的服务职能，让图书馆与读者之间的距离更近一步，读者可以通过查询及时地了解到某一领域相关资料的发展概况。对于读者的特殊需求，图书馆还可以为读者提供资料的预约服务，方便读者准确把握资料的在馆信息情况，为图书借阅提供方便。

之所以说资料查询拓宽了图书馆的服务职能，其中主要原因在于：一是图书馆的实际业务得到不断拓展。在从事非图书馆相关业务的人员看来，图书馆就是把馆藏图书分门别类，读者来到图书馆根据阅读需求，到指定的图书区域去阅读或者是选择性借阅。其实，就资料查询业务来说，就是一项比较烦琐的服务，给读者带来方便的同时，为馆员们无形之中增加了很多工作量。尤其对于馆藏图书较多的大型图书馆来说，更是涉及很多交叉的环节，创新了服务的载体，拓宽了图书馆的服务职能。二是当图书馆需要搞一些类似于下乡宣传、读书会、书法比赛等活动时，就需要将相关的资料信息及时地反映给有关活动的组织者和参与者，方便相关人员了解活动的要求、进度、结果等重要信息，以便能够提前做好活动的安排和准备工作，这也属于图书馆职能拓展的范畴。三是在普通工作时间之外，如果读者急于了解某一领域的重要信息时，图书馆的资料查询服务能为读者提供很大的方便。读者可以通过与图书馆沟通，办理相关的阅读资格权限，当读者的阅读权限达到一定的级别时，可以实现对图书馆的数据资料进行远程访问，这样就可以随时随地进行资料的查询工作，这更是图书馆服务职能的拓展。四是快速实现资料更新，为文化发展的大方向服务。图书馆不同于博物馆，不是说图书馆里面的藏书都是那些满是灰尘的古董级图书，而是具备实时更新的条件，对那些能让读者及时把握时事变化的资料，可以实现实时更新，方便读者进行资料查询阅读，这同样拓宽了图书馆的服务。

一些图书馆为了能够在更大范围内为读者提供资料查询服务，探索开放式的资料查询服务模式。通过与各大知名图书馆进行协作合作等方式，拓宽了图书馆的综合查询服务职能，充分利用各图书馆、科研院所、情报机构等所拥有的特色资源，相互之间做到取长补短，方便高效地为广大读者提供资料查询服务，让资料查询服务更具权威性。

毕竟图书馆属于服务型机构，资料查询服务是图书馆的重要模式，不断推动服务结构的优化，让广大读者能够在图书馆中进行温馨阅读，这是图书馆永恒不变的追求。

（二）图书馆资料查询服务趋于信息化

图书馆中拥有大量的馆藏书籍，而且随着时代的发展，图书出版产业也在不断进行技术革新，这让图书馆的阅读资料表现出更加多元化的趋势，为了提高图书馆对广大读者的服务质量，图书馆发展的信息化趋势已经逐步取代传统的服务模式。另外，一些网络书籍、电子图书的信息化推广，更是推动了图书馆的数字化发展。因此，推出资料查询服务的信息化同样也是图书馆发展的必然。

随着现代信息技术的飞速发展，资料查询信息化也取得了很大的进步。从国内的信息化发展来看，"国家科学数字图书馆 (CSDL) 是中国科学院在 2001 年底启动的国家科学数字图书馆建设项目，CSDL 采用开放、集成和用户为中心的设计理念，构建了科学研究和国家创新体系的科技文献信息支撑系统，旨在建立和维护中国科学院全院网络共享的科技信息保障环境，提供全院'一体化'和'一站式'的科技信息服务……

CSDL提供跨库集成检索服务，能对30个全文数据库、9个文摘数据库、4个电子图书库和近50个图书馆共计100多个公共目录数据库同时进行检索"。[①]从国外的信息化发展来看，以英国国家图书馆为例，"英国国家图书馆(British Library，BL)是世界上最大、收藏最丰富的国家图书馆之一，提供包括图书、报纸、期刊、图片、音乐、视频、手稿等多媒体资源，同时还收藏了很多具有珍贵价值的资源。随着数字化进程的开展，为了更好地保存管理馆藏，同时更好地对外发布传播与服务用户，BL从1993年就开始提出运用现代化的网络通信技术和数字技术把英国图书馆建设成一个世界各地的读者都能方便地检索和查询信息的现代化数字图书馆"。[②]资料查询服务信息化是图书馆查询业务的需要，是信息化资源共享的需要，推动了图书馆服务职能的升级。把各种先进的信息化设备运用到图书馆的资料查询服务中，可以大大提升图书馆的服务质量，使广大读者能够及时准确地把握各种图书查询信息。

信息化是图书馆资料查询服务发展的必然趋势，是信息时代推动下的图书馆高效率管理的必然模式选择。众所周知，单一的纸质版本藏书已经不能满足当代图书馆事业发展的需求，一些新兴的信息化资料在图书馆的发展中发挥着越来越重要的作用，这对传统的资料查询模式提出了挑战，服务的信息化同步是图书馆职能创新的必然。以往的资料查询服务都是图书管理员到指定的书架进行书刊的管理或借阅服务，当图书馆较大，且藏书种类复杂多样时，就需要手工查阅相关管理明细，服务效率非常低。

现如今，信息化已经成为图书馆发展的必然，全国的大型图书馆基本实现了信息化的普及，一些小型图书馆也推行了资料查询的信息化，配套的图书馆信息化数据陆续建立。为了适应信息产业发展的需要，新型的资料查询服务模式将成为发展的主流，类似的微电子技术、通信技

---

①耿骞，叶亚娜．浅谈我国数字图书馆建设与发展现状［EB/OL］．
http://www.edu.cn/tsg_6497/20080525/t20080525_298541.shtml.
②耿骞，叶亚娜．浅谈我国数字图书馆建设与发展现状［EB/OL］．
http://www.edu.cn/tsg_6497/20080525/t20080525_298541.shtml.

术、计算机技术、多媒体技术、网络技术等现代信息技术被广泛应用到图书馆的资料查询服务中，利用声音、数据、图像或影像等媒体传播技术，把各种信息资源进行有效整合，推动资料查询的信息化发展进程，提升图书馆的综合服务质量和效能。

图书馆的资料查询服务应该立足于图书馆的馆藏资料性质和特点，让信息化服务模式富有较强的针对性。从资料查询服务的信息发展来看，可以分为以下几个发展过程：其一，资料的存储要实现信息化。对传统的资料存储模式进行阶段性的信息化改革，在信息化存储的过程中要做到翔实准确，保证日后信息查询的准确，为图书馆的全面信息化服务奠定良好的基础。其二，资料查询载体的信息化。图书馆根据自身的发展实际情况，充分利用内外网络实现对资料查询服务的信息化，让读者可以及时掌握相关资料信息，计算机、微博、微信、无线客户端等服务可以在图书馆资料查询服务中实现推进和覆盖。其三，多元化的资料查询功能占主流。针对不同的阅读群体，基于他们的需求差异导致他们的资料查询手段和最终目的都存在一定的差异，面对这种多样性，图书馆的资料查询功能也要采用多元化的手段，以保证读者们的查询需求。图书馆中的一些图书或期刊的摘要、关键词、目录等提供信息化检索服务，方便读者浏览相关资料信息；一些有条件的图书馆可以建立信息化联盟的借阅服务，这样当读者需要的借阅服务在某一图书馆不能得到满足时，馆员可以通过图书馆联盟的信息查询服务及时了解到哪个联盟图书馆拥有相关的馆藏资料，这样就可以让读者获得更加丰富和方便的阅读资源；此外，短信通知、邮箱下载、电子邮寄等各种信息化的资料查询服务也推动着信息服务的多元化发展。

（三）图书馆资料查询服务科学化升级

图书馆的资料查询服务是图书馆的重要服务职能，在服务中要不断进行改革创新，让整体的服务水平和服务质量更具科学性，为广大读者提供各种阅读资料，实现资料查询服务职能的科学化升级。图书馆资料查询服务的科学化升级重点表现在图书馆的服务队伍综合素质提升后，产生的服务质量提升效应，进而推动服务的科学化；图书馆提供的资料查询服务载体（图书馆有专用的资料查询系统）是经过专业人士开发出来的，提升了服务载体的科学化水平；图书馆的资料查询服务流程也更加规范合理，包括预约登记查询、书刊借阅历史查询、书刊归还信息查询、书刊过期查询等，各查询流程都实现了科学化转变；图书馆在为广大读者提供资料查询服务时才能使用的服务方法，已经由原有的传统手工记账式方式实现了电子化的科学升级。

第一，服务人员的科学化素质。从队伍建设上，图书馆提供资料查询服务的队伍综合素质更高、更专业化，能为广大读者提供科学化服务。当前，图书馆中的绝大多数服务人员都具备专业的素质，在学历和专业方面都与图书馆学相关或者相近，能更好地为读者提供科学化的服务。另外，为了改善图书馆服务人员的服务质量和水平，图书馆都设置了针对馆员业务培训方面的内容，并配备一定的经费作为支持，让图书馆服务人员能够及时了解国内外相关领域的最新发展动态，同时，通过学习和交流也能够吸收兄弟图书馆的宝贵经验，让自己的服务更加科学化。

第二，服务载体的科学化程度。针对图书馆的资料查询服务，一系列类似中国知网、万方数据平台等资料查询载体，能为不同领域的阅读群体提供非常全面的专业化、科学化服务，跨库检索、全文数据库、集成检索等，也能为广大读者提供全方位的一站式服务。另外，高等院校、科研院所等教学科研机构也为图书馆服务载体的科学化创新提供了强有力的支持，类似 PDF、CAJ、福昕阅读器等一些专业的阅读软件被广泛应用到图书馆的查询服务中，作为服务载体也为广大阅读人员在图书馆中的数字化资料查询提供了方便，让读者充分享受查询阅读的方便。这些服务的载体提高了图书馆服务的科学化水平，让图书馆的资料查询功能更加科学健全，提高了读者的满意度。

第三，服务流程的科学化体验。图书馆具有较大的藏书量，既有纸本资源，又有电子资料，还包括很多网络资料，无论是哪个专业的图书都有很多种类可供读者选择，读者无论是在馆内进行图书浏览，还是借阅图书到馆外阅读，都少不了对相关资料的查询。在资料查询服务中，图书馆会通过智能化、网络化等，推动服务流程的科学化，做到重点和突破相结合，点面有机统一，为广大阅读人员提供更加规范化的服务。

第四，服务方法的科学化操作。根据不同的图书馆规模，都会采用多种服务方法为广大读者提供科学化的资料查询服务。读者可以根据实际需要采用电话查询的方式，进行相关资料信息的查询和咨询，及时了解相关信息，简单方便，尤其一些大型图书馆已经开通了 24 小时自动语音查询服务功能，这就更加方便读者群体进行资料的查询。读者也可以到图书馆内进行具体的资料查询，在馆内既可通过向图书馆馆员咨询或查询，也可以通过图书馆提供的专用计算机进行资料查询，及时掌握所需要的相关信息。读者还可以通过电子邮件的方式进行相关资料的查询，图书管理员会及时对读者发送来的邮件进行具体的回复，满足读者的咨询和查询需要。另外，大多数图书馆都有独立的网站，读者们可以通过外网登陆图书馆的网站，了解相关信息，实现资料查询与检索。当前，QQ 群也成为一些图书馆为读者提供资料查询服务的有效方法，为读者提供查询、咨询、交流等服务。这些多样性的服务方法，都为广大读者提供了全方位的立体式的科学化服务。

三、知识传播服务

图书馆中有大量的书籍资源，这些书籍资源无论是以纸质版形态存在，还是以电子版形态存在，其中都具有丰富的知识内涵。通过这些知识的传播，可以实现图书馆服务质量的全面提升，满足广大读者的文化素质提升需求。

为了能够让图书馆在社会飞速发展的过程中给广大读者提供科技知识方面的理论指导和实践支撑，图书馆需要提升以知识为载体的服务水平，把知识传播作为一项图书馆发展的硬性指标，推动图书馆知识传播模式的优化，让图书馆的知识服务发挥更大的效能，提高图书馆的服务水准，更好地肩负起文化知识传播和文明传承的历史责任与现实重托。

（一）图书馆的知识传播服务过程

单纯从知识转化的角度来看，知识的转化过程通常会经历知识的社会化、知识的外表化、知识的整合化、知识的内融化几个过程，而图书馆的知识传播服务过程是隐性服务与显性服务辩证统一的过程，因此，从逻辑发展的思路来看，图书馆的知识传播过程也是一种知识形态的转化过程，图书馆的知识传播服务过程能够被更多人所理解和接受。

第一，从馆员的隐性学习向隐性互动的知识传播服务。既然图书馆的知识传播过程是一种知识转化过程，那么就需要有知识传播的主体和知识接受的客体。图书馆中为读者服务的馆员，在图书馆具体工作中有很多专业的知识积淀，通过传播的形式把知识传给广大读者，实现知识的有效传播，这是一种传统的知识传播模式。在这个过程中，图书管理员在日常工作中实现了知识的积累，而这种知识却变现为隐性的特点。在工作中，这种隐性的知识会在同事之间实现交流，接着图书管理员就会同广大读者建立起阅读的联系，给读者提供知识上传播的服务，在图书管理员与广大读者交流的过程中，实现了知识的隐性学习向隐性互动的传播，成为读者获得知识的有效方式。

第二，有技术支持的隐性知识向显性知识的传播模式。图书馆的知识只有从隐性的知识向显性的知识传播，才能让图书馆的职能发挥得更有意义。在知识传播的过程中，会有一系列的技术手段参与其中，将隐性的知识抽象出来，并用形象的技术手段加以表现，形成显性的知识，进而容易被广大读者所接受和认可，实现知识的有效传播。在隐性学习向隐性互动的传播阶段，已经形成了一些形象化的显性知识，为本阶段的知识传播奠定基础，当Web技术参与到知识的传播过程中时，就为知识的显性传播提供了更多的方便与快捷，从而解决了传播过程中的技术问题。

第三，通过科学化管理实现显性知识向新显性知识的传播。当知识的表现形式由隐性模式发展到显性模式后，显性模式的知识会进一步发展，让显性知识更加系统化，一些隐性知识通过科学化的管理手段发展成更高层次的显性知识，构建出新的知识系统。尤其在图书馆的知识传播系统中，分类、管理、索引等各种工作中都具有丰富的知识含量，显性知识通过科学化管理的作用后，发展成被广大读者所认可的新的显性知识，实现了知识质量的全面提升，为广大读者提供了更为优质化的服务，达到知识传播的目的。

第四，通过对知识的消化实现知识从新显性到隐性的内化传播。当知识变成新显性后，逐渐被广大读者所接受，并内化为个人的综合素质，这就是个人的能力体现。图书管理员把一些馆内的管理方面知识通过理解和实践，逐步形成能够指导自己行为的内化知识，也就是隐性知识。另外，图书馆里的一些科学文化知识被广大读者通过书刊阅读的形式所吸收，通过思考内化于自身的知识系统之中，同样用来指导日常的生活和学习实践，这也是显性变隐性的知识内化传播过程。

第五，图书馆的知识在馆内实现传播的服务过程。图书馆内部的管理员之间、管理员与职能机构、职能机构之间等，会形成相互交往作用的局面，这就为知识的内部传播创造了条件，让图书馆中具备浓厚的知识氛围，并愿意把管理员的知识储备传递给广大读者，能够提供更好的知识传播服务。从管理员之间的知识传播角度看，为了能够让工作不出现空位，管理员之间在工作的交叉部分会形成相互弥补的局面，这就要求管理员之间在知识上存在衔接，这也是知识的传播过程。而且，图书馆会对管理员进行集中的培训，这种培训也必然会推动知识的交互传播。从职能机构之间传播知识的角度看，有些职能机构为了了解不同读者群体的知识需求动向，会通过与其他部门联合进行相关领域的调查或统计，以便及时调整图书馆的知识传播方向，进而提高服务的质量。

第六，图书馆的知识拓展到馆外的交流传播服务。图书馆的知识传播服务不是一个封闭的内部服务系统，而是需要通过与外界进行及时的沟通与衔接，进而更有效地为读者提供文化知识传播服务。从受众的读者群体角度来说，图书馆为读者提供阅读服务，其实就是一种知识传播的服务，另外，图书馆去探寻读者的知识需求本质，也是拓宽图书馆服务的重要举措。从文化知识传播的角度来看，图书馆与馆外各职能部门之间的相互联系其实也是一种知识传播的过程，无论是相互之间的交流学习，还是彼此间的业务往来，都让图书馆的服务以知识传播的形式得以表现。

（二）图书馆知识传播服务的影响因素

图书馆知识传播服务是图书馆的一项基本服务职能，这种服务职能会涉及很多环节，来自图书馆内的因素和图书馆外的因素，都会对图书馆的知识传播服务产生一定程度的影响。

第一，图书馆知识传播服务的外部影响因素。

图书馆为外界提供知识传播服务时，会受到来自不同层次的因素影响，使图书馆的这种传播服务是在社会的监督下有序运行，以保证图书馆能够为广大读者提供更为优质的文化知识，肩负起为社会传播知识的职能。

一方面，来自宏观层面的外部影响因素。影响图书馆知识传播服务的宏观层面因素主要包括政治、经济、文化与科技、社会等众多领域，这些因素都从不同的侧面对图书馆的知识传播服务产生影响。其一，政治因素的影响。政府是图书馆的政策支持机构，为图书馆的科学发展提供了强有力的政策支撑，这为图书馆的知识传播服务提供了政策保障，是一种来自于政府的有力外部条件，让图书馆可以有更多的精力投入到知识传播服务中来。当然，我国的图书馆有关机制政策体系仍需不断发展与完善，面对差异较大的读者群体，为了解决读者群体的知识服务需求，需要在政策服务上提供全方位的保障，这也对图书馆的政策体系提出了新的要求。另外，政府为图书馆提供的财力支持也为图书馆的知识传播服务提供了强有力的保证，成为重要的外部影响因素。其二，经济因素的影响。图书馆的发展态势与经济的发展状况有着非常密切的关系，当经济发展水平处于较高的态势时，必然会对图书馆的发展提供良好的发展平台。对于图书馆知识传播服务职能来说，离不开软实力和硬实力两种因素提供支持。改善图书馆的综合硬件设施，为图书馆的文化知识传播服务创造更好的发展空间，这是对这项服务职能最大的支持，这种发展空间的创设与经济环境的作用有着非常密切的关系。在软实力建设方面，只有当经济发展好了，才能为图书馆的管理员提供更优越的条件，让工作人员把更多的精力投入到文化知识传播的服务中，形成良好的传播氛围。其三，文化与科技因素的影响。文化和科技因素与知识之间的联系程度是毋庸置疑的，二者以不同的形态对图书馆的知识传播服务产生影响。其中，文化作为一种素质体现形式，影响着读者与图书馆之间联系的密切程度，可以通过良好的文化风气影响到图书馆阅读的氛围，进而影响图书馆的知识传播服务。从科技层面来看，科技的发展水平对图书馆的发展产生很大的影响，当各种高科技手段被频繁地运用到图书馆的知识传播服务中，会大大地提高服务的质量。当然，技术是一把双刃剑，对于综合素质比较高的阅读群体来说，这种高科技服务会推动知识传播的速度。相反，对于综合素质相对较低，或是不容易接受新鲜技术的老年人群体，抑或是对于那些特殊群体来说，高科技服务很有可能会成为图书馆知识传播服务的一种障碍。对于这些群体与高科技之间存在的屏障，有些图书馆又不能摆脱这种高技术的依赖性，这就对图书馆的知识传播服务产生不利影响。其四，社会因素的影响。社会因素是一个大的范畴，其中有很多内容都与图书馆的知识传播服务存在较为密切的联系，例如，社会中的人口因素。图书馆的服务对象是来自于不同领域，有不同阅读需求的读者群体，当这些群体的规模发生较为明显的变化时，将会对图书馆的发展产生一定的影响，其中包括图书馆的场馆地址如何选取，图书馆的馆藏图书如何根据人口差异进行有效的配备，图书馆的服务标准将如何实现有针对性的调整，等等。这些都与知识传播服务职能具有非常密切的关系。

另一方面，来自图书馆环境的外部影响因素。图书馆面对的外部环境也是复杂多变的，成为图书馆知识传播服务的影响因素。图书馆的性质决定了图书馆不能以商业盈利为目的，这种性质就会对一些持有商业眼光的企业和个人产生影响，很少有私营性质的图书馆涉足无偿服务的领域中，这样图书馆就不会面对营利性外部环境的影响，不但不会受到同领域的排斥，相反，还会得到同领域的支持，这样就会给读者提供更优化的知识传播服务。对于图书馆来说，为读者提供的阅读资源是知识传播服务职能发挥的基础性因素，这种基础性因素会受到资源供应商家的不同程度影响，商家提供的资源质量、价位、数量等，都成为图书馆资源发展水平的重要标志，也会影响到图书馆所提供的知识传播服务能力。另外，读者信赖程度和图书馆与图书馆之间的横向合作程度，也是图书馆能够提供更为优质化的知识传播服务的重要影响因素。图书馆属于财政拨款单位，其中的图书管理员享受到相对稳定的福利保障，他们没有太大的生存和发展压力，而来自读者群体对图书馆的客观评价便会成为图书馆考核机制健全的重要参考，其中，还会以提供知识传播服务的质量作为参考因素。图书馆之间的互动水平也影响到其所提供的知识传播服务，让服务的质量得到较大程度的提升。

第二，图书馆知识传播服务的内部影响因素。

图书馆能够提供什么样标准的知识传播服务，不仅与外部条件的影响息息相关，更与图书馆内部的很多因素存在着密切的关系，受这些因素的作用而影响到图书馆实施传播服务的质量。

其一，来自知识所固有的影响因素。图书管理员从事图书馆工作的过程中，积累了很多宝贵的经验，而图书馆人员的流动性不强，形成了知识的稳定性，这些经验对于知识的传播具有积极的推动作用。然而，图书管理员对这种经验类的知识重视度不够，影响到了知识的传播。另外，由于图书管理员工作岗位之间的差异，决定了他们在知识水平方面存在的差异，图书管理员不仅要用知识来武装自己，还用知识来服务广大读者，而不同知识水平的管理员所传递的知识服务标准也存在差异，这也会影响到知识的传播。

其二，来自知识传播过程的影响因素。知识传播还会受到读者素质的影响，读者在图书馆进行阅读时，由于不同读者的知识背景存在差异，因此，读者能否主动接受知识的传播，对所传播知识的接受程度，等等，都成为图书馆知识传播过程中的影响因素。另外，有些图书管理员把自己的知识当作个人的财富，担心自己的知识传递给同事会造成自身优势地位的不突出，因此不愿意与同事之间进行交流，也会影响到知识在图书管理员之间的传播。

其三，与图书馆机构相关的影响因素。图书馆作为传播知识的组织机构，既会受到组织机构内部的因素影响，也会受到组织外部的因素影响。如果在图书馆中的各部门间相互不是补台，而是相互拆台，就会对知识的传播产生非常不利的影响。相反,如果部门之间的合作非常默契,相互之间沟通起来会更加方便,更利于知识的传播,为图书馆的知识传播服务提供良好的环境平台。另外,不同的组织机构对于知识传播具有不同的作用,进而会直接或间接地对知识传播产生影响,发挥不同的知识传播服务职能。还有就是图书馆的内部硬件设施和软件设施,也会直接或间接地对知识传播服务职能产生影响。

(三)图书馆知识传播服务的实践推进

知识传播服务作为图书馆的一项基本服务职能,就需要在具体的服务过程中,积极探索有效的实践方式来提升服务的质量,尽可能降低或消除来自图书馆内部和外部的影响因素的消极影响,最大限度地发挥各种积极影响的作用,让图书馆的传播服务得到有效推进。

首先,从宏观层面的实践推进。政府对图书馆的发展起到了非常大的作用,不论是政府为图书馆提供的资金支持,还是为保证图书馆的科学发展而制定的一系列政策规章,都能从宏观层面对图书馆的知识传播服务实践起到积极的推进作用。例如,在政策规章方面,读者的隐私权如何保障,作者的知识产权如何保障,国家对知识产权的法律法规不断进行完善,为知识传播创造了良好的环境。在资金投入方面,政府要加大对图书馆的专项资金投入,以吸引更多优秀的人才从事图书馆的开发与管理,为知识传播提供充足的资金支持。全民阅读已经成为一种大社会环境,在这种大环境影响下,加快推进学习型社会建设是知识传播有效推进的重要途径,尤其是那些文化知识资源相对不发达的地区,图书馆应加大在这类地区的信息传播力度,让知识传播服务得到更大范围的推进。另外,在科学技术研发方面,高水平的科学技术应该被广泛应用到图书馆的知识传播中,互联网技术、多媒体技术、数据库技术、计算机技术等高科技手段都应被应用到图书馆的各个工作环节中,以增强知识传播服务的灵活性,提升服务效率。

其次,合作联盟角度的实践推进。毕竟单一的某个图书馆会存在各种阅读资源和服务水平的局限,有条件的图书馆通过合作联盟的形式联合在一起,搭建资源共享的平台,不仅可以扩大知识资源的领域,还可以提高知识传播服务的质量，进而满足更多读者更大范围的知识获取需要，进一步推进图书馆的知识传播。另外，类似中国知网、万方数据库等数字化资源检索服务都是付费性质的服务，很多图书馆为了给广大读者提供更优质化的知识传播服务，都有馆内免费查询下载的服务，而这项检索服务对于图书馆来说却是需要付费的，这对于非营利性机构的图书馆来说，是一笔不少的开支。探索建立图书馆之间的合作联盟，就可以让知识共享的程度进一步提高，适当减少在类似的知识检索中所需要的服务费用，这也会进一步提升知识传播服务的质量。

最后，立足图书馆管理层面的实践推进。要保证图书馆的知识传播服务更好地发挥作用，就需要加强对图书馆的管理，包括完善培训制度管理、建立激励机制管理、完善人力资源管理等。在完善培训制度管理方面，要加强对图书管理员的专业知识培训，让他们及时掌握相关知识领域的前沿，突破固有的思维模式，实现理论素质和实践技能的综合提升，更好地投身于图书馆的知识传播服务中。在建立激励机制管理方面，要充分调动图书管理员工作的积极性和主动性，根据图书馆的实际情况，完善激励机制。尤其要针对管理员们的不同需求标准，实施不同的激励模式，以推动实现知识传播服务职能更好地发挥。在完善人力资源管理方面，为了改变图书馆人力资源管理不利对图书馆综合服务水平的制约，尤其是一些高校的图书馆，为了解决对学校的科研和教学工作做出突出贡献人员的家属就业问题，让一些图书馆成了稳定尖端人才家属的安乐窝，致使图书管理员的知识水平较低。因此，图书馆要在人员招聘的环节上把好质量关，对于滥竽充数的问题要采取积极的应对措施，为图书馆的知识传播服务奠定坚实的人力资源基础。

四、休闲阅读服务

尽管我国全民的阅读比例略有提升，但是，真正实现全民阅读仍然是任重而道远。图书馆通过休闲阅读服务的形式将有效推进图书馆服务理论的完善，重点是在推动全民阅读氛围的实现上更进一步，通过休闲阅读服务让图书馆融入广大人民群众的阅读世界中。

（一）图书馆休闲阅读服务的政策支持

图书馆的数量与全民阅读之间存在着密切联系，但是，阅读的全民化更需要这些图书馆提供休闲的阅读服务，让广大读者产生浓厚的阅读兴趣。很多国家在图书馆休闲阅读方面都有相关的政策支持，而我国在图书馆的法律法规方面仍然相对滞后，这在一定程度上不利于图书馆休闲阅读服务的有效实施。但是，令人高兴的是，2013 年末，经过漫长的等待之后，我国第一部图书馆专门法《中华人民共和国公共图书馆法》（法律草案），已经被正式列入十二届全国人大常委会实施类立法项目，有望在 2014 年出台。如果这部法律顺利实施，将让我国的图书馆休闲阅读得到更有力的法律政策支持，推动图书馆休闲阅读服务的科学发展，为图书馆全民阅读提供良好的法律环境。

图书馆的政策法规作为政府与图书馆之间、图书馆与其他职能机构之间、图书馆与各类阅读群体之间相互作用的政策性依托，是政府引导和管理图书馆事业科学发展的重要依据，进而保持图书馆发展的稳定性。图书馆法是图书馆进步的需要，为图书馆休闲阅读服务提供政策支撑。我国的图书馆法已经经历了十多年的漫长发酵阶段，这部法律的颁布是图书馆阅读服务的追求，在图书馆法中会涉及休闲阅读服务的相关政策规定，成为评价休闲阅读质量的参考依据，使休闲阅读服务职能在法律的保障下科学运行，进而推动全民阅读氛围的形成，提高读者的阅读兴趣，保证休闲阅读的可持续性，形成书香中国阅读风气。

（二）图书馆休闲阅读服务的活动载体

图书馆休闲阅读服务的形式有许多，通过这些不同形式的活动可以拉近广大读者与图书馆之间的距离，让阅读成为一种轻松愉快的休闲行为，读者们在一起畅谈、交流、品书香，阅读兴趣大增，在全社会构建其乐融融的和谐阅读氛围。

国家层面的读书节成为图书馆休闲阅读服务的活动载体。为了提高广大读者对休闲阅读服务的社会认知，国家根据阅读现状和全民文化素质状况，依托图书馆这座天然的阅读服务综合载体，开展全国范围的读书日活动，让广大人民群众把到图书馆去阅读当成一种休闲的方式，提高生活质量的品位标准，感受图书馆的休闲服务。图书馆应该配合当地的阅读需求，利用本馆的服务优势，为广大读者提供休闲服务支持，在大范围的"世界读书日"活动中，根据实际的社会发展需求，制定不同的主题活动方案，满足广大读者的休闲阅读需求。

公益性的阅读宣传也可以成为图书馆休闲阅读服务的重要载体，从客观实际出发，设计一些可读性较强、富有启发意义的公益性宣传内容，让广大读者达成休闲阅读的共识，在阅读中感受快乐，让图书馆的休闲阅读服务职能达到家喻户晓的程度，对不同的读者群体产生积极的影响，就像北京出版集团公司董事长吴雨初说的那样，"在最显而易见的层次上，我们行走，我们阅读，一切被当地人司空见惯的景物都被赋予了新的惊喜和新的意义。从某种意义上，这个世界的精彩，是通过行走和阅读呈现的。因为有阅读，我们的行走有了目标、有了内涵、有了陪伴。总之，没有阅读的行走只是把自己搬来搬去，没有行走的阅读不能领悟阅读的真谛"。[①]这其中足以看到休闲阅读的外延信号，使阅读成为一种快乐享受，成为一种领域人生真谛的重要载体。另外，还可以利用名人效应，让知名人士参与到图书馆的公益性宣传中来，形成从自我做起，让阅读成为休闲服务的载体。

利用有影响力的主题活动推动图书馆休闲阅读服务。休闲阅读活动也要表现出创新性的特点，不能仅仅停留在广义层面的读书日，毕竟图书馆的阅读不是短期的效应，而应该注重高频率和影响力，以在读者中产生持续性的影响效果。例如，开展以家庭为单位的读书亲子联谊会，把家庭中的父母和孩子，甚至包括爷爷奶奶姥姥姥爷都调动起来，积极参与到这种阅读活动中来，在拉近家庭成员之间距离的同时，还能让不同成员的阅读需求得到满足，享受到不同层次的休闲服务需要。

（三）图书馆休闲阅读服务的理论指导

图书馆休闲阅读服务可持续发展的基础是以科学的理论作为指导的，包括针对不同阅读需要的指导，以及针对不同阅读群体的理论指导。

---

①工人日报．专家学者谈阅读　莫言曾尝试在雪上读书［EB/OL］．
http://www.chinanews.com/cul/2011/04-29/3008945.shtml.

有的人阅读是为了搞科研，有的人阅读是出于工作的需要，有的人阅读是为了学习的需要，还有的人阅读为了养生的需要，以及休闲方面的需要等等，针对这些不同的阅读需要，图书馆需要帮助读者选取不同的阅读资料，并通过有效的方式来指导读者阅读的方向和侧重点，这些都是为了能够在最短的时间内激发读者的阅读欲望，使之享受到休闲阅读的服务。与其说图书馆中的阅读理论指导是一种理论，不如说图书馆中的阅读理论指导是一种潜移默化的影响方式，通过这种指导来完成图书馆的传播职能和教育职能，有针对性地对广大读者进行方向性的引导，让他们领会到图书馆休闲阅读服务的真正意义。

第一，对于少年儿童的休闲阅读。少年儿童是图书馆阅读中较大的群体队伍，他们的思维模式尚未真正建立，不具备完全的是非分辨能力，需要成年人的指导。成年人在对少年儿童休闲阅读提供指导时，要结合孩子们的特点，以图书馆的专业理论为依托，为孩子们提供更贴心的服务。对于年龄偏小些的儿童来说，休闲阅读可以从书本外的童话书、科普书、漫画书等来体会；对于年龄稍大些的少年来说，休闲阅读可以从课程外的文学资料、史学资料、课外科学资料等来认知。图书管理员要为他们提供系统的休闲阅读服务。

第二，对于大学生的休闲阅读。图书馆对于大学生来说就是最好的休闲阅读场所，在图书馆中阅读可以满足他们的逻辑需求、思维需求、求知需求等，让自己在本专业中所学的知识更加系统化。图书馆对大学生提供休闲阅读服务时，会从理论出发提供有效的阅读方法指导，以提升他们的休闲阅读水平和质量，帮助他们在图书馆的休闲阅读中实现发展的多元化，推动他们获取更多的休闲技能。

第三，对于专业技术人员的休闲阅读。在企事业单位工作的白领或是蓝领的专业技术人员，自身有一定的专业技术水平，有的甚至在单位中担任专业技术骨干。图书馆在为这类读者提供休闲阅读服务时，重点在于通过一些新颖的阅读手段，让他们在自己所从事的领域有些突破，至少能够让这些读者在休闲阅读时有一种眼前一亮的感觉，通过这种方式对读者产生积极的影响。

第四，对于老年人的休闲阅读。绝大多数老年人在图书馆阅读都是出于休闲的目的，无论是修身养性，还是看一些花鸟鱼的饲养技巧，或是学一些拿手的烧菜方式，都是从休闲的角度出发的。通过在图书馆中阅读，他们相对充裕的时间变得更加充实，感受这种夕阳无限好的乐趣。图书馆针对老年人的休闲阅读服务方面，应该立足于老年人的特点，为他们提供力所能及的服务指导。

（四）图书馆休闲阅读服务的联盟合作

图书馆的休闲阅读服务成效与图书馆的专业合作伙伴有着密切的关系，这种专业合作伙伴包括教育机构、其他图书馆、政府相关职能部门、书刊出版集团、知名人士、社会团体等，这些机构或个人在与图书馆的合作过程中，会对图书馆的阅读服务提出新的要求，对服务质量的提升会起到积极的推动作用。尽管每个图书馆都能提供休闲阅读服务，但每个图书馆的服务项目却存在一定的差别，往往在不同的时期和阶段开展不同的休闲阅读服务活动。图书馆如果能够建立服务的联盟合作模式，就能实现休闲阅读服务资源的共享，降低各种服务活动的成本，建立服务活动的长效机制，让更多的人享受更多的休闲阅读服务。

首先，图书馆与政府职能部门建立的合作机制。政府职能部门主张积极推动全民范围的阅读活动，在各个职能部门的大力支持和配合下，让很多市民和社会群体都参与到图书馆阅读活动中。在休闲阅读活动中，一些政府职能部门组织媒体进行活动的宣传工作，地方的职能部门也积极配合，通过各种形式推动休闲阅读活动的有序开展，充分发挥休闲阅读服务的成效。

其次，图书馆与高校及科研院所等学术机构联盟。图书馆入驻高校后，提升了图书馆的综合竞争力。当前，几乎每一所高校及科研院所都有相应的图书馆，为高校的学术科研工作发挥了重要的作用。为了能够让图书馆的阅读职能得到更大范围的推广，一些高校图书馆开始向市民提供开放性阅读服务，对休闲服务的推广发挥着积极作用。高校的图书馆具有优势的科研信息资源，图书馆的队伍专业性更强，一些休闲阅读服务能够得到高校及科研院所中高水平专家的指点，让休闲阅读服务的层次更高。

再次，图书馆与图书出版机构的联盟。图书馆与图书出版机构尽管都是与图书打交道，但是，图书馆为广大读者提供的是阅读的场所，而图书出版机构主要是为图书馆等提供基础性服务。在推动休闲阅读服务活动的开展过程中，图书出版机构为图书馆等提供了丰富多彩的图书资料，而这些图书资料通过图书馆这样的阅读场所为广大读者提供了阅读服务，二者之间的联盟合作能有效提高休闲阅读服务的质量，保证读者在休闲阅读服务中享受到高品位的图书。

最后，图书馆与公益性宣传媒体之间的合作。图书馆为了让休闲阅读服务职能得到更大范围的认知，会与公益性宣传媒体进行合作，通过各种宣传载体对休闲阅读服务进行宣传，让广大读者能够更清晰地认识和了解图书馆的休闲阅读活动开展情况，吸引读者到图书馆中阅读。

五、社会建设服务

图书馆本身就是要为社会建设提供服务，对社会政治、经济、文化等各领域建设起到积极的推动作用。社会建设是一项复杂的系统工程，这项系统工程在建设过程中会涉及众多领域，而图书馆能够肩负起服务这些领域的任务。通过推动教育的大众化，全方位地提升阅读水平，让社会各层次的人享受平等的阅读服务的权利。

（一）图书馆为社会建设服务的实践策略

图书馆为社会建设提供阅读服务，其最终目标是让越来越多的读者通过阅读来享受图书馆的服务，在社会建设中创造良好的阅读风气，使阅读成为一种全新的社会生活方式，推动社会的发展建设。

第一，让全社会尽享图书馆阅读服务。图书馆为全社会提供阅读服务不是一个简单的广告宣传，也不是通过填鸭式的模式让广大人民群众成为图书馆的阅读群体，而是一个相对漫长的过程。在这个过程中，人们充分认识到阅读的重要性和必要性，并希望能够到图书馆中去获得相关的服务，而图书馆恰恰能够为有这种阅读需求的读者提供这方面的服务。当广大读者把到图书馆阅读当作一种习惯，对图书馆阅读产生信赖感，能够真正从中享受这种阅读的乐趣时，作为读者，会把这种收获主动分享给身边的人群，让更多的人也参与到图书馆的阅读中来。通过这种传播模式，也会在全社会范围内形成良好的阅读风气，阅读将成为一种大众化的服务模式，全社会都能够充分享受图书馆提供的阅读服务，从而加快社会发展建设的步伐。另外，要保证让全社会享受图书馆的阅读服务，不能缺少的就是图书馆硬件设施的完善。然而，从全社会范围来看，仍有一些地区没有图书馆，这是为社会建设提供阅读服务的障碍，也是今后图书馆社会服务工作的着手点。

第二，为社会建设提供优秀的服务队伍。当真正有大量的读者进入图书馆享受阅读服务时，图书馆能够为读者提供怎样的阅读服务？管理员的综合素质如何？就像印度著名图书馆学家阮冈纳赞所说："除了书籍的选择之外，另一个重要问题是挑选工作人员，它直接关系到一个图书馆能否真正做到向每个读者提供其所需之书。"[1]可见，在图书馆为社会建设服务的过程中，管理员的综合素质是一项非常重要的指标，贯穿于社会建设服务的全过程各领域。图书馆的发展需要复合型专业技术管理员服务队伍，只有这样，才能符合社会发展的需要和图书馆发展建设的需要，从管理员选拔时的严把质量关（包括专业、文化程度、道德素质等），到入职后的定期岗位培训和素质再提升，以及定期和非定期的综合服务状况考核测评，都会直接或间接地对图书馆所提供的社会建

---

① ［印度］阮冈纳赞. 图书馆学五定律［M］. 北京：书目文献出版社，1984.

设服务造成影响。

第三，处理好各种社会建设服务关系。社会的发展建设不是一个孤立的过程，而是社会各机构之间相互作用的过程。图书馆在为社会建设提供服务的过程中，需要得到社会各元素结点的支持，彼此建立密切的联系，这样才能为图书馆这个组织创造良好的信誉。书香中国已经成为图书馆在全社会推进阅读服务的探索模式，这种模式必然会为社会建设提供更加系统的服务，把相对复杂的社会关系简单化，各利益群体对于图书馆来说只有一个共同的追求，那就是阅读，享受高水准的阅读服务，在为社会发展建设提供服务的同时，也大大地提高了图书馆的社会影响力。

（二）图书馆为社会建设提供阅读服务的方式

面对我国图书馆为广大读者提供人均藏书量的有限性，面对我国很多市民在阅读方面认识程度不高的客观事实，面对我国图书馆事业发展过程中普遍存在的地区发展不均衡问题，等等，这些客观事实让人们对图书馆为社会建设所提供的阅读服务能力产生了担忧。对于图书馆来说，应该积极采用有效的服务举措，为社会建设提供优质化的阅读服务。

首先，推动阅读服务平等化进程。图书馆在为社会建设提供阅读服务的过程中，必须要保证让最广大的读者从中受益。也就是说，要保证农民工、残疾人等特殊群体的阅读需求，同时，还要为青少年读者提供系统化的服务。国外在特殊群体的阅读方面高度重视，通过多种形式来保证不同人群的阅读需要，例如，对他们进行必要的教育，为不同的民族提供专业的服务，为偏远山区人民提供阅读支持，以及为其他特殊阅读群体提供个性化的服务等。在国内，面对飞速发展的城市化进程，一些特殊人群在阅读方面享受到的服务还处于不平衡的状态，图书馆的发展也处于不均衡的态势，尤其是对于较为偏远的地区，为特殊群体提供阅读服务的条件更加艰苦，导致特殊群体不能享受平等化的阅读服务。因此，图书馆的阅读服务范畴要合理化延展，以满足最大众化群体的阅读需要，让广大读者在社会建设中真正享受到平等化的阅读服务。

其次，加快多元化图书馆发展建设进程。图书馆具有服务于公益、阅读、休闲、教育、科研等各方面群体的职能，是为广大读者提供多元化的社会发展场所，成为广大人民群众自我提升的重要基地，推动社会向更高层次发展。但从目前中国社会发展的现实状况来看，无论从软件设施还是从硬件设施，图书馆都不能达到全面覆盖的程度。例如，流动服务模式的建立，能为存在阅读局限的读者提供方便化的阅读服务，图书馆能够与社会各部门建立交流，让服务建设趋向于体系化，另外，广大读者可以把自己的图书存放到图书馆中，实现图书的共享，在图书馆中读者可以通过彼此间的相互交流，欣赏到更多的优秀阅读资料，让图书馆为社会发展建设的各领域服务。

再次，把农村作为图书馆创新发展的新兴平台。众所周知，面对信息高度发展的社会，人们的资源获取途径呈现更加多元化的发展趋势，尤其是电子信息技术的使用率更加突出。然而，对于高技术水平比较落后的农村来说，如何让农村的文化生活水平得到显著提高，仍然是一项复杂的工程。为了大力推进全民阅读的有序进行，图书馆作为农村创新发展的新兴载体，可以有效改进文化设施建设，充分保证农民读者享受平等的阅读服务，让农村具有浓厚的文化气息，推动农村图书馆建设向更有序的方向发展。农村图书馆应该不断扩大规模，重视规模性和普及性，同时完善体系化图书馆管理机制，不能让农村图书馆只流于形式，要起到实用性的作用，为农民提供符合农民阅读层次的服务，推动新农村的建设。

最后，建立灵活的图书馆合作机制。图书馆要为社会建设服务，就需要与社会各领域的机构建立相当密切的联系，其中不仅包括高校科研院所，也包括企事业单位，还包括一些特殊的机构，以及流动性的网点。通过与这些机构和部门之间的合作，完善合作机制，全民阅读的氛围能在更大范围内普及，更好地发挥图书馆服务社会的职能。另外，图书馆可以与书刊类机构合作，建立合作互惠制度，通过以读书为主题的各种活动载体，让图书馆的服务职能更加完善。

（三）图书馆对社会建设服务的发展趋势

图书馆通过为广大读者提供阅读服务来实现知识传播的效果，让图书馆承载着全社会的建设责任，让文化得到更加系统的传播，用文明来开启人类的智慧。高科技在图书馆的发展历程中发挥着越来越重要的作用，人们可以通过很多种手段来完成阅读。实践证明，图书馆在社会发展过程中所发挥的功能是其他机构所不能替代的，在传统图书馆技术和新兴科学技术的共同作用下，图书馆为社会发展建设提供着个性化的服务，图书馆的发展趋势也将更加富有特色。

一方面，图书馆未来对社会建设提供的服务方式将表现为多元化。网络信息化加速了时代发展的步伐，也提升了图书馆的服务，同时，对图书馆的服务方式创新也提出了新的要求。当我们的生活方式、工作方式都被高频率的社会发展步伐所推动时，当全民阅读成为一种社会发展建设的趋势时，数字信息化也成为图书馆服务的一种方式。网络、多媒体、手机等都成为图书馆的阅读平台，为图书馆的阅读服务提供技术支持，让社会建设的服务方式更加多元化。例如，2009年，中国互联网中心（CNNIC）发布的《中国手机媒体研究报告》说："在各种手机媒体应用产品之中，手机报普及率达39.6%，用户使用习惯和重视程度最佳。手机小说仅次于手机报，普及率达27.7%，说明手机阅读有很好的发展前景。CNNIC发布的报告还显示：几乎半数中国人在使用手机，2008年中国手机网民达1.176亿，每天多次使用手机上网的用户接近4000万。新载体的强大生命力是谁也不能忽略的。"[1]

另一方面，个性化与特色化将成为图书馆社会建设服务方式的特点。社会各级各类读者群体对阅读的需求表现为高效率性，在内容上也侧重于实用性，图书馆作为广大人民群众阅读的核心服务机构，以其特有的优势特点，推动着社会发展的个性化进程。一些图书馆能够根据读者的

---

[1] 姚瑶，郭玉娟.手机小说翩然而至[N].人民日报海外版，2009-04-16（第4版）.

实际需求，提供特色化的服务，让读者能够及时准确地获得所需要的信息。另外，一些图书馆的社会服务还坚持人性化的原则，毕竟人是图书馆最终服务的对象，只有为读者提供个性化的服务，才能让图书馆服务于社会建设的职能得到更具体的发挥。

总之，为社会建设服务是图书馆服务的中心任务。为了适应社会发展的需要，图书馆的社会阅读服务质量要不断完善，以更加灵活多样的服务模式和服务手段来为社会的广大读者提供阅读服务，让图书馆的阅读精神得到有效传播，通过图书馆的发展建设为广大读者提供全方位的人文关怀，为社会创造更大的精神财富。

■第四章
图书与图书馆的关系

　　阅读是一种社会习惯，是一个国家提升文化素质的重要途径。前任国务院总理温家宝同志指出，"书籍本身不可能改变世界，但是读书可以改变人生，人可以改变世界。读书关系到一个人的思想境界和修养，关系到一个民族的素质，关系到一个国家的兴旺发达。一个不读书的人是没有前途的，一个不读书的民族也是没有前途的。"①图书馆的产生和发展正是基于广大人民群众对阅读的需求，在推动社会发展的进程中，图书馆发挥着不可替代的作用，成为人类文化传播的主阵地，肩负着历史文明传承的重任，通过丰富多彩的阅读推进活动，为不同层次的读者提供阅读服务。

一、图书馆是阅读的重要载体

　　阅读的载体有很多，针对全民范围的阅读既包括传统意义上的实物版图书阅读，也包括数字化的图书阅读。当阅读成为一种人们获取知识的有效方式，图书馆以其特有的专业性，为广大读者提供着丰富的资料，把自身的大门向越来越多的大众化读者敞开，在全民阅读的推进中起到积极的促进作用，在读者与阅读机构之间搭建了沟通的平台。

　　图书馆是人类宝贵的精神财富仓库，在这个仓库中，有来自各领

---

　　①中国新闻网.温家宝：读书关系到民族素质　不读书的民族没前途［EB/OL］.

　　http://www.chinanews.com/gn/news/2010/02-27/2142314.shtml.

域的人类文化资源，读者们在其中读书、交流，养成爱读书的好习惯，提升阅读理念，保证基本的阅读权利。图书馆成为多样化阅读活动得以实施的有效载体，从微观层面来看，图书馆能够为某一类阅读人群提供某种专业化的阅读服务，提升这类读者的阅读理念，图书馆的服务可以具体细化到某一点；而从宏观层面来看，图书馆是为最普遍的读者提供大范围的阅读服务平台，在这个平台上，读者能够了解到各领域的内容，享受到的服务也不仅仅局限于某一个条框，而是全方位系统化的阅读服务。

早在 1997 年时，中宣部、文化部、教育部等多个部委就联合下发了一个倡议性的通知，在《关于在全国组织实施"知识工程"的通知》中，提出了"倡导全民读书，建设阅读社会"的构想。无论是从这个通知的下发，还是这种构想的设计，都是基于一个重要的平台性载体——图书馆，让图书馆把书和读者通过阅读的形式联系起来，图书馆作为一种中间的媒介，也让这种联系更加密切。

1999 年，由中国出版科研所发布的"全国国民阅读与购买倾向抽样调查"；2003 年，中国图书馆学会推行的"全民读书月"，以及后来的图书馆学会科普与阅读指导委员会（即阅读推广委员会），全民阅读战略的提出等，这些活动的开展、机构的建立、战略的提出，都是基于图书馆能够为阅读活动开展提供载体，这种载体让阅读成为一种全社会乃至全人类共同的氛围，让社会的每个角落都洋溢着书香。

（一）高层次图书馆提供的宏观阅读载体

所谓高层次图书馆，就是图书馆的上层建筑，即由与图书馆相关的各职能机构和部门组成的图书馆学会，这个学会是为我国整体的图书馆事业发展建设服务的，对图书馆的发展提供宏观层面的指导，对全面的阅读行为提供具体的设想和规划，让图书馆成为全民阅读的重要载体。

以中国图书馆学会为核心的高层次图书馆，把全民阅读作为一项中心工作，并在日常工作中作为重点常抓不懈。从2003年起的十多年时间里，中国的高层次图书馆成为宏观全民阅读的有效载体，为各级各类图书馆阅读活动的开展提供了有力的制度支持和强大的空间保障。从"全民读书月"的有效实施，到《图书馆服务宣言》为广大读者阅读所提供的服务保障；从推动全面阅读机构的建立和完善，到形式各异的阅读活动的有序推进，等等，都为人民群众的阅读提供了有力的载体。

高层次的图书馆是一个系统性的集合体，其中包括图书馆、读者、出版社、宣传媒介等众多机构，这些机构组成联合体或集合体，其出发点就在于推动全民阅读事业的发展，推动文化的有效传播，以及人类文明的传承，让图书馆真正成为读者参与阅读的有力平台。在这个平台上，读者可以尽情享受，特别是在活动创新开展、体制机制建立和完善、重点理论的不断升级等方面，让最基层的群众，哪怕是深陷囹圄的读者也有享受图书馆阅读的权利，让图书馆为广大读者打开每一扇门，真正让阅读成为一种生活习惯，成为一种生活必需品。

（二）基层图书馆提供的微观阅读载体

从当下中国图书馆的发展状况来看，绝大多数的县市区都有一定规模的图书馆，这些基层的图书馆在地方经济社会发展过程中发挥着独特的作用，不能简单地用经济增长的指标来考量图书馆作用的大小，而应该从全民文化阅读风气的形成、良好社会阅读氛围的有效构建，来衡量基层图书馆从微观层面所发挥的不可被替代的作用。基层图书馆发展规模的不断壮大，更是让微观阅读的载体进一步细化，保证了基层特定群体的阅读需求，尤其是针对那些有阅读需求，但基于特殊的原因不能实现阅读的人，更是通过基层图书馆实现了阅读的梦想。

首先，以基层图书馆为载体，提高全民阅读的普及率。各县市区为了能够提高阅读的普及率，都加大了图书馆的场馆建设。一些具有一定影响力的大图书馆，也为了能为地方图书馆事业做出一些贡献，在基层地区成立了分支机构，保证了特定地区人民的阅读权利，从基层开始将阅读进行普及。一些图书馆大胆创新，为读者的阅读提供更好的支持，从基层图书站点的成立，到图书阅读工程下基层，从构建图书馆阅读之城，到图书馆24小时自助取款机式的服务，从三级、四级图书馆的建立，到流动图书大篷车的投入使用，也包括很多图书馆在农村基层搞的一系列阅读惠民活动，等等，通过基层图书馆的服务细化，让更多的群众能够享受阅读的乐趣。

其次，把图书馆作为文化活动的平台，推动阅读服务。基层图书馆不同于上层图书馆，应该更加充分地发挥对广大读者的贴近式服务。基层图书馆不仅仅为读者提供单纯意义上的阅读服务，更应该发挥对文化活动的平台性作用，让阅读服务更加具体，而不是只作为一个读书的避风港，或者就是为读者提供个休息的板凳。基层图书馆的文化活动要表现出多样性的特点，通过具体的活动，让广大读者体会阅读服务，在全社会营造阅读环境。例如，在每年4月的世界读书日活动中，图书馆的文化活动可以用征文、报告、演讲等形式，把图书馆作为文化施展的舞台，任何有一定特长的读者都可以参与到活动中，把阅读服务通过活动的形式引向纵深。另外，读书月的活动也是很多图书馆都推出的文化活动形式，广大读者可以通过好书荐读或读书评论等形式，把读书的感受分享给更多的读者，通过图书馆提供的这种活动载体，让阅读服务得到更大范围内的推广。

再次，图书馆服务形式的创新，推动服务质量的提升。在各基层图书馆中，服务形式的创新是提升服务质量的有效依托。图书馆借助多样化的阅读服务模式的创新，在全社会范围内提供阅读服务，把图书馆打造成为温馨阅读的好去处。广大读者在图书馆这个活动场所中，不仅能够享受到各种有吸引力的阅读活动，而且，在各种服务创新活动中，进一步认知图书馆，感受图书馆的服务品质。例如，各基层图书馆根据自身实际情况，为广大读者提供有特色的品牌服务，推行阅读模式创新，将各种讲坛、讲堂、讲座、讲学等阅读交流分享服务呈现给广大读者。一些形式各异的读书俱乐部、阅读计划、主题活动等，大大地拓宽了图书馆的服务范畴，把图书馆的各种资源有效地利用起来，让读者的阅读需求得到满足，提升了图书馆的综合服务质量。

最后，基层图书馆阅读服务向民间延伸，推动阅读理论的科学发展。随着图书馆综合服务的不断丰富和发展，基层图书馆服务不断升级，逐步向民间阅读服务领域延伸，这种延伸推动了阅读理论的科学发展与完善。民间服务的延伸主要表现在阅读服务的非政府性行为的开展，各种形式的民间阅读群体构建，民间读书活动和沙龙的召开，让图书馆基层服务的载体更加多样化，支撑的力量更加壮大，组织机构更加健全，相关阅读理论更加完善。基层图书馆根据自身发展的现状，有条件地鼓励各种民间组织参与到图书馆事业的发展中，为图书馆的创新发展提供新的起增点，实现图书馆与各领域组织和个人的交流与合作，激发广大读者的阅读兴趣，让阅读的理论能更好地指导图书馆事业的发展。一些基层图书馆搞的民间晒书会、民间阅读风，把各种民间的阅读资源有效地调动起来，实现了民间阅读与社会化阅读的接轨，这是对阅读理论的发展与补充，能更好地发挥图书馆民间服务的综合性职能。

二、阅读是图书馆价值的体现方式

阅读是图书馆的基本服务模式，更是图书馆价值的体现方式。随着图书馆事业的不断发展，人们越来越多地倾向于能够在某个场所中享受别样的价值观洗礼，而阅读正是能够通过一种特有的力量深入到人民群众的心灵之中，把自身的价值体现得淋漓尽致。全国人大常委、民进中央副主席兼秘书长、中国教育学会副会长朱永新曾指出："阅读对一个人、一个学校、一个城市、一个民族的价值和意义，我们怎样去强调它也许都不过分。曾经有一位儿童作家这样说，我们种一棵树的目的是什么？我们需要一张桌子，可以种一棵树。但是，如果种一棵树只是为了制作一张桌子，就忽视、蔑视了一棵树的价值。一棵树，当然可以是一张桌子，但是，同时它可以不使水土流失，是一道好风景；是一片浓荫，可以让人遮阳避暑；可以让孩子玩耍，可以拴一根长长的线，让风筝在天上飞；可以让鸟鸣唱、筑巢；可以花团锦簇，果实累累；可以千秋傲立，成为沧海桑田的见证……这就是种一棵树的价值。阅读就是种树。阅读的价值就是一棵树的价值。"[1]阅读所能带给人类的价值是不可估量的，图书馆的存在与发展也正是基于它能通过阅读服务为载体，承载起传播文化、改造人类的历史重托。

（一）阅读成为一种全民性的价值追求

图书馆从成立之始，就是为广大人民群众提供阅读服务的。无论是高官显爵，还是普通大众，无论是学术达人，还是农民工，图书馆都把能为全体读者提供阅读服务作为一种价值追求。阅读作为一种价值追求，不只是在于能够为我们提供内容丰富的书籍，而更是让我们养成一种良好的习惯，并把这种习惯内化于我们的心灵，让我们能够从中感受到心灵得以升华的乐趣，让整个阅读过程都具有丰富的价值内涵。

一方面，图书馆在全民性阅读推进过程中发挥着主导性作用。图书馆可以充分利用其自身所拥有的丰富阅读资源，结合广大社会群体和读者对图书馆的信赖，建立专门的阅读服务机构，为读者提供阅读服务。图书馆提供阅读服务的对象没有年龄上的界定，无论是有阅读需求的大众读者，还是有潜在阅读需求的预期读者，都可以参与到阅读活动中来。图书馆采用多样化的活动方式，组织策划各种形式的阅读活动，让广大读者认识到阅读的价值，把阅读作为一种乐趣。图书馆还通过阅读活动月、阅读活动日等活动，将不同主题的特色活动推向社会化市场，提高阅读活动的影响力，让阅读活动深入到各级各类的县市区，乃至每个家庭，建立一种阅读全民性的长效影响机制，打造图书馆阅读的品牌形象工程。例如，国家性的图书节、地区性的图书节，每项活动都能办出不同地区图书馆的阅读活动特色。图书馆之间也可以建立合作联盟体系，

---

①文化中国 – 中国网 . 朱永新：改变，从阅读开始［EB/OL］.
http://cul.china.com.cn/2012–01/06/content_4744021_4.htm.

相互之间可以进行借鉴，把特色优势发挥出来，大力宣传和科学展示图书馆的内涵，对成效显著的活动进行全民性的推广，让图书馆在全民性阅读推进过程中发挥着主导性作用。

另一方面，图书馆在全民性阅读活动中对众多联盟产生吸引。图书馆的阅读价值在于其为读者提供个体服务的同时，还能够参与到为全民阅读服务的系统中，与其他兄弟图书馆或是跟图书馆事业相关的机构进行联盟合作，进而产生更大范围的影响力。图书馆的合作加盟出发点是为更广大的读者提供服务，让全民性阅读服务能够通过更大的图书馆服务系统得到传播，充分体现图书馆的阅读价值。图书馆为了能够吸引更多的联盟体，可以通过设立某种公认的阅读活动奖项，通过图书馆权威机构对获奖的单位或个人给予一定的表彰，进一步实现价值联盟体之间的深度合作，奠定图书馆在广度合作领域中的阅读价值地位，提升图书馆在阅读领域中的知名度，确立图书馆的阅读价值品牌。阅读是图书馆的基本价值体现形式，在图书馆进行阅读联盟活动的积极探索过程中，依靠政府和社会各界的大力支持，在广大读者的关注和关怀下，形成了图书馆阅读的价值向心力，鼓励更多的人参与到阅读活动中，让阅读成为一种全民性的习惯。对图书馆的价值评定应该把推进全民性阅读作为一项重要的衡量指标，让阅读服务渗透到全民的各个领域。

（二）阅读作为一项战略性的国家工程

图书馆的价值还在于把阅读上升到国家工程战略的高度，对图书馆阅读进行政府性的资金支持，推动图书馆事业的科学发展，保证图书馆阅读的多样化开展。图书馆一直都把为读者提供有特色的服务作为一种追求，这种特色服务与阅读之间具有非常密切的关系，广大读者在阅读中能够感受到其他活动所体会不到的满足感，因此，让普通大众到图书馆中来进行阅读是国家的战略决策需要。

首先，图书馆阅读活动的开展是有序的。为了能够发挥图书馆阅读活动的战略高度性，图书馆的阅读活动在开展之前都进行了相对系统的设计规划，对存在较大差异的阅读群体进行不同的活动方式推广，调动更多的阅读群体参与到图书馆阅读活动中来，提高阅读活动的水准和品位，让阅读成为一种国家性的行为模式。

其次，图书馆把阅读活动办成一种工程。从表面上来看，到图书馆去阅读只是一种简单的个体行为，最多只能是为一群读者提供阅读服务的群体性行为，实际上，这并不是图书馆价值的真正体现方式。从深层意义上来说，图书馆的阅读应该是能够让一切具备阅读条件的人接受的一种活动模式，恰恰是这样一种模式，从组织设计到具体实施，从方案策划到实践总结，所有涉及的全部过程都具备系统工程的特点，这就能够让图书馆的价值得以体现。

再次，图书馆阅读是国家发展的重要内容。在国家的发展过程中，必须要具备有力的文化作为根本依托，这样才能保证为国家的战略发展提供强有力的动力保障，而文化传播最重要的途径就是图书馆阅读，因此，从逻辑发展上来说，图书馆阅读完全可以作为一项国家发展内容来建设。对于广大的人民群众来说，要把阅读活动作为自身能力提升的重要载体，到图书馆中去不断丰富自己，让自己的综合素质得到有效提高，以国家发展系列活动的模式来发展图书馆阅读。

另外，图书馆阅读既应该作为一项基础工程来抓，也应该作为一项探索和创新工程来抓。图书馆阅读的价值在于，在其阅读活动设计规划的过程中，就立足于长远发展，把阅读作为一个国家发展的动力性因素来构造，让图书馆阅读成为一个人发展的动力源泉，从而更好地推动个体的人参与到国家的发展战略中去。图书馆阅读是一项基础性国家战略发展工程，这是由图书馆的阅读传播职能所决定的。通过提供阅读服务，让众多不同领域的受众群体的阅读习惯得以形成，发挥在发展过程中的基础性作用。图书馆阅读作为一项探索和创新工程，其中的关键在于，图书馆的阅读活动不能按部就班，而应该积极调动多方面的力量参与到阅读活动中来，为活动建言献策，利用各种模式来创新和探索阅读活动，推动图书馆阅读战略性发展的推进。

（三）阅读作为一种兴趣性的志愿活动

对图书馆价值指标进行量化考量，关键在于图书馆阅读能否成为一种兴趣性的志愿活动。也就是说，对于广大的阅读人群来说，如何来提升阅读人群在所有普通大众中所占的比例，如何实现普通人群对家庭书籍的收藏认知，这就是图书馆阅读的兴趣性价值。在图书馆阅读兴趣价值实现的过程中，社会各界的组织成立相关的活动团体，以志愿活动的形式来组织图书馆阅读活动，让图书馆在大众化阅读兴趣志愿活动中发挥更加积极的作用。

一方面，从图书馆的发展态势来看，图书馆已经遍布到每一个基层单位，这些图书馆会根据不同群体的阅读需求来提供让读者感兴趣的阅读活动，并把阅读活动作为这些群体自身发展建设的需要，让这些群体在参与到图书馆阅读活动的同时，也能用自己的行动吸引更多的人参与到图书馆阅读活动中来，这既能体现出兴趣性阅读的价值，又能体现出志愿服务活动的意义。从一定意义上来看，基层图书馆与规模较大的图书馆之间存在很大的差异，基层图书馆吸引读者从事阅读活动的主要因素莫过于某些方面表现出来的特色，很有可能这种特色是一些大规模的图书馆所没有的，这样一来，一些有这方面兴趣需求的读者就愿意到基层图书馆中去阅读。对于规模较大的图书馆来说，也具备让众多读者产生阅读兴趣的因素，如优质化的服务职能、高水平的服务设备和硬件资源、专业化的服务队伍、丰富多彩的阅读服务活动等等，都能够从不同的视角和领域引起更多读者们的关注，并到图书馆中从事兴趣化阅读活动。

另一方面，图书馆在组织不同读者参与阅读活动时，不是通过某种商业化的促销手段来吸引读者群体参与到阅读活动中来，而是凭借读者对图书馆阅读活动的主观认知。也就是说，是读者们愿意参与到图书馆的阅读活动之中，因为图书馆组织的阅读活动能够让读者产生兴趣。另外，图书馆阅读服务的价值特征还表现在志愿服务的领域，很多图书馆都具备自己的志愿服务队伍，这些队伍中的成员能够主动为图书馆的阅读服务提供力所能及的帮助，推动图书馆良性阅读服务环境的构建。例如，一些图书馆具有自己的阅读志愿服务人员名册，这些名册是志愿者主动为图书馆提供的，他们本身也有阅读的渴求，并愿意根据自身在阅读方面所获得的感受来传递这种阅读的价值，让其他的阅读人员也能领会到阅读的真正乐趣，并愿意加入到图书馆的志愿服务队伍中来，让图书馆志愿服务的队伍得以不断壮大，从而更好地体现出图书馆志愿服务活动的价值。

（四）阅读作为一项高雅性的文化工程

从马斯洛的需求层次理论来看，当人们的物质需求得到满足之后，必然会产生精神上的满足需求，这是人类发展与进步的必然结果。在这个理论前提下，人们在所追求的衣食住行等方面都得以解决的时候，就会对这些基本生活需求之外的事物产生欲望，文化知识就是其中一项非常重要的内容。

图书馆是最好的文化传播场所之一，其中具有丰富的资源供广大群众来阅读欣赏，通过阅读来进一步展示图书馆与众不同的文化职能。图书馆的文化职能不同于学校，学校所传播的文化更多地表现为传授式或是研究式的传播模式，而图书馆的文化更多地表现为自主学习式模式，图书馆这种特有的环境，可以为广大读者提供一种愉悦的氛围，让他们在其中主动去寻找自己想要的内容，让复杂的心境逐渐走向平静，在平静中品味文化的高雅，在平静中实现人类理性的升华。

阅读是图书馆的基本职能，图书馆的很多职能都跟阅读具有分不开的联系，通过为广大读者提供阅读服务来传播文化，通过阅读来实现全民文化素质的提升，通过阅读来让各种科学文化知识得到普及，通过阅读让整个社会变成高雅的殿堂，图书馆把阅读作为一项工程来抓，而这项工程就是文化工程。

　　图书馆里面的很多作品都出自大师级人物的手笔，阅读这些大师级人物的作品会让读者领略到大师的那种特有的境界，感受到文化的高雅。正如厦门大学易中天教授在谈到经典教育时所说："我们为什么要读经典？其实说起来也很简单，因为经典是人类文化的精华。古人有云：取法乎上，仅得乎中。也就是说，你学最好的，充其量也就能有个中等水平。如果取法乎下，那就等而下之了。所以，我们读书，就应该挑最好的读。最好的书是什么呢？经典。所谓'经典'，就是一个民族、一个时代最有意义最有价值的著作。而且，它的意义和价值还是永久性的。什么叫'经'？经就是恒常，叫经常；什么叫'典'？典就是模范，叫典范。换句话说，经典就是'恒久的模范'。"[①]从易中天教授的表述中我们能够明白一个非常浅显的道理，就是读书跟下棋一样，必须要和高手过招，能领略到高手的套路和境界，这就是高雅的文化艺术魅力所在。作为普通的家庭个体来说，每年在书籍购买方面所花费的费用毕竟是有限的，如果仅仅依靠购买书籍的方式来满足自身的阅读需求，来吸收文化知识的精华，显然是比较困难的。相比之下，图书馆能够得到政府方面的经费支持，即便是规模有限的图书馆，在藏书的种类和规模等方面也会高于一般读者家庭的水平，这样从文化资源的供给方面，图书馆就具备更为优越的阅读条件，读者来到图书馆能够更多地领会到这些高雅，在阅读中提高自己的品位。

　　图书馆的阅读要打造成为一种文化工程，而且应该按照一种社会的文化品牌工程来构建，把这种文化工程建设成为高雅的文化工程，读者在其中阅读交流的过程中，会感受到这里的软件环境和硬件条件都是与众不同的，可能图书馆的书籍编目工作会让读者感受到文化的高雅，也可能是图书馆里面所陈列的假山、所建设的中心小鱼池，等等，都会让读者感受到图书馆的品位，而这种品位恰恰是其他喧嚣的闹市所不能提

---

①易中天.易中天谈经典教育［EB/OL］.
http://baby.nlp.cn/2009-03-28/18397.html.

供给读者的。在阅读的过程中，读者能够实现兴趣的激发、情操的陶冶、心境的放松，有种步入文化仙境的感觉，这才是图书馆价值的高水准与高境界。

（五）阅读作为一种立体性的服务体系

图书馆是一个社会性服务机构，为广大读者提供的阅读服务也表现出立体性的服务体系。从横向上来说，图书馆能够为不同的阅读群体提供全方位的立体式服务，满足广大读者们的不同阅读需求；从纵向上来说，图书馆能够与其他社会机构或者其他图书馆之间建立必要的联盟关系，通过这些联盟构建起来的网络为读者提供立体式的服务。在为读者提供阅读服务的过程中，图书馆从书籍的数量、阅读的载体选择、活动的多样性设计、服务的制度化依托等模式，为读者的服务提供体系化的保证，让广大读者在图书馆中感受到的服务是全过程的立体性的服务体系，而不是某一个服务内容或服务环节。

首先，图书馆为读者阅读提供书籍数量和质量上的服务保证。图书馆的阅读服务质量既表现在书籍的数量上，又表现在书籍的质量上，一般意义上的图书馆应该立足于服务大众性阅读群体，而不是某一专业的阅读群体。当某一领域的读者到图书馆中进行阅读时，图书馆能够为这类读者提供的书籍恰恰能够满足这类读者的阅读专业化需求。同样，其他专业领域的读者走进图书馆阅读时，也能够找到自己所需要的图书，这样才能保证图书馆为读者提供的书籍是大众化的，提供的阅读服务也是大众化的，从而在书籍的种类和数量上保证阅读服务的质量。在书籍的质量方面，当图书馆的藏书量能够达到广大读者的阅读需求时，就需要在书籍的质量上下功夫，尤其是针对同一专业的书籍来说，还有很多的不同观点，图书馆在书籍采购过程中应有所甄别，最好能够形成专业上百家争鸣的态势，这样才能吸引更多的读者到图书馆阅读，阅读的服务质量才能更高。

其次，图书馆为读者阅读提供丰富的载体选择机会。当人们面对"挣钱热"的现状，读书的时间却被无情的工作压力而占据，人们看到的是钱在一天天地增长，而用在阅读上的时间却越发少得可怜。其中，不乏阅读载体的选择机会少、创新形式不够突出的问题。图书馆的阅读载体有很多，有些图书馆的载体突破了老套的局限，成为有吸引力的客观事实，充分体现了图书馆的阅读载体价值。图书馆为读者提供的阅读资源已经不仅仅局限于传统的纸质版图书，而是为方便读者阅读，出现了越来越多的电子版书籍，人们可以到图书馆的内部互联网上通过专用的下载通道进行资料的下载，或者是在线进行阅读，阅读的载体已经由纸质版时代逐渐向屏幕版时代发展，从而推动着图书馆阅读服务的升级，让阅读载体更加丰富多彩，提升了图书馆阅读服务的质量。

再次，图书馆为读者阅读提供多样性的活动设计模式。阅读是每位公民应有的权利，阅读的方式有很多，无论是在家里挑灯夜战式的阅读，还是闲暇之时到图书馆去翻翻自己喜欢的图书，抑或是到网络上天马行空式的阅读，都是当下很多人阅读所采用的方式。图书馆为读者提供的阅读活动模式也呈现多样化的趋势，抽出时间到图书馆进行阅读，参与到图书馆多样化的阅读活动中，也是别有一番风味。当前，图书馆阅读活动的设计一般都坚持灵活性的模式特征，在活动设计时，尽可能根据不同读者的特点，提供有针对性的阅读活动，把读者们相对零散的时间聚集起来，发挥更大的阅读收效。例如，各种形式的好书荐读活动、读书报告会等，都成为图书馆常用的活动设计参照。在这些活动中，广大读者可以根据自己对图书的理解和感悟，进行深度的学习交流，在交流中提升自己对图书馆阅读活动的向往和参与热情，达到广泛参与阅读的目的，让优质文化借助图书馆阅读活动的平台得到更大范围的传播。

最后，图书馆为读者阅读提供有力的制度化服务保证。图书馆的发展还依托于相关法律规章的保障，推动图书馆运行的规范化。面对当前人民群众阅读比例的不断下滑，各级职能部门相继出台了一系列针对图书馆发展的法律和规章，其目的在于进一步推动图书馆阅读工作的常态化发展，激发广大读者阅读的积极性。图书馆关于阅读有明确的规章制度。关于书刊的借阅制度、公共图书馆理事会制度、书刊赔偿制度、图书管理员岗位管理职责等，都为图书馆的阅读服务提供了有力的制度保证，让阅读服务在规章制度的规范下有序运行，保证读者对图书馆的阅读服务行使监督权，提升图书馆阅读服务的质量。另外，类似每年 4 月 23 日的世界阅读日，一些图书馆确定的阅读月，等等，也为读者阅读活动的制度化推广提供了保证。

三、图书馆与阅读共同肩负的社会责任

图书馆是一项公共的社会服务性事业，阅读是一项全民性的素质提升方式，二者对于社会的发展来说，都具有积极的推动作用，应该共同肩负起推动社会和谐健康发展的历史重任。也许有人会问，作为社会个体的人，在完成阅读活动的过程中，能够提升的是个人的综合素质罢了，怎么能够达到社会责任的高度呢？实际上，任何个体对于社会的发展来说都能产生一定程度的影响，无论是积极方面的影响，还是消极方面的影响。而阅读活动的意义正是在于它在提升读者个人综合素质的同时，让全社会的全民素质得到了一定程度的普遍提升，这也正是阅读应该肩负起的社会责任与使命。

个体的素质提升过程完全可以被看作是整个社会素质提升过程的等比例缩小，当作为个体的人在物质条件得到一定发展的前提下，就需要在精神层面上得到一定的提高，而与精神层面的提高关系最为密切的就是阅读。个体在进行素质提升的过程中，需要经过反复的历史实践，恰恰是阅读成了这种实践的载体，让实践的路径更加优化。当然，这个过程是一个长期的发展过程，这也正是我们要推行阅读常态化的关键所在。

我们的祖先为我们积累了很多宝贵的文化财富，这些文化财富通过书籍的形式传承下来。图书馆把这些书籍搜集到一起，呈现在广大的读者面前，这就是图书馆对于社会发展的重大责任，是图书馆对于人类文

明传承的突出贡献。

图书馆为广大读者提供的是古圣先贤的精神食粮，随着社会的发展，这种精神食粮在持续地发挥着推动社会进步的责任。我们通过图书馆中的书籍，通过在图书馆中进行阅读，就可以把我们的思维定位在那种历史的高度。图书馆中也有古今中外的治国方略和执政经验，阅读这些内容，同样能够为当代社会的发展提供良好的历史借鉴。

阅读让人们的灵魂不断接受文化的洗礼，如果不经历这样反复的灵魂洗礼，我们的灵魂就可能会钝化，我们的社会就可能会停滞不前。如果没有阅读来完成人类文明传播的使命，今天的我们可能仍然停留在钻木取火的年代；如果没有阅读来指导我们的社会生活实践，今天的我们可能仍然过着骑马狩猎的生活；如果没有阅读来推动我们科学技术的飞速发展，今天的我们也看不到从神舟一号到神舟十号成功升空所创造的一次又一次科技壮举；如果这个社会缺少了阅读这项本应常态化的活动，我们也不可能迎来政治、经济、文化、社会、生态文明等各方面建设的稳步发展。这一切的一切，都是阅读所带给人类的福音；这一切的一切，都是阅读所实现的历史性突破；这一切的一切，都是阅读所承载着的社会责任。

这个社会进步了！这是与阅读的作用密不可分的。但是，我们所说的阅读，应该更多地侧重于图书馆的书籍阅读模式，是狭义层面的阅读，而不应该是在互联网上天马行空式的网络阅读模式。因为，毕竟图书馆所提供的书籍阅读模式更为传统，更多地聚集了人类宝贵的精神财富在其中。尽管我们已经目睹了当今互联网高速发展的时代所带给我们的各种便利与快捷，尽管越来越多的青年一代越来越热衷于通过网络来进行阅读，但是，不得不承认的是，网络阅读所发挥的效能远远不及图书馆书籍阅读所发挥的效能那么大。从阅读收效来看，互联网上的阅读通常带给广大读者的是赏心悦目的感觉，而在阅读的时候，未必能够把握内容的真正实质。或者说，在网络阅读过程中，人们常常会忽略理性的因素，一些深层次的内涵也容易被忽略，尤其对于高水平的学术信息，很难在短时间的网络浏览式阅读过程中把握。从我们对文化知识的把握历程来看，我们对事物的认知是一个渐进式的发展过程，遵循从感性认知到理性认识再到指导实践的发展路径，而且，也只有这样的路径才是科学的发展路径，才能让人类在知识的求索过程中创造一个又一个奇迹。

缺少阅读，人类就不可能实现知识的进化，不可能完成社会的变革与突破。尽管阅读不能让我们腰缠万贯，尽管不能证明阅读是让我们获得更多物质财富的唯一途径，但是，我们完全能够通过历史的实践来证明，阅读能够满足人们对知识的渴望，阅读能够带领我们步入精神的殿堂，阅读能够大大推动社会的精神文明建设。

在阅读的过程中，也许我们并不能让自己变成美丽如花的公主，但是，我们完全有能力让自己变成有气质、有品位、有追求的文明使者。当我们看到一位衣着华丽、外表堂堂但言谈举止粗俗的人站在我们面前的时候，我们能够看到的也只有他的外表，没有任何内涵能够吸引我们。相反，当我们看到一位衣着朴素、知识渊博的人站在我们面前的时候，也许我们会注意去观察在这份朴素的外表背后，会不会有一种令人如沐春风的气质，也许你会被他特有的那种气质所打动，也许你会有一种"听君一席话，胜读十年书"的精神升华。这就是阅读的魅力所在，这就是阅读的价值体现。

在阅读的过程中，我们也许并不能获得生命时间上的延续，但是，我们完全能够通过阅读来实现生命质量的提升，能够通过阅读来实现生命的升华与精彩。当我们积极地参与到阅读活动中时，我们可以领略到人生旅途之中别样的风景，如同欣赏街边的芳草，嗅闻满园的花香，真是别有一番滋味。

对于一个国家而言，不应该仅仅把阅读局限化，而应该加大对图书馆的发展建设，因为，图书馆阅读是民族文化事业发展的关键载体，借助于这个载体可以让我们的国家、我们的民族更具世界影响力。大力倡导全民阅读氛围的营造，是一个国家综合国力发展的重要标志之一，推动着国家的进步与跨越式发展。

提到犹太人，很多人都会把他们同智慧联想到一起，为什么这个民族的人经历过战争的洗礼，仍然能够保持着一种精神，一种不屈不挠的精神？为什么这个民族的人经历过无情的杀戮，仍然能够创造出各种非凡的成就，成为人类智慧的集大成者？不妨看看这些我们熟悉的人，"看看这些伟大的名字——马克思、爱因斯坦、弗洛伊德、海涅、卓别林、毕加索、门德尔松、柏格森、胡塞尔、大卫·李嘉图、卢森堡、基辛格、斯皮尔伯格、玻尔、费米、罗斯柴尔德家族、摩根、洛克菲勒、巴菲特……在全美 200 名最有影响的名人和 100 多名诺贝尔奖得主中，只占美国总人口 2%—3% 的犹太人占了一半；在全美名牌大学教授中，犹太人占 1/3；全美律师中，犹太人占 1/4，华盛顿和纽约两地的大律师事务所合伙人中，犹太人占 40%；美国的百万富翁中，犹太人占 1/3；全美文学、戏剧、音乐的一流作家中，犹太人占 60%……不胜枚举"。[①]如果我们仔细品读，看看这些人的经历，不难看出他们之间都有着一个共同点，就是对书籍阅读的热衷，而且到了近乎痴迷的境地。

犹太人用阅读的神奇功效改变着人类社会的历史，创造出一个个人间奇迹，毕加索用他的画笔勾勒出了艺术的瑰宝，胡塞尔用他思辨的逻辑开创了现象学派，基辛格用他独到的视角来《论中国》，巴菲特用他睿智的眼光登顶了 2008 年《福布斯》排行榜世界首富的宝座，等等。这些都是犹太这个民族的骄傲，是阅读成就了这个民族的智慧发展，见证了这个民族的不同寻常。犹太人喜欢阅读，把书籍看得比生命都重要，无论是老人还是孩子，都习惯利用各种时间到图书馆读书看报。据了解，平均不到 5000 人就能享有一座图书馆，这个数字足可以让我们看到这个民族的人对读书的投入程度。

[①]文化中国 – 中国网 . 朱永新：改变，从阅读开始［EB/OL］.
http://cul.china.com.cn/2012–01/06/content_4744021_4.htm.

随着时代的发展和社会的进步，图书馆应该越来越多地成为普通大众经常光顾的场所，阅读会成为社会意识形态和人民综合素质提升的重要途径，在阅读中提升社会统一的文化发展理念，形成社会凝聚力，改善社会风气，这是图书馆和阅读共同的社会责任。

面对改革开放以来我国各项事业的飞速发展，面对当下我们在改革过程中遇到的各种矛盾和社会的突出问题，我们有义务为解决各种矛盾而进行各种实践探索，我们有责任来担当社会发展和成熟的重任，让我们的祖国一步步走向强大。我们提出了文化大发展大繁荣的设想，提出了社会主义核心价值体系的构建要求，然而，不得不承认的是，我们在共同的文化追求上还任重而道远，全社会共同的价值目标探索、共同的思想评价体系建设、共同的理想信念构筑还有待进一步落实和提高。从一个国家的层面来看，共同的文化追求从何而来？想必阅读是一种行之有效的载体，如果我们的共同文化追求不能早日统一，我们的价值目标探索、我们的思想评价体系建设、我们的理想信念构筑都将成为空中楼阁，充其量也不过是一个"豆腐渣工程"。

曾几何时，中国上下五千年的文明留给了我们宝贵的精神财富，孔孟之道、丝绸之路、四大发明、康乾盛世，这些耳熟能详的词汇，作为每一位中国人都应熟知的那段历史、那些辉煌，让我们为之骄傲的同时，也让我们反思，为什么作为四大文明古国之一，我们有享誉世界的四大发明，却没能让近代工业革命在中国拉开大幕？也许是我们没能突破文化发展的桎梏，没能形成全社会共同的文化追求。这也让我们在近代中国的发展历史上吃了大亏，经济发展落后，政治格局混乱，社会进步滞后。尽管经过改革开放35年来的实践探索，我们已经成为世界第二大经济体，尽管我们的综合国力显著提升，但是，我们的社会仍然面临着全民综合素质有待提升的问题，这些问题已经成为全面建成小康社会不可逾越的阻力，所以我们一定要在前进的征程中，加强对精神文化质量的全面提升，构建共同的文化堡垒。面对文化发展道路上的道德缺失问题、价值观扭曲问题、理想信念紊乱问题等，我们都需要理性地看待，剥开包裹在问题"病患外的软组织"，用一种直达病症的良方，来应对社会的诟病。

社会的发展需要后人来正视前人的历史功过是非，需要用德尔菲门楣上的"认识你自己"作为警训，需要在阅读历史传奇的基础上推动今天的发展，构筑明天的腾飞。阅读盘古开天的传奇故事，让我们反思世界的起源与发展，反思万物之间的相互作用，反思历史的规律与变革。阅读西方哲学的传奇故事，让我们认识和了解西方哲学产生和发展的脉络，以及西方哲学史上那些集大成的哲学家产生的历史必然，领略西方哲学的风采，深刻领会中西方在哲学思想上存在的异同。阅读让人类社会沿着不同的文化轨迹前行，阅读让人类社会发展的历史殊途同归，阅读让人类文明的精神境界在同一平台上膜拜。

图书馆阅读是人类共同开启知识大门的解锁器，面对纷繁复杂的知识宝库，我们只有通过阅读才能找到属于不同仓库的密码钥匙，从而打开它，在其中欣赏那份文化特有的美。图书馆阅读也是人类文明的坐标，我们能够在阅读中明确自己的定位，从而到达文明的彼岸。任何人来到这个世界上都是无知的，但是，任何人在离开世界的那一刻都能通过某种方式实现从无知到有知的转换。在阅读中，我们能够找到属于我们心灵追求的东西，我们能够让那种无知变得透明而简单，无论我们是贫穷还是富贵，我们都需要在精神层面找到那份心灵的慰藉，而通过阅读，阅读一本好书，阅读一个富有启发的故事，我们就能从中感悟到那份简单的道理。

既然阅读具有如此强大的力量，既然阅读能够带给我们很多想要的东西，我们就应该把阅读当做一种追求、一种信仰，投入我们的一份执著，把图书馆阅读定位在国家的层面，把图书馆阅读推向大众化的层面，让任何群体都能够通过阅读来实现自己想要追求的那份梦想——中国人的梦想，中华民族的梦想。

缺少了图书馆，我们永远都不可能实现纯粹的大众化阅读；缺少了图书馆阅读，我们永远都不可能达到教育的最优化配置。也许有人会问，我们是大学生，我们是学者，我们是各个领域的精英，我们每天都在吸收着各种我们能够吸收的知识，读书我们并没有放弃，那我们为什么还要去追求所谓的大众化阅读，为什么还要追求所谓的最优化教育呢？的确，我们中的很多人都没有放弃对书本的那份执着，但是，如果有时间的话，我们不妨把我们每天都看的这些图书整理一下，看着这些图书是形式上的图书还是精神上的图书，这些图书能否让我们养成了良好的阅读习惯，能否让我们形成了正确的阅读观念，这才是问题的本质所在。教会我们学习汉语拼音等基础知识的图书是书，但是，对于已经成人的我们来说，这些也许就是浪费时间和精力的无用书籍；天马行空的小说也是书，但是，对于时间就是生命的我们来说，每天沉迷于故事的情节之中，最多只能算是一种无聊时的消遣，并不能达到素质提升和能力提升的目的。这些都不是真正意义上的图书馆阅读，因为，我们并没有因为阅读而让自我成熟和壮大，也并没有因为阅读而领会到文化的博大精深，更没有因为阅读而形成科学的阅读观念和良好的阅读习惯。

图书馆阅读，尤其是共同图书馆阅读，通过有效的阅读作为载体，为最广大的群体提供全方位的阅读服务，将各种科技文化知识进行合理的整合与归纳，实现有效的配置，让读者能够在有限的时间内收获无限的阅读价值体验，相当于为我们的身体注入了一剂活力因子。在这些活力因子的作用下，我们会更富有激情和阅历，能够在更大程度上去自我实现和自我超越，而这一点是普通的简单图书阅读所达不到的。一个人的成长与发展如果缺少了图书馆阅读的活力因子，就会缺少一些人类最原初的动力，缺少一份对精华的感悟体系，也许我们在精神文化层面上会产生一种缺失感，会觉得这是一种遗憾，想必也不会对人类文明的传承做出更大的贡献。

图书馆阅读是教育领域中的重要一环，很多人认为教育就是教育，无论是素质教育还是大众化教育，抑或是精英化教育，只要能够把相关的文化知识内容传授给求知者，问题就解决了。而实际上，图书馆阅读所发挥的教育作用与普通意义上的教育是存在很大差异的，普通意义上的教育带给受教育者的也许只有被动的知识接受，而图书馆阅读能够带给受教育者的却是一种习惯的养成和能力的提升，这是一个质的飞跃过程。只有把图书馆阅读的这个价值充分发挥出来了，一种独特的教育价值也就真正体现出来了。试想一下，我们经历了十几年的教育过程，得到了很多科学文化知识，这一点是毋庸置疑的，然而，很多时候我们却忽略了教育也应该能够带给我们阅读习惯的养成和阅读观念的确立，这也恰恰是图书馆阅读的必要之处。当我们离开学校教育的那一刻，我们是否有一种如释重负的感觉呢？如果有，那么，这就是教育的失败。相反，如果离开学校教育的那一刻，我们产生了一种无形的失落感，这种失落感不是因为人与人之间的别离产生的，而是因为我们离开了这片阅读的圣地，离开了那座我们驻足多年的图书馆，那么，这也许才是教育的成功之处，不仅如此，也是图书馆阅读的成功之处。因为，尽管我们离开了学校，离开了图书馆，但我们仍然对那里非常留恋，我们希望能够继续保持那份阅读习惯，继续那种阅读服务带给我们的享受，这样距离我们文化腾飞的日子想必就不遥远了，这也应该是图书馆阅读的本质价值所在。

大学的真正意义不在于大学校园的占地面积有多大，不在于大学拥有什么"985""211"之类的头衔，不在于大学里面有多少大师级的人物，而在于拥有一些对知识充满渴望并热爱阅读的教师和大学生。只要拥有了热爱读书的师生们，大学的内涵建设才指日可待，大学也就不再那么空洞，相反才会带给师生们色彩斑斓的阅读空间。尤其是一些高校馆藏丰富的图书馆，更是师生阅读的摇篮。

对于那些处于条件相对艰苦地区的人们来说，尤其是条件艰苦地区的孩子们来说，他们面对的物质条件相对匮乏，这是多种原因造成的，可能短时间内我们没有能力完全改变这种状况。然而，我们的国家，我们的政府，完全有能力在短时间内为他们提供有限的阅读服务，在公共图书馆建设方面给予适当的投入，让他们也能够享受到阅读的权利，这是我们的国家和政府能够做到的。物质条件的匮乏并不可怕，可怕的是精神层面的空虚和无助。当人们的精神层面能够得到满足后，也许离人们物质层面目标的实现也就不遥远了。对于贫困地区的人们（包括孩子们）来说，为他们创造适当的阅读条件，让他们在阅读中提高，这是最关键的公平与民主。

的确，我们的国家已经成为世界第二大经济体，我们的综合国力已经显著提高，我们的人民生活水平已经明显改善，但是，我们的图书馆发展水平仍然处于较低的水平，这是客观事实，人均的图书拥有量少得有点与世界第二大经济体这个标号不匹配，大众化的阅读资源相对不足。尽管我们每年都有几十万种图书出版，然而，相对于超过13亿的人口基数来说，这个数字仍然显得有些杯水车薪。我们是世界上最大的图书出版国家，但是，我们的图书馆数量，我们的人均图书持有数量却未能与世界同步，这一点是值得我们反思和警醒的。

阅读是大众化的阅读，无论是普通群众，还是知识分子，都应该积极投身于阅读活动。从有关调查数据来看，我国的人均阅读量与英美等发达国家之间存在很大的差距。无论是从阅读的理念，还是从阅读的方式来看，我国和英美之间都存在很大的不同。每天为了生计而奔波几乎成了很多普通中国大众的共性，即便是能够有一些闲暇时间来进行阅读，很多人也不过是捧着一本近乎发黄的书籍在"冥思"，真正能够从书中读出什么却不得而知。

没有图书馆事业的科学发展，就很难有良好的阅读空间，也不能更好地推动阅读事业的飞速发展。如果阅读事业得不到良好的发展，良好阅读习惯的养成就会缺乏依托，我们的民众就不能实现全面发展。未来社会的发展复杂多变，图书馆是人类文明的宝库，阅读是人类精神升华的关键载体，图书馆阅读也是实现人类发展与完善的重要手段。

历史的实践充分证明，一个文明的国度，必然是一个崇尚阅读的国度，也必将成为一个溢满书香的国度。诚然，一个国家的硬实力建设缺不了各种硬件设施的综合发展建设，包括各种场馆的规模化建设、公益性事业建设、生态环境建设等，但更不可或缺的是国家的内在美，如高尚的道德情操、和谐的文化氛围、向上的精神风貌等。国家的内涵美建设需要以什么作为动力源呢？需要通过大量的阅读来得以实现。让世界认识中国不仅仅是我们硬件条件的改善，更主要的是我们的国家能够为国民提供良好的阅读文化氛围，让国民具备高尚的道德情操，以及积极向上的精神风貌，这才是成为一个强大国家的基本条件，才能让全体国民为之骄傲。

一个国家能够拥有美丽的大好河山，更应该构建最美阅读的亮丽风景线，一个文化程度高度发达的国家才能成为一个内涵丰富的学习型国家。学习型国家的魅力不应该仅仅用高山大河来评价，而应该把思想文化的发展水平作为重要的参考指标。学习型国家的魅力在于拥有那些勤于奋进、善于发现、敢于担当、勇于超越的国民以及国民精神，这是任何外在因素所不能及的，也正是一个国家的真正魅力所在。

学习型国家的构建内容中包括学习型城镇的建设，学习型城镇建设的关键在于学习型民众的积极参与，广大人民群众的综合能力影响着一个城镇乃至一个国家的综合竞争力。从全人类的进步发展史来看，以文字为载体的人际交往成为推动人类发展进步的关键因素，正是文字的发明与使用，让越来越多的人可以忽略距离的维度，来探寻共同的理想和追求，在上下求索的过程中，阅读发挥着不可替代的作用。

作为黑头发黄皮肤的华夏儿女，我们应该立足于中华民族优良传统，把构建书香中国作为我们共同的目标追求，大力推行全民阅读活动，让阅读成为一种风气、一种时尚、一种境界，充分发扬阅读精神，积极推行阅读文化，努力塑造阅读品格，让阅读成为最广大人民群众生产生活的必备要素，以高度的行为自觉参与到阅读活动中来，形成统一的国民阅读理念，倡导科学的阅读方式，培养良好的阅读习惯，让这个国家因为文明而美丽，让这个国家因为强大的文化影响力而屹立于世界的东方，成为优秀文化传播的发源地。

图书馆是一座精神的圣殿，阅读是一种传承和进取的力量，图书馆阅读作为一种行为价值追求和取向，希望能让我们每一位读者都能在有限的图书中寻找到无限的品格和快乐，通过多元化的图书馆阅读模式，来提升我们的文化素养，提升我们的精神文化生活质量，提升我们的社会影响力，提升我们在世界文化发展中的地位。

■第五章
图书馆的阅读推广模式

　　图书馆是不同群体接受知识提升的开放空间，是阅读的最佳场所之一。阅读作为一种公共性社会活动，对全面素质的提升是一种不可替代的方式，也是民众学习多元化知识的有效模式。把图书馆阅读进行大众化的推广，是国家图书馆事业发展的需要，是书香中国工程建设的需要。而我国从国家层面也在积极推动图书馆阅读工程，2013 年 3 月 11 日，"根据《文化部　财政部关于实施'数字图书馆推广工程'的通知》和《'数字图书馆推广工程'建设方案》等文件要求，2011—2012 年为'数字图书馆推广工程'基础构建阶段，将完成省级数字图书馆和部分市级数字图书馆的硬件平台搭建工作，并与国家数字图书馆进行网络连接，初步建成数字图书馆虚拟网"。[1]可见，国家也已高度重视图书馆阅读推动，在硬件设施建设和软性制度管理方面提供了全方位的支持。

一、图书馆与阅读推广的联系

　　处于社会活动中的个体都需要不断地通过知识的提升来完善自我，在完善自我的过程中，阅读就成为我们获得知识信息的有效载体。为了能够获得更多有利于个人成长的信息，一方面可以通过日常被动式地接受教育的模式来获取，另一方面可以通过主动的阅读模式来吸收，而主

---

　　[1]文化部.文化部办公厅关于印发"数字图书馆推广工程"省级、市级数字图书馆硬件配置标准的通知［EB/OL］.

　　http://www.ndcnc.gov.cn/2013zhuanti/tongzhi/201307/t20130712_705532.htm.

动去吸收有用的知识对于个人成长所发挥的作用一般都会大于被动模式所吸收的知识。在主动吸收知识的过程中，阅读所发挥的作用是不可估量的，即便是被动地吸收知识，也需要不断通过阅读的模式来进行信息的甄别和巩固，这就是阅读的重要意义。

从社会上各种成功人士的经历来看，他们的共同之处就在于拥有共同的阅读习惯，让阅读成为改变他们机遇的重要转向器，也可以说，是阅读带领他们走上了更高的领奖台。由于社会是在不断发展变化的，面对这种环境的复杂多变，我们如何才能让自身更具影响力？显然阅读所起到的作用是本质上的变革性作用。基于此，阅读推广应该成为一种值得推崇的模式，尤其对于把阅读作为基本服务职能的图书馆来说，更应该把阅读推广作为一项常规性工作来常抓不懈。

（一）图书馆阅读推广的必要性剖析

阅读推广对于实现全民阅读的目标具有重要的积极作用。所谓阅读推广，就是让更大范围内的群体参与到阅读活动中来，把阅读上升为个人的一种自觉性活动，在尽可能多的时间内从事阅读，另外，让广大人民群众养成图书馆阅读的习惯，努力提升群众的文化修养和个人能力。阅读推广的必要性体现在以下几个层面：

第一，民众拥有享受阅读的权利。享受教育是每个公民都拥有的权利，这是法律赋予每个公民的神圣职责，而受教育的权利就包括阅读的权利，因此，也可以说是法律赋予了每个公民阅读的权利。阅读不是强迫性的消费，而是每个人在法律的保障下，自由从事的一种自主性活动，在阅读的过程中可以让个体的能力和特点得到体现。阅读权利的享有应该遵循客观性原则与尊重性原则相统一，科学服务原则与理性关怀原则相统一，让阅读群体的阅读权利得到保证。既然我们来到这个世界上，世界便赋予了我们生存和生活的权利，同样，我们也都拥有了读书的权利，任何人都不会因为个人财富上的差异和个体生理条件上的差异而受到在阅读权利上的歧视。为读者提供书籍上的支持，阅读推广势在必行。

为了能够让阅读得到有效推广，图书馆所发挥的作用至关重要。另外，在图书馆的发展方面也应该加大投入，拓宽图书馆的服务范畴。实践证明，图书馆对于阅读推广发挥着平台性作用。为了能够带给广大读者全方位的阅读服务，让人民享受到平等的阅读权利，图书馆应加大阅读推广力度，让读者充分享受阅读的民主化。

第二，图书馆综合职能的鲜活体现。从国际上对图书馆的评价标准来看，图书馆具有人类共同遗产保护的职能、推动社会教育事业发展的职能、传播科学文化知识的职能，以及提升智力能力水平的职能，等等。社会发展是螺旋式上升的过程，高科技不断推动着人类的进步，人们可以非常方便快捷地掌握各种领域的科学文化知识，这也对以实体化图书为发展着力点的图书馆提出新的发展要求。如果图书馆要摆脱信息化技术产生的不利影响，突破硬性发展的瓶颈，更有效地发挥图书馆的综合服务职能，就应该以图书馆的客观实际为出发点，充分考虑到图书馆面临的发展境遇，进行大胆的实践创新，探索出新的发展理路，让更多的人了解图书馆阅读，并用尽可能多的方式来吸引读者的兴趣，让图书馆的图书成为大众化阅读资源，在轻松愉快的阅读氛围中，让图书馆的阅读群体不断壮大，使图书馆的综合职能得到鲜活的体现。另外，阅读推广活动有利于图书馆综合职能的提升，扩大图书馆在社会发展中的影响力，让不同阅读群体了解图书馆的特色化服务，增强图书馆的灵活适应能力，进而应对复杂多变的发展，体现图书馆的多样化职能。

第三，阅读推广是人民大众的重点需求。曾经有很多名人对读书的益处进行过各种角度的剖析，如果对这些阅读方面进行深层次的解读，我们不难发现其中渗透着一种价值要素，即阅读是人民大众的需求，值得在更大领域内进行科学推广。人民大众需要通过阅读来提高自我，在阅读中实现综合素质的全面提高，能力得到有效展示，在大众化素质提升的过程中让整体的素质提升得到有效体现。大众化阅读的发展水平是一个国家精神文明建设水平的重要表现，国家的强大不能依靠霸权主义和强权政治，应该通过文化阅读的推广来影响世界，通过阅读的大众化来主宰世界发展，通过阅读的推广让世界及时了解和认知我们。国家的发展建设需要热爱阅读的人，阅读可以让人更加明辨是非，积极探索应对各种问题的对策，通过文化的影响力来推动社会的进步，为人民群众创造更广阔的发展空间。阅读推广是人生的必需，我们应用良好的学习习惯来不断成长和进步，进而面对经济社会发展的需要。阅读推广不仅仅是小小的图书馆个体的责任和使命，也是一个国家需要着力解决的关键问题，从而让好读书、乐读书的氛围蔚然成风，提高整个国家人民的综合修养，实现修身惠己的最终目标。

第四，阅读推广是全面建成小康社会的力量要素。中国共产党的十八次全国代表大会提出了全面建成小康社会的历史性规划，实现中华民族伟大复兴的中国梦同样离不开阅读的推广。面对当前世界的纷繁复杂，为了早日建成小康社会，实现中国梦，我们需要在政治、经济、文化、社会、生态文明的建设中推广阅读，用阅读来反映人民的诉求，把阅读作为一种前进的动力，加快改革开放的步伐，提高劳动人民的觉悟和认知力，让我们的国家更富生命力。大力推广阅读，是良好社会风气形成的关键一环，在全面建成小康社会的历史征程中，我们会遇到各种社会矛盾和问题，需要处于不同领域、担当不同角色的人们付出不懈的努力来积极应对，光用蛮劲解决不了真正的实质性问题，阅读推广会让我们的人民更加科学和理性，能运用巧劲来解决最为现实的问题。全面建成小康社会经历了改革开放的过程，有建设小康社会的历史性基础，这是伟大的中国共产党人长期共同奋斗的历史必然，这个目标的确立是我们用文化的发展来作为尺度的，我们形成和确立的中国特色社会主义文化、中国特色社会主义制度、中国特色社会主义道路，都是建立在广泛阅读基础之上的。通过阅读推广，让整个社会的文化气息更浓些，让我们所处的国内外环境更加温馨，将进一步为社会的发展奠定坚实的基础，让我们在前进探索的征程中积蓄更多的力量，早日实现中华民族的梦想。

另外，阅读推广是改进全民阅读习惯的必然选择。从当下我国的全民阅读状况来看，我国的全民阅读率尽管从数据上表现为逐步上升的趋势，但是，由于阅读条件的局限，仍然在阅读习惯的养成上与一些西方发达国家存在差距。通过阅读的推广，让更多的人意识到阅读的重要性，并从思想观念和行为方式上共同努力，树立良好的阅读意识，对于全民文化素质的快速提升具有非常重要的意义。阅读推广是我国由世界上最大的社会主义国家发展成为世界最强国家之一的有效方式，这种推广模式更是对国家乃至全人类负责的重要表现。

（二）网络信息化对阅读推广的意义

网络信息化的发展带给人类的是各种速度的提升，生活节奏逐渐加快，人们能够更加方便快捷地享受各种优质化资源。据有关调查数据显示，我国现有网民的人数已经突破 4.5 亿，遥居世界首位，这足以显示出我们在互联网时代所取得的发展速度，也意味着我国在网络信息化技术的发展方面已经处于世界领先的水平。如此快速的网络信息化发展过程，也加快了图书馆事业发展的转型，使图书馆的阅读模式面临改革和创新，尤其是图书馆要积极推进阅读的推广模式探索，以保证图书馆能够更加方便快捷地为广大读者提供阅读服务。

第一，网络信息化让阅读推广的效率大大提升。传统的阅读模式是纸质版书籍的世界，人们面对的是不同领域的大量书籍，尤其是当读者想有针对性地进行阅读选择的时候，纸质版书籍反映的速度相对会慢一些。相反，网络信息化可以让这些读者在非常短的时间内找到自己所需要的图书，在信息传递方面的效率大大提升。而且，网络信息化可以让读者足不出户就能够及时掌握文化知识的更新，不受时间和空间的阻碍。广大读者借助网络信息化的平台，能够获得更多的资源，为阅读推广提供了先进的载体，尤其是一些具有时效性的信息更能够显示出网络信息化传播的优势，实现信息的及时更新。一些社会公共的阅读资源，通过网络信息化模式的推广，让读者实现了阅读资源的广泛共享。另外，一些阅读推广活动也能够通过网络直播的形式，让不同地区的读者参与到阅读推广活动中来，实现突出的阅读推广效果。

第二，网络信息化的开放程度决定了阅读推广的受众群体规模。网络信息化的最大优势就在于不受地域的局限，尤其是一些跨国度的阅读资源，人们可以不用到达相应的国度去查阅就能够享受阅读服务，在阅读推广领域实现了全球的一体化。在互联网的领域里，无论读者处于哪个地区，只要拥有网络服务的端口，就能够实现信息的同步传输，进而及时地了解不同领域的知识更新状况。而且，网络信息化的开放程度不会造成人们获取信息资源的不平等，在阅读推广过程中，任何人都可以参与其中，不仅可以作为信息资源的受益者，也可以作为信息资源的传播者，让更多的人了解到更具体的信息，进而拓宽阅读推广的范畴。

第三，网络信息化的共享和交流为阅读推广提供了平台。网络信息化更加方便了人与人之间的交流与合作，在网络这个平台上，将自己所掌握的信息进行合理化的传播，让其他群体能够分享个人传递的资源。互联网具有较强的交流职能，让读者可以主动地去了解想要的信息，在无须表达个人看法的前提下，搜集个人需要的资源。在网络信息化平台上，读者可以实现人与人之间的跨空间交流，及时解决广大读者在学习和工作中遇到的各种问题，产生对文化知识的共鸣，将阅读活动推向更广阔的市场，提升读者的文化水平，扩大阅读的影响力。

第四，网络信息化可以实现阅读推广的选择性和灵活性。网络的信息化资源系统是一个非常庞大的系统，在其中有人类的各种知识精华。一般而言，凡是读者希望掌握的信息，都能够通过互联网及时获取，同时，还能获取与所希望领域相关的大量信息，以便读者能够进行信息的筛选。互联网有很多种搜索引擎，读者可以通过搜索引擎得到海量的信息，非常灵活地得到自己想要的内容，实现了网络信息化的灵活选择功能。对于阅读推广来说，网络信息化的实现同样让阅读不再受到纸质版图书的限制，达到阅读的多样性功能实现。除了传统文字图书之外，声音影像类阅读资源在互联网上的广泛传播，也大大提升了阅读推广的灵活性和多样性水平。网络信息化的深度普及，让阅读在实现了量的积累的同时，也实现了质的飞跃，灵活的传播模式让阅读可以在更大范围内得到及时推广，使读者能够灵活地掌握各种阅读信息。

当然，网络信息化普及所导致的阅读推广模式异化也是值得我们关注的问题。网络资源传播的随意性，加上读者信息甄别的差异性，都有可能让阅读的推广走向偏激的一面，一些带有某种企图的信息传播者，打着友善的旗号，传播和推广不健康的阅读信息，对读者的意识形态产生重要的不良影响，尤其对于未成年人来说，更是值得注意的问题。

（三）图书馆与阅读推广之间的关系

图书馆是全人类共同的物质文化遗产，对全人类的教育事业、信息传播、文明传承等发挥着积极的推动作用。图书馆作为一项公益性事业，为阅读推广提供了宝贵的资源，广大读者可以通过图书馆阅读来了解各种信息，提高个人综合素质，养成良好的阅读习惯，在全社会掀起读书的热潮。

首先，图书馆成为阅读推广的发起者和协调者，为阅读推广活动的深入开展提供了重要的载体。阅读推广是一项庞大的人文工程，这项工程的设计与实施涉及众多的社会领域，共同协调开展。图书馆作为人文精神的中转机构，具有形式各异的阅读资源，也注定这里将成为阅读的发祥地，肩负起阅读推广的神圣职责与使命。图书馆是中国上下五千年文明辉煌历史的集散地，也是中国特色社会主义文化的宣传主阵地，图书馆应该把这份古老的文明，把这种特色文化在全国和世界范围内广泛传播与大力推广。图书馆是面向基层群体的图书馆，不会给予不同领域的读者差异性待遇，在阅读推广活动中，图书馆能够让每位读者都享有平等阅读的权利，接受图书馆的阅读服务，提升自我，完善自我。图书馆是一种大众性文化服务机构，在全民文化素质教育过程中发挥着重要作用，将教育的职能引向纵深。阅读既是个人的习惯和需求，更是群体的素质提升策略和氛围营造方式。在科技飞速发展的历史背景下，文化的发展速度也是非常惊人的，人们的阅读取向也要赶上科技与文化的发展脚步，大众化阅读便成为追逐文化脚步的途径。在图书馆的积极协调下，阅读在全民范围内得到有效推广，各种文化知识得到广泛传播。

其次，图书馆的资源为阅读推广提供了内涵保证。由于信息化速度的加快，让很多图书出版业面临严峻挑战，印制图书的速度远不及阅读需求提升得那么快。为了满足广大读者更加丰富的阅读需求，图书馆就需要让馆藏资源变得更为丰富，以保证阅读推广能够有序推进。知识更新速度的加快，让很多热爱阅读的人面临一种困惑，就是为了满足阅读需求，在书籍投资上产生较重的负担。相比之下，图书馆作为政府投资的公益性机构，馆藏资源的丰富程度会远远超过个人，这就为阅读推广提供了有力的资源保障。图书馆的内涵在于它是人类文明的宝库，把全人类的文化精髓收入其中，向广大的阅读爱好者提供阅读服务。图书馆的文化资源是积累式发展的，是一部有益的发展史，而非断代史。不同的历史文明汇集到图书馆之中，成为宝贵的阅读资源，不同历史时期的人都可以光顾图书馆来阅读前朝发生的历史，来了解以前和当下的科学文化知识，通过阅读推广的模式让思想文化的精髓得以世代传承，人们的精神文化风貌更加积极向上。各种先进的信息设备也被运用到图书馆的阅读推广活动中，方便了读者对图书馆资源的获取，从而让文化共享工程有序推进，构建了更加科学理性的阅读推广氛围。

再次，图书馆是读者享受阅读权利和素质提升的有力阵地。构建图书馆的初衷就在于让广大读者能够享受公平的阅读权利，在阅读的过程中提升自己的综合文化素质。从图书馆成立的那一天起，它就是面向读者开放的。随着图书馆事业的发展与完善，这种开放程度也在不断加大。阅读不再受身份地位和民族语言的限制，只要读者愿意接受这种服务职能，都可以到图书馆中进行阅读。读者到图书馆中进行阅读，在满足自身文化知识增长需要的同时，还能够养成良好的阅读习惯，使自己在轻松愉快中实现心灵的升华。当今的社会是知识经济社会，人们需要通过教育的方式来提升自身综合素质，而图书馆也是一种社会性教育资源，读者能够在其中实现自己终身学习的梦想，通过阅读推广来实现素质教育的推广和大众化教育的推广，提升全民的科学文化素质。

另外，图书馆还为阅读推广提供专业化的指导。图书馆具有高效的阅读服务设备，给广大读者提供温馨的阅读氛围、安静的阅读条件和大量的阅读资源，以及专业化的图书馆服务人员，还为阅读推广提供非常专业化的指导和服务，让广大读者在图书馆中可以轻松地进行阅读。图书馆的专业化阅读服务，更容易让读者对阅读产生欲望，推动阅读的常态化发展。图书馆中的工作人员绝大多数都是经过专业培训才上岗的，对书籍的概括较为熟悉，能够为不同领域的读者提供相对专业化的阅读需求指导，实现阅读推广的理性发展。图书馆的管理人员还能够利用馆内的各种检索系统，让读者在最短的时间内找到自己所需要的资源，提高阅读信息搜集的效率，让阅读推广更具时效性。

二、图书馆的阅读推广路径

基于图书馆与阅读推广具有十分密切的关系，图书馆有必要结合国内外一些图书馆的阅读推广模式经验，来探索国内图书馆实用的大众化的阅读推广路径，以保证阅读推广活动能够沿着科学的路径在更大的范围内进行科学化推广，实现阅读的全民化，进而提高全民的综合素质。图书馆所面向的读者是大众化的，如何针对这些不同领域的人群进行有效的阅读推广，是一项值得探索的推广工程。

（一）以宣传为导向的氛围营造式阅读推广路径

任何一项活动的推广都需要以宣传为导向，让被推广的对象了解，这样才能达到推广的目的。图书馆对读者的阅读推广同样如此，只有让读者全面了解图书馆的服务，认识图书馆的综合职能，才能更加明显地体现推广的效果，这就要求图书馆在进行阅读推广时，要积极探索以宣传为导向的氛围营造式阅读推广路径。

从目前我国图书馆公益性宣传的状况来看，一些城市的图书馆并不被人们所广泛认识，有些人并不了解图书馆都有哪些服务职能，甚至有些人连自己附近图书馆的具体位置在哪都不是非常熟悉。这表明，我国的图书馆在公益性宣传方面做得还不到位，显然不能为阅读推广营造良好的氛围。针对我国图书馆的宣传导向问题，图书馆应该加强对图书馆阅读服务职能的公益性宣传，提升广大读者对图书馆服务职能的认知，破解制约图书馆阅读推广的瓶颈。

一方面，应该在图书馆的服务理念、服务范畴、服务对象、服务方式、服务特色等方面加大宣传的力度，通过全方位、多角度的宣传让读者进一步看清图书馆的本质，提升图书馆的社会影响力，并积极参与到图书馆阅读活动中来，达到阅读推广的目的。

另一方面，图书馆要在各种阅读活动载体的宣传方面下功夫，全面介绍各种阅读活动的组织策划方案、具体实施路径、预期达到的目标等，让读者全面认识和了解阅读推广活动，形成良好的阅读氛围。尤其是一些图书馆利用各种多样化的阅读活动进行阅读宣传，这种做法值得提倡，可以通过各种社会性的宣传媒介，对图书馆的阅读活动进行推广宣传，提升广大读者对阅读活动的认可度，引导读者们到图书馆参与这些读书宣传活动，提升阅读氛围。

（二）以活动为载体的全民参与式阅读推广路径

图书馆全民阅读活动推广应该关注一些热点，通过活动来透视热点问题。由于图书馆全民阅读活动是一种常态化的活动，如果重复性地关注常规性阅读推广，显然不能发挥阅读推广的成效，这就要求图书馆在设定全民参与的阅读推广活动时，应该从社会热点问题出发，开展一些能够吸引读者参与、能够被广大读者关注的活动载体，这样将更好地发挥推广的效能。比如一些图书馆开展的以两会为载体的全民性主题征文活动、演讲活动、知识竞答活动等，积极发动社会各领域的读者参与到其中，增进读者对图书馆阅读推广活动的参与度，有效地提高了广大读者的阅读热情。

图书馆全民阅读活动推广还应该从自身的服务职能上找节点。图书馆作为社会的共同文化服务部门，为广大读者提供全方位的公益性服务是其基本职能，一定要以为读者提供方便为前提，建设涉及各领域的综合服务网络，让图书馆深入到人民群众的生产和生活中，让他们感受到图书馆的服务存在。以这项目标作为出发点和根本归宿，制定最为科学合理的活动载体，让阅读推广活动深入到基层一线，方便广大读者及时了解活动的基本情况，积极参与到阅读活动中来。从目前我国图书馆的阅读推广活动开展情况来看，很多图书馆都以一线城市的群体作为服务对象，忽略对基层群体的阅读推广关注程度，这就需要图书馆让阅读服务真正从城市走进基层，乃至农村的田间地头，搭建图书馆与读者有效衔接的平台，满足广大读者的阅读需要，充分利用图书馆丰富的阅读资源，提升图书馆的服务覆盖面。一些图书馆探索推行的多级化阅读推广服务模式值得提倡，这种模式实现了图书馆服务职能的多角度覆盖，拓宽了图书馆的服务范畴，让更多的阅读群体享受方便的阅读服务职能。

图书馆全民阅读活动推广应该放眼未来，注重对青少年群体阅读能力的培养，以保证我国未来的全民文化素质能够有根本性的保障。科学的实践证明，良好的阅读理念与青少年时期的阅读习惯有着非常密切的关系。如果一个成年人在早期没有养成良好的阅读习惯，很难在成年之后对书籍产生非常强烈的阅读欲望，更不利于阅读理念的科学构建，甚至不能跨入阅读的圣地，陶醉于阅读的书香之中。基于此，全民性的阅读应该从人生的最早期抓起，让其从小对书籍产生强烈的阅读欲望，感受到书籍中别样的乐趣，而到图书馆进行阅读就是一项必备的能力培养。当前，我国图书馆事业发展存在区域性不均衡的现象，一些条件相对落后的偏远地区，在图书馆的发展建设上仍然很不完善，这就需要一些具备条件的大型图书馆多搞一些全民阅读的推广性活动，把书籍送达到他们的生产生活中，让青少年早期就能接触到便利的阅读资源，塑造他们乐于阅读的品质。当前，很多国家都高度关注青少年时期阅读习惯的养成问题，鼓励他们到图书馆中进行阅读，以全面提升他们的综合素质和阅读能力。实践证明，这种做法是行之有效的，对全民阅读活动推广起到了积极的推动作用，尤其是在青少年时期就让孩子们接触到大量的书籍资源，营造了良好的阅读氛围，培养了他们的阅读兴趣。我国的一些图书馆也有针对性地开展类似学生图书馆夏令营活动、少儿阅读吧等，其目的就在于让这些青少年能够尽早接触这种阅读氛围，为全面阅读推广奠定坚实的基础。

不放弃对特殊群体的阅读推广活动也是图书馆阅读推广模式的重要内容。众所周知，任何人都有平等阅读的权利，这也是别人无法剥夺的权利。因此，图书馆应该针对不同的特殊群体，提供有特色的阅读服务，以满足他们的精神需求，充分体现阅读的平等化。对于监狱的服刑人员，尽管他们在身体行为上犯了错误，但这并不等于他们没有再接受阅读服务的权利。作为图书馆，也可以与监狱沟通合作，建立针对服刑人员的阅读推广服务，以保证他们的阅读需求，提高他们对阅读的认知，同时在一定意义上提升他们的心灵认知水平，让他们成长为对社会有一定贡献的人。图书馆针对盲人、身体残疾的人员，也应该设置专门的阅读推广活动项目，类似一些读书会、讲座、送书上门阅读推广活动等，让这些人群也能广泛参与，充分感受书籍带给他们的身体之外的快乐。

图书馆的阅读推广活动还可以在阅读推广的模式上下功夫。面对非常复杂的阅读推广模式，图书馆应该努力缩减服务的烦琐性流程，让读者能够轻松地到图书馆进行阅读。而且，一些图书馆的收费项目也戴上了一层复杂的面纱，图书馆应该加强这方面的监管和资金支持力度，让图书馆真正回归公益，为更多的读者群体提供免费的阅读服务，不能在阅读推广的道路上设置一些不必要的障碍。例如，有些图书馆开展的免征阅读活动、数字资源免费开放活动等，都大大方便了读者的阅读需求，让图书馆的阅读推广更具实效性。还有一些图书馆为了应对读者还书手续烦琐的问题，开展了 24 小时还书箱，也在一定程度上让图书馆阅读得到了有效推广。

另外，针对读者的免费阅读培训服务也应该成为图书馆阅读推广活动的重要载体，让广大读者掌握科学的阅读方式方法，提升阅读的效率。图书馆的阅读培训项目可以涉及书籍推荐讲座、专业知识培训、综合素质提升等若干领域。尤其是书籍推荐的讲座，应该作为一种常态性的服务项目来抓，通过对书籍内容的讲解，让广大读者了解有关书籍的精髓，从而决定是否有必要进行深入阅读，提升阅读推广的效率。

（三）以网络为媒介的多元合作式阅读推广路径

图书馆阅读推广借助网络这个媒介是一种不可阻挡的趋势，尽管纸质版图书与电子信息之间存在很大差异，但是，网络的方便快捷越来越多地凸显出来。网络将阅读的空间无限放大，无论是从知识含量上，还是方便交流上，抑或是传播速度上，都不受地域和时空的限制。当然，网络的规范性也应该成为图书馆阅读推广网络化重点考虑的问题。

首先，图书馆应该加强对网络的完善，不仅要让读者全面了解图书馆都有哪些资源，还应该让读者熟悉图书馆都能够为读者提供哪些特色化的服务，及时对图书馆的网络信息进行更新，方便读者能够快速全方位地了解前沿领域的科学文化知识。

其次，要加强对读者的网络阅读引导，打造一些特色品牌项目。图书馆可以利用网络平台实行特色化的阅读推广，例如，在网络上开展国学讲坛、今日焦点、科普教育、文学鉴赏等项目，并把这些项目品牌化，让更多的读者认识和了解这些项目，达到阅读推广的目的。

再次，图书馆阅读推广要充分利用多方面力量，加强合作。阅读推广活动是一项庞大的系统工程，不是一座图书馆能够完成的，应该加强众多图书馆之间的交流与合作，以及图书馆与社会群体之间的合作，这样不仅能够在宣传的覆盖面上得到扩大，而且，在阅读资源、人员配备、资金支持等方面也都能够得到满足。

三、各级图书馆阅读推广实践

改革开放以来，我国的图书馆事业取得了令人瞩目的成绩，阅读推广活动也随之展开。但在推广之初，无论是从推广的范围还是影响力方面都存在局限。直到20世纪90年代后期，伴随"知识工程"的实施，建设阅读社会才被逐步推广，到21世纪图书馆便成为阅读推广的主要载体。近几年来，图书馆的阅读推广活动更加具体化、多元化，各级各类图书馆都积极推行阅读实践活动，为全民阅读活动的推广创造了良好的条件。

第一，构建完善的图书馆合作联盟，实现图书馆阅读资源共享。据相关资料调查结果表明，一个国家的阅读能力强大与否，与这个国家的图书馆合作联盟的程度化有着非常密切的关系。一般而言，这个国家的图书馆合作体系越完善，则这个国家的阅读能力相对来说就越强势。从当前我国的图书馆发展现状来看，我国的图书馆合作联盟存在断代的情况，高水准配置的图书馆之间的合作联盟相对来说比较密切，而规模较小的图书馆之间或是规模较大图书馆和规模较小的图书馆之间，合作联盟的程度较低，这样就不能很好地满足大范围阅读群体的阅读共享需求，难以实现图书馆阅读资源的优化配置。尤其是一些阅读资源相对匮乏地区的图书馆，缺少这种图书馆之间的合作联盟，更是不利于阅读的进一步推广。一些较大规模的图书馆主动向一些地方级的图书馆抛去橄榄枝，与其建立图书馆之间的合作联盟，以推进图书馆阅读资源的共享，这是一种值得提倡的阅读推广实践。

第二，改善图书馆的投资环境，适当给予地方性图书馆在政策上的倾斜。众所周知，目前我国的图书馆发展很不均衡，相比之下，国家和省市一级的图书馆无论是在人员结构上，还是在资源配置上，以及资金、政策等方面都会优于县乡镇一级的图书馆，农村的图书馆更是没有可比性，这种不均衡的条件客观存在，阻碍了地方图书馆的阅读推广。调查显示，很多基层的工人和农民也希望能够通过阅读来了解国内外形势的变化，以及知识结构的变化趋势等，然而，客观条件的匮乏成为阅读在这个层面推广的天然屏障。一些地方政府，抛开图书馆回报周期长的顾虑，鼓励社会机构参与到图书馆的投资项目中，改善图书馆的阅读环境，同时，在地方性的政策上给予足够的支持，这便大大地提高了阅读推广的实效性。

第三，提升图书馆的服务理念，提高图书馆资源的利用率。面对图书馆经费吃紧的现状，一些图书馆改变了所谓的经营模式，由公益性事业向收费性服务进行变革，这种服务理念的本质性改变是本末倒置，不但不利于图书馆的发展，反而会令图书馆本来的服务职能变味，馆藏资源出现长期搁置的情况。图书馆的阅读推广关键问题在于服务，只有服务理念上去了，服务质量才能得到保证，才能吸引更多的读者来到图书馆阅读。进而，图书馆资源的利用率才能得到根本性的改变，避免图书馆演变成为毫无意义的藏书阁。当前，国内一些图书馆的全免费开放模式就是最好的阅读推广实践，大大满足了读者的阅读需求，提高了资源的利用效率。另外，毕竟图书馆是服务性机构，服务就要有明确的标准，一些图书馆也制定了相应的服务标准，自觉接受广大读者的监督，这也吸引了很多读者到图书馆进行阅读。

四、高校阅读开放模式

高校图书馆是非常重要的阅读阵地。当前，我国的高校都拥有自己独立的图书馆，这为广大师生的科研和学习提供了良好的平台。然而，高校图书馆如何能够真正地开放，让除了大学师生之外的其他群体也能有机会到高校的图书馆中进行阅读是一项值得研究的问题。

从世界的图书馆发展状况来看，很多国家都把图书馆的阅读推广作为一项重要的发展战略来抓，尤其是一些相对发达的国家和地区，更是高度重视图书馆的发展建设，积极动员全面参与到阅读推广活动中来，取得了很好的效果。在一些世界性的知名大学里面，更是有类似于阅读推广中心的机构，设立专门的阅读推广基金，以高校为载体建立了一种长效的阅读推广机制。

高校的图书馆具有很强的专业性，而且，高校中有很多从事科研工作的人员，相对来说在相关领域中更具权威性。同时，为了满足广大师生在学习和科研方面的需求，高校也不惜在阅读资源方面投入大量的资金，使其拥有雄厚的资源优势，成为阅读推广的重要载体，具备全民性阅读推广的条件。

高校图书馆里有大量的纸质版图书，同时，在电子信息资源方面也非常丰富，这是阅读得以推广的重要条件。一些高校的图书馆设置的数据资源远程访问服务，也为高校之外的其他读者提供了阅读方便，使图书馆的阅读群体向纵向延伸。凡是互联网能够覆盖的区域，读者都可以通过专用的访问账号实现阅读职能，这为阅读推广提供了方便。

高校的图书管理员大多都是经过专业培训的，具有专业的图书馆学相关知识，在服务理念和服务质量上都能达到较高的标准。而且高校的图书管理员对所在图书馆的资源相对比较了解，能够为读者提供专业化的阅读指导，同时，还可以成为阅读推广志愿者，为不同的读者提供针对性的阅读服务。高校的大学生也可以成为专业化的阅读推广人员，他们本身对所学领域比较熟悉，且具有良好的阅读习惯，可以发动身边的人积极参与到阅读活动中来。另外，高校的学者们更是某一领域的代表性人物，他们在该领域独到的见解可以成为阅读推广的催化剂，为读者提供阅读咨询服务。

高校具有两个较长的假期，图书馆一般处于休眠状态，为了避免高校图书馆资源的这种阶段性闲置，可以组织高校师生进行一些公益性的阅读推广宣传活动，吸引社会性的读者到高校图书馆进行阅读，以了解高校图书馆的发展状况，同时，这也是高校学生的一种社会实践性锻炼。

让高校的学生做阅读推广志愿者，不但可以提高大学生的实践能力，还可以提升大学生自身的阅读水平，发挥他们的知识价值，同时也能提高高校图书馆的资源利用率。

高校图书馆还可以作为地方性的阅读机构，为所在地的广大群体提供阅读服务，进而推进图书馆与基层组织的合作，探索新的创新发展路径，满足高校周边图书馆紧缺的现状。另外，高校图书馆还可以成为中学生实践学习的根据地，通过吸引广大中学生到图书馆来进行阅读而实现高校图书馆的阅读推广。尤其对于那些阅读理念尚未形成的中小学生来说，把他们召集到高校的图书馆中来，感受这种良好的阅读氛围，采用大手拉小手的方式，让大学生成为他们阅读习惯养成的义务指导员，宣传阅读理念，培养孩子们良好的阅读习惯，对于孩子的阅读习惯养成具有非常积极的推动作用，同时，也借助高校图书馆这个平台将阅读进一步推广。

五、新媒体环境下图书馆阅读推广模式

阅读推广是图书馆一直不变的责任与使命，面对时代的发展，图书馆所处的媒体环境也发生了深刻的变化，但是，这种媒体环境的改变并没有改变图书馆在阅读推广过程中所应该具备的知识普及职能、综合性服务职能、推动社会进步职能等。

面对新的媒体环境，图书馆作为一项公益性事业，仍然应该满足更多社会群体的文化阅读需求，提供全方位、多角度的阅读服务。为了能够更好地将图书馆阅读深入推广，图书馆应该做好阅读推广的宣传工作，争取社会更多领域的支持和配合，不断创新阅读推广理论和方式方法，科学化设计阅读推广的模式，积极探索图书馆阅读推广的实践路径，推动图书馆事业的和谐发展，让更多的人参与到图书馆阅读推广活动中来。

（一）新媒体环境下图书馆阅读推广的理论与方法

新媒体环境下图书馆阅读推广强调的是图书馆借助于新媒体作为传

播媒介来拓宽推广的范畴，为社会各领域的读者提供文化知识的宣传与服务，让读者群体进一步了解图书馆的文化精神，传承图书馆的经营理念和宗旨，提升图书馆的综合服务质量，让广大读者认识和了解图书馆的阅读服务，更大程度地发挥图书馆的阅读推广价值。

第一，新媒体环境下图书馆阅读推广是一种非营利性质的营销模式。从图书馆的组织性质来看，面对新媒体环境，图书馆的各项服务一直在进行着探索性的改革与创新，但是，这并没有改变图书馆的公益性性质，这就决定了图书馆的阅读推广活动也应该是一种非营利性质的营销活动。图书馆是一个公益性的组织机构，具有大众化的特点，社会各界都为图书馆的发展提供了一定程度的支持与扶持，图书馆同样有责任和义务将这种公益性活动做好并坚持推广下去。图书馆的公益性职能包括以下几个层面：一是公共服务职能，为社会公共服务性事业的发展提供全方位立体式的服务，而且，这种服务是全过程的服务。二是阅读引导职能，为广大读者提供阅读领域的相关知识引导，协助读者更好地完成阅读活动，并树立科学的阅读理念，养成良好的阅读习惯。三是沟通管理职能，为广大读者和社会之间建立合理的沟通平台，使读者能够全面认识和了解社会各领域的发展状况，同时，也让社会能够及时了解读者的现实需求，以便有针对性地为读者服务。新媒体环境下的图书馆阅读推广就是一种服务性的营销模式，这种营销模式的出发点是在把握读者阅读实际需求的基础上，以客观市场为导向，让读者能够充分认识阅读的价值。在阅读推广过程中，首先需要让读者主动认可并接受图书馆的服务，然后才能积极参与到图书馆的阅读活动中来，进而愿意成为图书馆阅读推广的志愿者，用自己的行动来影响更多的人参与阅读，实现图书馆阅读推广的可持续性。不难看出，图书馆的公益性性质与职能决定了图书馆的阅读推广也必然是一种非营利性质的营销模式。

第二，新媒体环境下图书馆阅读推广是一种公益性文化推广活动。社会能够不断地发展和进步离不开文化的传播和文明的传承，历史的成功经验可以为当下和未来的发展提供实践参考，而图书馆在这种文化传播过程中发挥着至关重要的作用。人类的发展史就是一部文化的传播史，更是一部文明的传承史，前人在历史的实践过程中积累了大量的宝贵经验，这些经验是人类共同的精神文化财富，我们有责任和义务将这种财富通过合适的载体传播开来。图书馆与文化传播具有非常密切的关系，从文化的性质来看，其自身就具备可传播性，而图书馆具有相对丰富的文化资源，就必然能够将文化推向更广阔的舞台。图书馆的文化传播过程是一种交流式的公益性文化推广过程，通过个体与个体、个体与组织之间的相互作用，将文化推广到更广泛的层面。广大读者作为整个文化传播过程的结点，既可以成为文化传播的主体，也可以充当文化传播的客体。在新媒体环境下，图书馆文化传播的效果与社会的信息化程度和读者的综合素质有着非常密切的关系，当社会的信息化程度发展较快，读者的综合素质较高，文化传播的效果就会更加明显，相反，文化传播的效果就会不理想。例如，韩剧热、NBA风等，都充分印证了前面的表述。读者们通过到图书馆中去阅读（包括纸质版的阅读和电子信息的阅读），可以及时了解到各种文化的发展信息，并可以将其推而广之。图书馆作为一种公益性文化机构，把各种文化资源汇集到一起，通过读者传递下去，发挥文化性、引导性、公益性等方面的职能，成为文化传播的载体，提升全民的综合素质。读者可以通过图书馆来获取自己所需要的阅读资源，在其中学习、交流、传播，利用图书馆这个文化载体，将阅读大范围地推广。

第三，新媒体环境下图书馆的阅读推广对象剖析。图书馆进行阅读推广活动的实施效果与对推广对象的认识和把握有关，客观剖析图书馆的阅读推广对象，可以有效选择科学的选择视角，以取得突出的宣传效果。图书馆阅读推广的对象包括主体和客体两个层面，主体层面的对象主要是宣传媒介，客体层面的对象是大众化的读者，剖析这两个层面的对象，利于图书馆阅读活动的有效推广。从图书馆阅读推广的主体对象来看，不同的宣传媒介在阅读推广活动中的着力点存在差异，一些宣传媒介把着力点放在新闻的层面来进行阅读推广，一些宣传媒介则把着力点放在文化的层面来进行阅读推广。随着时代的发展，宣传媒介的着力点也会存在差异，侧重政治也好，侧重文化也罢，抑或是侧重科技创新，等等，都需要进行剖析，以便这些媒介可以成为图书馆阅读推广的载体。例如，一些期刊类的宣传媒介，其内容涉及政治、经济、文化、社会建设、科技创新等各个领域，完全具备阅读推广主体的条件，发挥阅读推广的职能。从图书馆阅读推广的客体对象来看，不仅要客观地剖析客体都包括哪些具体的范畴，而且，还要全面了解客体关注的阅读焦点。对推广客体范畴的考察包括考察其年龄的构成、专业兴趣、对信息化的掌握程度等，根据客体在这些方面的差异，有针对性地制定服务内容，达到阅读推广的目的。对推广客体关注内容的了解包括了解客体的生活状况、文化水平等，以便掌握客体的基本状况，制定科学的阅读推广方案。

第四，新媒体环境下图书馆的阅读推广媒介选择。在新媒体环境下，图书馆作为阅读推广的重要载体，在具体的阅读推广过程中需要借助于一定的宣传媒介，才能更好地发挥阅读的推广效果。每种宣传媒介都有各自的优势，针对不同的阅读群体，不同的宣传媒介所发挥的作用是存在很大差异的，只有区别对待，才能更加有效地将图书馆阅读引向深入。图书馆中的报纸是一种很好的宣传媒介，报纸最大的阅读优势就是能够非常及时地将即时的信息进行发布。对于普通的大众化读者，尤其是工薪阶层的人员来说，报纸所发挥的阅读效果是非常明显的，很多人都是通过阅读报纸来了解国内外的一些大事记。期刊也是一种有效的宣传媒介，期刊的优势在于能够把国内外某些专业领域的学术成果进行及时发布，搞科研工作的学生，尤其是科研专家级人物，更是非常关注那些学术专业类的顶级期刊里面发布的内容，通过关注期刊可以有效把握相关领域的学术发展动态。图书作为一种宣传媒介，是一种常态化的阅读载体，图书不受对象的限制，任何群体只要对图书涉及的内容了解，都可以实现阅读推广。电子信息媒介也是一种现代化的宣传媒介，随着网络信息化的应用与普及，电子媒介也被越来越多的读者所认知，读者可以非常方便地阅读到图书馆的电子资源，尤其是一些图书馆实现了数字资源远程访问的功能，更是大大地方便了读者，有效地推广了阅读。

（二）新媒体环境下图书馆阅读推广的科学化设计

新媒体环境下图书馆阅读推广的设计思路是让更多的读者来到图书馆阅读，认可图书馆的阅读服务，并把阅读作为一项常规性的生活要素，同时提高图书馆在社会发展过程中的影响力。新媒体环境下图书馆阅读推广的科学化设计应该做好以下几项具体工作：

第一，提升图书管理员的综合素质，培养其阅读推广意识。新媒体环境对于图书馆阅读推广来说既是一个机遇，又是一项挑战。面对传播网络信息化对传统图书馆阅读的严重冲击，图书馆应该建设一支素质过硬的管理员队伍，培养他们的阅读推广意识，为阅读推广奠定坚实的基础。一些图书馆的工作人员专业性不够强，尤其是一些高校的图书馆成了引进人才家眷的安置基地，一些管理员的业务能力薄弱，在阅读推广方面没有受过专业化的培训，阅读推广效果不理想。作为图书馆，应该加强对图书管理员的专业素质培训，定期与兄弟图书馆进行交流学习，提升图书管理员的综合素质。同时，也可以聘请图书馆领域的专家学者为图书管理员做报告，使其了解图书馆发展的前沿知识，培养阅读推广理念，加强对图书馆阅读推广的宣传。

第二，探索图书馆服务新的着力点，创新阅读推广新思路。图书馆的服务职能是图书馆最基本的职能，无论图书馆的规模如何，都不能改变图书馆为广大读者提供全方位科学文化知识阅读服务的最终目的。然而，由于图书馆存在规模上的差异，也决定了图书馆在图书配备、服务标准等方面存在不同，尤其表现在图书馆的服务上。图书馆如何才能在新媒体环境下，在图书馆事业飞速发展的条件下，找到有效的服务着力点，决定着图书馆能否将阅读高效地推广开来。相关调查资料表明，图书馆更多依托于信息类服务、书籍阅读服务、科学文化知识类服务等传统模式，针对社区的服务和阅读推广交流服务等项目相对比较薄弱，在新媒体环境下，这显然不能满足图书馆的多元化发展需求，不能在服务上有重大突破和创新，不能在阅读推广思路上有根本的改进，服务质量也难以到位。尤其对于那些处于基层的图书馆来说，更应该让服务具体化、生活化，毕竟这类图书馆的阅读推广服务与国家级和省级图书馆相比，其服务的对象更多的是面向基层大众。而且，在阅读推广的思想上也要加强创新，把读者个体化再群体化，既要从个体读者的实际阅读需求出发，又不能忽视读者的群体性，只有这样才能做到游刃有余，灵活应对，突出图书馆阅读推广的价值。

第三，提升图书馆的科学化管理水平，实现阅读推广体系化。从传统的图书馆阅读推广模式来看，在科学化管理方面做得不到位，阅读推广活动略显臃肿庞杂，很多管理细节没有考虑周全，会出现管理上的盲区，在阅读推广活动方面更是流于形式的较多，收到具体实效的较少，甚至有一些图书馆在搞阅读推广活动时，根本就不去做市场调研和科学论证，盲目开展，也不去过问活动开展后都产生怎样的反响，下一步针对推广过程中出现的问题如何来调整和改进，等等，结果没有形成一套完善的推广体系。例如，有的图书馆为了完成上级主管部门布置的阅读推广任务，盲目效仿兄弟图书馆的活动方案，既没有结合自身的实际情况，也没有考虑到当地阅读群体的实际状况，结果在推广过程中就是照照相，搞个象征性的媒体采访。甚至有的图书馆连这样的工作都不做，只是把推广任务下派到有些单位，组织一些人随便搞搞就交差完毕，可想而知，这样的阅读推广效果会怎样。对于图书馆而言，这样的阅读推广活动不搞也罢，因为这根本就不能够达到预期的推广目标。图书馆的阅读推广是一项长期的系统工程，不能用不懂图书馆管理的人来进行阅读推广管理，更不能用拍脑门子来代替科学化管理，一定要有一套相对完备的组织管理框架，形成一个管理网，无论是阅读推广的方案设计，还是具体的组织实施环节，也包括活动过程中的监管，以及活动后的收效反馈等，都应该注重科学化和体系化，只有这样才能达到非常理想的效果。

第四，积极与宣传媒体进行互动交流，提高阅读推广主动性。在新媒体环境下，为了完成图书馆的阅读推广，仅仅依靠图书馆单方面的力量是很难发挥非常突出的效果的，除借助一些主流媒体的力量外，还可以借助微博、微信、客户端等宣传媒介的力量，与之保持密切的互动交流，提高图书馆阅读推广的主动性和影响力。众所周知，图书馆的阅读推广本身就是希望能够实现阅读的大众化，如果一些阅读推广活动仅仅停留在相对封闭的空间内进行，很多圈子外的读者是很难被吸引进来参与的，但是，如果借助于媒体的力量来进行发酵，效果就会很不一样。图书馆在阅读推广活动中，从活动的选题角度来看，完全可以搞出一种新闻的态势，主动去找一些关系密切的媒体来对活动的具体情况进行宣传报道，再通过对事件的发酵吸引更多的媒体来关注。当这种推广活动的关注度不断提高时，就会让不同的读者产生好奇，基于这种好奇，也会来到图书馆进行阅读式体验，例如，图书馆联合国内外知名人士举行赠书活动或书籍推荐的发布会等。我们永远都不要低估媒体记者的强烈嗅觉，这种消息一旦发布出去，必然会引来媒体记者们的争相报道，想必这种活动的影响力也会大大提升，宣传的效果不言而喻。当然，与媒体沟通的方式有很多，既可以采取主动与传统主流媒体沟通交流的方式，也可以采用公益性活动宣传报道的方式，还可以利用自媒体时代的特殊媒介——"路边社"进行发酵的方式，这些都可以成为阅读推广的沟通手段。

第五，打造阅读推广品牌活动，扩大图书馆的知名度。品牌对于我们绝大多数人来说并不陌生，很多品牌的名称我们也是张口就来。同样，对于公益性的图书馆阅读推广活动来说，品牌的影响力也是不可低估的。如果图书馆的阅读推广活动搞得有声有色、有滋有味，想必这种活动就会被打造成为一种品牌，以一种信息符号的形式深深地刻在我们的脑海里，成为一种标志性的活动，这就是品牌的力量。图书馆阅读推广活动的品牌不一定仅仅局限于活动本身的品牌效果，也可以是一种阅读服务的品牌，或是特色资源的品牌等，都可以作为一种品牌打造方向来进行塑造。如果是阅读推广服务的品牌，可以选择在传统的服务项目上进行科学的改进和创新，也可以选择传统项目中没有的服务项目进行实践性探索，只有通过论证这种推广服务具备品牌塑造的条件，就可以进行有针对性的雕刻和加工。如果是阅读推广活动本身的品牌设计，可以立足于活动设计实施的全过程、各环节来做文章，以前搞过的阅读推广活动，这次继续搞存在哪些创新；以前没有搞过的阅读推广活动，这次探索性的实施计划要达到什么样的预期，都应该有科学的论证作为依托，才能达到品牌的预期。如果是阅读推广的特色资源品牌，就应该考虑到资源的规模、资源的质量、资源获取的便捷程度等，在宣传过程中把亮点突出来，让广大读者产生一种想获取的欲望，这样才能让阅读资源品牌的优势得以显现。

（三）新媒体环境下图书馆阅读推广的实践性探索

在新媒体环境下，面对复杂多变的国内外形势，我们需要让人类实现理性的回归，填补因为社会飞速发展，人们思想不断被西化，以及人文精神的缺失而导致的人类灵魂的缺位。阅读是一种行之有效的方式，图书馆是阅读推广的最佳载体。新媒体环境下图书馆阅读推广的实践性探索应该在以下几个方面发力：

首先，以服务为载体，寻求新的阅读推广增长点。我国高度重视图书馆的文化服务职能建设问题，把阅读文化推广作为一项系统工程来抓，努力提高服务标准和服务质量，积极拓宽服务领域，以寻求新的阅读推广增长点。作为图书馆，要吸引广大读者的深切关注，必须要在服务上下功夫，只有服务跟上去了，才能够被读者所认可，读者也才更愿意到图书馆进行阅读活动。新媒体环境下，图书馆要打造成为顶级的文化服务中心，就应该在立足文化传播的基础上，加强对文化服务的改进和创新，提供更为特色化的服务项目，包括在服务的对象、方法、标准等方面，都能够被读者所认可和接受，这样才能培养读者的阅读兴趣。在具体的服务措施方面，"一卡通"式便捷服务被当下的很多图书馆所采用，而且，有的图书馆不仅自身可以实现"一卡通"式服务，还可以在分馆实现借阅和归还上的一站式便捷服务，大大地方便了读者。图书馆的数字化服务也是一种阅读的高效推广模式，图书馆的免费无线网络覆盖，端口免费检索功能，数据资源远程访问服务，等等，都属于数字化服务创新，成为阅读推广新的增长点。

其次，以讲座为依托，挖掘新的阅读推广动力源。不同的读者群体对相关领域的认知程度存在差异，如果能够聘请相关领域的学术专家学者以讲座或报告的形式进行讲解和剖析，可以为读者的阅读扩宽思路，让读者有机会领略到大家的风范，产生阅读的动力。在新媒体环境下，学者们的讲座或报告也可以被录制成为光盘，向读者免费借阅，方便读者通过更为直观的讲解方式来学习科学文化知识。例如，上海图书馆就曾经打造过"讲座文化"。在 2006 年 2 月 14 日，人民网曾经以"讲座文化：城市新磁场"为题对上海图书馆进行宣传报道，引起社会的广泛关注，成为阅读推广新的动力源。据悉，"讲座中心创办 28 年来，已开设讲座 1226 场，直接听众人数 85 万余人次，成为国内持续时间最久、固定听众最多的名牌讲座。讲座总是紧跟时代脉搏，新鲜话题层出不穷，被市民亲切地誉为'城市教室''市民学堂'"。[①]"城市教室——市民讲座"被文化部授予首届创新奖，得此殊荣一点都不为过，这种讲座所发挥的效果是非常明显的，既可以让更多的读者来了解图书馆，也可以让大众化的读者产生强烈的阅读吸引力，真正成为阅读推广的动力源。

---

①叶薇.讲座文化：城市新磁场［EB/OL］.
http://www.people.com.cn/GB/paper40/16852/1480613.html.

再次，以共享为归宿，构建新的阅读推广交流群。图书馆的公益性特点决定了图书馆应该更大程度地向广大读者开放，资源最大化的共享就是一种开放模式。在新媒体环境下，没有秘密可言，对于图书馆来说，也更不应该有秘密可言，而这种共享应该既包括资源的共享，也包括服务的共享。为了全面贯彻落实国家提出的"全国文化信息资源共享工程"，图书馆应该做好表率，打开图书馆的大门，让图书馆成为公共的阅读空间，而不应该成为私密的收藏境地。为了能够扩大共享的范畴，图书馆要构建阅读推广交流群，与兄弟图书馆之间加强沟通和合作，以一种众人拾柴火焰高的思路大胆地走出去，不仅要考虑走出区域的大门，还可以考虑走出国门，加强更为深度的交流与合作，让世界了解中国的政治、经济、文化、科技等各个领域。在新媒体环境下，应该把图书馆资源共享网络化，利用发达的信息化资源，提高图书馆资源使用的效率。图书馆是一面镜子，这面镜子就是一个共享的平台，不仅仅是某个人或某类群体有照镜子的权利，而是所有人都有在镜子面前正衣冠的权利，通过照镜子来重新审视自己、看清自己，发现自身的不足，从而通过阅读来提升自己的综合素养。

■第六章
图书馆中阅读的突出问题

　　图书馆阅读已经成为当下社会发展的一种潮流，一种生活中不可或缺的元素，人们经常会到图书馆中去翻阅资料，学习科学文化知识，提升自身综合素质，传播优秀的中国文化，感受良好的阅读氛围。与此同时，图书馆也肩负着各种服务职能，为不同的社会个体服务，为社会的各领域发展服务，为全人类的文化传播服务，为古老的文明传承服务。然而，面对社会发展的复杂化，各种思潮对文化产生了不同程度的冲击，到图书馆去阅读能否真正享受这些服务，能否真正达到预期的目标，图书馆的公益性质能否得到有效的落实，等等，值得我们去反思和追问。到图书馆进行阅读时，也能发现一些现实问题亟待解决。

一、群体差异面对的问题

　　图书馆中的阅读群体是存在很大差异的，从年龄差异的角度上看，上到 80 多岁的老者，下到几岁的少儿，都可以成为阅读的对象。而当下的很多图书馆，在书目分类方面，在年龄梯度方面，考虑得都不够充分，很多图书馆的图书分类考虑的都是学科的因素，这样非常不利于读者群体年龄差异导致的阅读需求方面的差异。例如，老年人读者群体在阅读的时候可能更多地关注养生方面、饮食技巧方面、书法字画方面等内容，而中年群体可能更多地关注励志哲理方面、文学修养方面、专业技能方面、休闲娱乐方面等内容，青年学生群体可能更多地关注考试课业方面、答题技巧方面、学习知识点方面等内容，少儿群体则可能更多地关注动漫方面、科幻方面、习惯养成方面等内容。这些都是因为读者年龄差异而产生的阅读范畴上的差异，这些差异的客观存在决定了图书馆在为其提供阅读服务时应做到区别对待。然而，这一点却常常被很多图书馆所忽视，从而影响到读者对图书馆的认可度，不利于阅读活动的深入开展。

从文化知识水平差异的角度来看，上到博士研究生读者，下到小学文化程度的读者，都可以到图书馆中进行阅读。而问题的关键在于，这些读者群体在文化知识水平上的差异，使他们在阅读的时候关注的焦点是不同的。当前的图书馆在面向读者开放时，尽管已经做了实名制的登记，却很少有图书馆对读者的文化知识水平进行实质性登记，这样一来，图书馆的管理人员在为这些读者提供阅读服务时就常常忽略读者文化知识水平上存在的差异，顾此失彼、本末倒置的现象也就不再是偶然的个体性事件了。当这种现象发生的频率增多时，读者可能就会质疑图书馆的服务水平。例如，一些教授专家级人物到图书馆来阅读可能主要是关注学科领域的发展动态，及时掌握同领域的其他专家都在进行着哪些方面的研究，都取得了怎样的进展程度，哪些方面还可能存在突破口等；一些博士研究生或硕士研究生读者可能更关注那些自己所从事学科的前沿理论方面的读物，经常查阅一些顶级学术期刊，或者是即时的报纸、大家的学术类书籍等，希望能够通过阅读来对自己的科研起到一定的启发或帮助；一些中小学文化程度的读者则是把目光聚焦在自己感兴趣的一般领域，对学术性没有更高的要求，侧重兴趣爱好和实用性，希望能够通过阅读让自己在精神文化层面变得更为充实。这些文化知识水平方面的差异也会影响到图书馆阅读服务的针对性，在处理不好的情况下，容易导致读者群体的流失，不利于全民文化素质的普遍性提升。

从所从事的职业差异角度来看，官员干部也好，白领知识分子也罢，蓝领工人也好，面朝黄土背朝天的农民也罢，抑或是学生群体，都可以驻足于图书馆进行阅读，这是任何人都不能剥夺的权利。官员干部的职责是做好百姓的衣食父母，教师的职责是教书育人，医生的职责是救死扶伤，科技工作者的职责是搞好科技创新，推动社会向前发展，一线工人的职责是做好自己手上的那摊工作，学生的职责就是简单地学习、学习、再学习，农民的职责是管好自己的一亩三分地儿。诚然，不同的职业身份读者在享受平等化的阅读权利时，也会存在读物种类的关注差异，就像看待和处理问题的方式不同一样，官员干部看待和处理问题的方式永远都会与农民之间存在着本质上的差异，阅读的读物选择亦是如此。例如，官员干部们在阅读时经常看那些领导能力提升、沟通技巧提升、反腐倡廉、群众路线之类的读物，希望能够通过阅读让自己的综合领导水平不断提高，做一名对党负责、对人民负责的好官员、好干部。白领知识分子们在阅读时会选择一些教育管理方面的书籍资料，希望能够找到一些工作中的好方案、教学中的好方法、交流中的好观点，等等，通过阅读不断让自己变得更为充实、更有学识，做一名合格的知识分子。蓝领工人们在阅读时可能更多地关注一些与一线实践工作息息相关的内容，哪个零件怎么做，哪个机器怎样操作，哪个程序怎么组合，等等，在阅读中掌握更多的专业技能，将这些理论用于指导自身的具体实践，做一名脚踏实地求真务实的工人。农民在阅读时可能是看一些与农业相关的内容，如农作物如何增产，病虫害如何防治，畜牧业如何预防疾病，什么样的地域搞什么样的作物更科学，等等，在农业和畜牧业的实际种植和饲养过程中，用所学到的相关知识来让自己的口袋迅速地鼓起来，做一名合格的农民。学生群体的天职是学习科学文化知识，一切的出发点都是要通过学习来提高自身综合素质，为未来的发展奠定坚实的理论基础，在阅读时可能更多地是看那些与考试相关的内容，与毕业论文写作相关的书籍，或者是与自己未来就业方面有关的技巧等，做一名不断求知的学生。这些阅读群体的职业差异必然会影响到阅读，图书馆在阅读推广的过程中，也势必要关注这些因素。

二、服务延伸面对的问题

图书馆在阅读推广活动中必然会涉及服务延伸，否则就不可能更有效地将阅读推向更加大众化的群体。服务延伸涉及很多层面，是一项庞大的系统工程，在实施的过程中，如何来解决由于图书馆区域发展不均衡导致的服务发展不均衡问题，如何来面对摆在阅读推广过程中的各种制约性因素，让图书馆的服务更能够满足不同读者的需求，都是值得图书馆的管理者思考的关键问题。当下，很多图书馆为了积极推进全民阅读的有效实施，为了能够为书香中国做出更大的贡献，在服务延伸方面进行了一些积极的探索与实践。然而，在具体的实践过程中，依然暴露出一些较为突出的问题，具体表现在以下几个方面：

（一）图书馆阅读服务延伸的现状不均衡

图书馆在发展的过程中，一直致力于阅读的推广活动，为了能够将阅读推广落到实处，图书馆在服务延伸方面也推出了很多举措，然而，区域发展不均衡的现象仍然普遍存在，导致阅读服务延伸的发展现状也呈现不均衡的态势。经济发达地区图书馆的发展水平比较高，服务质量也比较高，相反，经济相对欠发达的地区图书馆的发展水平就较为落后，服务质量相对不高。

一方面，图书馆阅读服务延伸的区域经济差异影响。"十二五"以来，我国图书馆的发展速度是非常惊人的，图书馆的覆盖面更为广泛，县市级图书馆的普及率已经超过80%。然而，不同区域的发达程度存在差异，客观外部条件也存在差异，图书馆发展水平也存在综合差异。从经济发展来看，江浙地区的经济发达程度决定了其在城市配套建设方面也必然相对完善，图书馆的延伸服务起步也比较早，收效也比较明显，图书馆的服务延伸也走进了最基层。西部地区，尤其是西北地区，经济相对落后，城市配套设施不尽完善，延伸服务起步较晚，一定程度上也成为图书馆发展的瓶颈。有的区域为了抓好城市的发展建设，把专项经费用做扶持地方经济发展，使用于图书馆服务延伸方面的经费少得可怜，甚至有的图书馆很长一段时间都没有书籍更新，图书馆的阅读服务处于几乎停滞的状态，服务质量很难保证。

另一方面，图书馆阅读服务延伸的馆藏资源差异影响。图书馆阅读服务延伸的有效保证是馆藏资源的丰富程度，图书馆应该加强对图书馆资源的使用效率，这样才能让服务更具针对性。我国图书馆的馆藏资源发展差异较大，层次稍高一些的图书馆在馆藏资源方面非常丰富，能够满足各级各类读者的阅读需求，阅读服务延伸的保障性更强；相反，层次稍低一些的图书馆在馆藏资源方面比较有限，只能满足部分读者在某些领域的阅读需求，不能很好地保障阅读服务延伸的需求。尤其是一些专业性的图书馆，在馆藏资源方面存在一定的局限性，阅读服务延伸也会受到这种差异的影响。

（二）图书馆阅读服务延伸的资金性瓶颈

从长远发展来看，一个国家要想更具世界影响力，一座城市要想更具国内知名度，就需要提升这个国家、这座城市的文化内涵，通过文化传播来宣传这个国家、这座城市的美，而这种内涵的美是外在的环境美所不能取代的。图书馆阅读是提升一个国家文明程度、一座城市文化内涵、一个个体文化修养的有效方式，只有保证一个国家、一座城市在物质文化和精神文明建设方面取得同步发展，全社会才能取得更大的进步。

图书馆的阅读服务能否实现有效的延伸与资金性投入具有非常密切的关系，毕竟图书馆是一项公益性事业，而且，针对图书馆的投资也很难产生较大的商业化效益，这就会让一些地方政府片面地追求商业化投资，忽视对图书馆这方面的资金投入，导致图书馆的阅读服务不能有效延伸。

众所周知，任何一项活动的开展都需要涉及一定的经费开支，如果不能够取得一定的经费支持，很难做到依靠单纯的管理创新和方法创新，达到服务延伸推广的目标。无论是经济发达地区还是经济相对落后地区，人们在追求物质文化需求的同时，都有精神文化层面的需求，图书馆阅读服务延伸是满足人们精神文化需求的有效载体。

当下，一些经济发展较快的地区，在资金实力方面也相对雄厚，能够在保证地方基础性资金投入的基础上，加大对图书馆硬件资源的资金投入，包括在一些阅读活动推广方面的经费也较为宽裕，阅读服务延伸的资金性保障做得较好。与之相反的是，一些经济发展较为落后的区域，在资金实力方面相对不足，保证地方基础建设方面的资金投入已经较为紧张，对于图书馆的硬件投入、人员的培训经费、专项的活动经费等方面都相对吃紧，结果也让图书馆的阅读服务延伸步履维艰。

（三）图书馆阅读服务延伸的基层拓展瓶颈

从当下我国图书馆的发展现状来看，城市图书馆的建设无论是在规模还是资金投入，或者是在人员配备方面都比较有优势。相反，一些基层的图书馆只是达到了一定的发展数量，相关的配套设施还很不完善，规模、资金、人员等方面不能与城市图书馆相媲美。而基层群体的人数和阅读服务需求却不亚于城市，这就对图书馆阅读服务延伸的基层拓展提出了新的调整要求。

首先，图书馆在基层服务拓展中得不到足够的支持。图书馆属于公益性事业，为全社会的文化事业发展服务，应该得到政府职能机构和社会各界的支持与帮助，这决定着图书馆在文化传播中能够发挥多大的成效。从我国图书馆事业的发展态势来看，一些地方职能部门和社会力量不能给予图书馆发展足够的支持，只能保证图书馆的一般性运转，在服务延伸方面很难实现。图书馆的公益性决定了图书馆不能为政府职能部门和社会机构带来更多的现实性收益，尤其针对图书馆的投资只有经过一定的积累，才能产生附带性积淀，这种积淀产生的价值往往不能通过商业性价值来表现，所以很多基层政府不舍得在其身上下更大的力量。甚至一些基层的图书馆在发展中面临为地方经济社会发展让路的窘境，披着公益性服务的衣服，筹集到的资金被地方政府用于搞经济建设，让基层图书馆处于进退两难的境地，服务拓展更是无从谈起。

其次，图书馆基层服务拓展的理念瓶颈。一些基层的图书馆由于专业性人员配备不足，人员素质不高，导致服务理念淡薄。作为图书管理员，本身就错误地认为自己的工作是可有可无的，上级要求在地方设置图书馆，而实际上每天接待的读者数量都非常有限。与此同时，图书管理员不在自身的服务上找原因，不去主动探索吸引读者到图书馆阅读的方式方法，这种长期的服务理念缺失必然会造成恶性循环，影响到图书馆事业的可持续发展。图书馆属于事业单位，这个性质吸引了很多人加入，尤其成为一些领导干部家属的安置基地，这样图书管理员中一些人员素质水平不高就是很大的问题，缺少专业化的人员，服务理念很难保证。有些基层图书馆自从建馆后，就没有组织过管理员进行专业化的岗位培训，不了解对不同的群体应该采取怎样的服务，甚至一些图书管理员都不了解自己所从事的职业是一种服务性的职业，这样图书馆的服务质量就很难保证，群众的满意度不高，读者人数日趋下降，基层服务拓展成为一纸空文。

最后，图书馆基层服务拓展缺少持续性的资金投入。作为一项长期的事业，必须要有持续不断的资金投入才能保证图书馆服务的可持续性。然而，很多基层图书馆，尤其是一些农村地区的图书馆，在项目启动后就没再享受到当地政府的再次资金追加投入。有的图书馆领导会主动到外面去"化缘"，而绝大多数图书馆在"化缘"的过程中都会遇到碰壁的情况。在没有后续资金投入的情况下，很多基层图书馆都只剩下一个空壳，没有相应的阅读书籍类资源的更新和补充，没有相应的配套性服务设施的更新和升级，只能靠着一丝微弱的呼吸维持着生命的存在，基层服务拓展成为黄粱一梦。

（四）图书馆阅读服务延伸的成效不突出

很多图书馆都在进行多元化阅读服务延伸的实践探索，取得了一定的收效，但也需要看到一些图书馆由于多方面因素的存在使得阅读服务延伸的效果不突出，顾此失彼、事倍功半的现象时有发生，具体说来表现在如下几个方面：

首先，外部大环境的瓶颈，让阅读服务延伸的质量难以保证。图书馆阅读服务延伸的有利保证与政府的硬件投入有关，在那些相对发展比较快的城市，当地政府的财政实力比较强，对图书馆的硬件设施也进行了一定的投入。但是，图书馆对于当地经济的显性作用不明星，使图书馆的发展只是处于设备更新的层面，在场馆的硬件投入上仍然不足，外部的大环境瓶颈仍不能得到有效突破。在那些发展相对比较落后的城市，地方政府的财政实力比较薄弱，不仅硬件设施的保障成问题，连最基本的软件设施更新都不及时，各方面的综合投入都表现出不足，资源供给不够，技术不成熟，人员结构不合理，只能保证基本的阅读服务，在服务延伸方面存在很大差距。

其次，内部管理的懈怠性，使阅读服务延伸的成效受到影响。图书馆阅读服务延伸也与内部管理存在密切的关系，规模较大的图书馆的内部管理机制相对更健全，相应的制度体制更完善，能够对图书管理员实施有效的管理。但是，规模较小的图书馆在内部管理机制的构建方面存在一定的不足，不能形成有效的人才激励机制，服务质量标准明显不及那些规模较大的图书馆，因此，在阅读服务延伸方面的收效不明显。当前，一些城市和地区为了完成上级政府制定的全民阅读推广计划，盲目开设了一些基层的图书馆，然而，在资源配备和内部管理机制的完善等方面都没有达到预期的标准，在阅读服务延伸的推进方面自然也就不能取得预期的成效。例如，有的图书馆在条件不具备的情况下，为了升级成更高层次的图书馆，盲目地进行合并，但是，在管理的体制机制建设方面并没有达到规模化图书馆的标准，内部管理的懈怠性普遍存在，直接影响到阅读服务延伸的效果。同样，也有一些图书馆为了全面铺开图书馆的服务，下设了若干个分馆，而在人员配备和资源共享等方面不能达到优化管理的要求，这也会对阅读服务延伸产生不利的影响。

最后，对外宣传的强度差，影响着阅读服务延伸的知晓程度。从常理上看，任何一项事业的推广延伸都需要有一定影响力的宣传作为铺垫，这样才能让更多的群体和机构了解这个项目的真正内涵是什么，推广这项服务有哪些优势等，对于图书馆的阅读延伸服务来说同样如此。一般性的阅读服务更容易被普遍性的读者群体所接受和认识，但是，对于一些特殊性的阅读延伸服务来说，如果不进行合理的宣传，大众化的读者群体并不了解活动的真正项目有哪些，因此，也不容易被广大读者所认知和接受，很难产生更大的影响力。例如，一些图书馆为了能够实现阅读更大范围的推广，推出了一系列的阅读服务延伸推广策略，尤其是针对那些特定的阅读群体。实践证明，图书馆的这种活动设计初衷是非常好的，值得提倡，但是，所收到的实际效果却与预期相差甚远，究其原因就在于前期并没有进行合理化的对外宣传工作，这样就会形成一种图书馆一方唱"独角戏"的局面，而读者想参与阅读，想享受阅读服务，但对这项服务和活动处于不知情的状态，也就不能达到阅读服务延伸的实际收效。

三、文化权益面对的问题

从新中国成立至今，我国的图书馆发展完全可以用几何式的发展模式来评价，在社会全面发展的整体过程中所发挥的作用是其他任何行业所不具备的，让中国人摆脱了文盲和半文盲的状态，这对于一个发展中的大国来说，用奇迹来形容一点都不为过。

图书馆事业的科学发展推动了社会各项事业的全面发展，同样，社会各项事业取得的成绩也为图书馆的创新发展创造了良好的外部条件。图书馆在发展过程中为广大人民群众提供了丰富的阅读资源，读者们在图书馆中阅读享受到的高质量服务是前所未有的。通过阅读，人民实现了文化素质的提升，保障了自己基本的文化权益，让自己通过阅读进一步了解到国内外的文化发展，重新审视我国上下五千年丰富的历史文化。但是，毕竟我国是一个正在崛起中的大国，人口基数较大，人们普遍素质相对不高，经济实力和综合国力相对于我国的人口基数和国民素质现状来说略显薄弱，文化发展面临很多不可预期的挑战，从根本上解决人民的文化权益问题仍然是一项长期的系统工程。

（一）图书馆的文化服务体系不够完善

从当下的图书馆综合发展状况来看，基于政府在公共文化事业发展方面的投资力度不断加大，人们的精神文化需求也得到了一定程度的满足。但是，随着人们物质文化生活水平的不断提升，人们的精神文化需求也在不断提高，对文化权益的保障也提出了更高的要求。图书馆在保障人们文化权益的领域中进行了一系列的改革和创新，但是，文化服务体系的不完善也是制约图书馆文化服务职能有效发挥的关键性因素，类似图书馆的发展分配不均衡、城市与农村之间的结构不合理、图书馆的理论有待进一步完善等，很多方面都对图书馆的文化服务体系建设提出了新的挑战。

图书馆的网点分布不合理，不能满足文化服务均衡化的需求。从我国经济发展的实际情况来看，东部地区的经济发展速度非常快，相比之下西部地区的经济发展水平要落后许多。由于经济的发展水平与图书馆事业的发展存在着非常密切的关系，因此，在图书馆的网点建设方面也同样存在着东西部之间分布不合理的状况。图书馆的网点建设方面存在四个较为突出的问题：其一，网点的设置没有经过系统的论证，存在一定的随机性因素，尤其没有进行综合性的市场论证，毕竟图书馆也需要进行阅读推广，只有对读者群体进行非常充分的市场调研，才能更有效地实施图书馆的建设。其二，图书馆建设受区域经济发展的影响过重，国家没能在图书馆这样的公共性文化服务事业上给予倾斜性的投入，只是各级地方政府根据各地的经济发展水平来对图书馆的发展建设进行投入。这样有实力的地区相对在图书馆的建设方面投入的力度就会大，相反，经济相对落后地区的政府在图书馆建设方面投入的力度就会小，这就造成了公共文化事业发展的不均衡。其三，图书馆的投资主体是多元化的，不同的投资主体对图书馆发展建设的预期是存在差异的，为了能够保证图书馆文化服务职能的有效发挥，不同的投资主体会参与到图书馆事业的发展中来。然而，问题的关键在于图书馆的发展是一个系统化的体系，多方面共同参与管理会导致图书馆管理体制的分散，不利于图书馆的建设。其四，图书馆的发展与地方经济发展的不同步，一般而言，图书馆的发展是相对落后于地方经济发展的，有些地方政府为了推动地方经济的发展，把一些黄金地段用于地方经济的发展建设，把一些相对偏僻的地段用于图书馆的场馆建设，这不利于图书馆的文化服务推广。

图书馆的文化服务覆盖面应该与地方的人口基数存在着密切的关联，在图书馆的建设分布方面应该进行人口分布的市场调研，不能因为一个地区的规模较大就建设多个图书馆网点，要结合该地区究竟有多少常住人口来论证。依据现行的国际图书馆分布标准来看，一般在 3 公里直径的范围内就应该建设一个图书馆。与此同时，还应该满足另外一个条件就是人口数大概在 2 万人左右。这就意味着如果一个地区的直径即便是达到了 3 公里，也未必符合图书馆建设的条件，尤其对于一些偏远山区来说，可能方圆几公里范围内的常住人口基数都非常少，不具备图书馆建设的条件。相比之下，我国的很多地区都不能够达到这个标准，而且，图书馆在资源供给方面也存在很多问题，书籍不能得到及时有效的更新，场馆周边的环境比较混乱，经费支持力度不够，等等，都成为图书馆文化服务推广的"硬伤"。

尽管作为公共文化服务机构，图书馆的硬件建设程度与人们的文化权益保障也不是必然性的关系，但是，图书馆的硬件建设一定会对人们的文化权益产生必然的影响，毕竟在一座宽敞舒适的图书馆中进行阅读的实际收效应该优于一座狭窄阴暗的图书馆。换句话说，图书馆的硬件服务是图书馆文化服务得到落实的基本前提和重要保证。

据调查，深圳在图书馆建设方面搞得比较好，无论是从图书馆的分布设置，还是从图书馆的文化服务职能来看，都处于国内较高的水平。相比之下，一些地级市和县乡镇的图书馆发展就很不乐观，很多图书馆只是一个场馆而已，不能有效发挥图书馆文化服务的职能。甚至有些偏僻地区的居民都不知道图书馆究竟是干什么的，文化服务职能很难得到有效落实。加强对图书馆网点的覆盖面，尤其对一些偏远地区的图书馆硬件投入，提高图书馆的文化服务质量，保障人们基本的文化享有权益，是社会主义文化大发展大繁荣的前提和保证，是全民文化素质提升工程需要解决的首要问题。

从我国图书馆的书籍资料分布来看，也表现出不同图书馆之间的明显差异化。城市和农村的图书馆之间，图书馆与图书馆之间，东部地区和西部地区之间，在图书馆的资源配备方面都存在明显差异。城市图书馆在书籍资源配备方面明显优于农村，东部地区的图书馆在书籍资源配备方面明显优于中西部地区，这是资源共享的致命性瓶颈，成为文化服务体系建设的天然屏障。

社会经济发展领域的不均衡，直接导致图书馆的书籍资源配备方面也存在不均衡的现象，经济发达地区的图书馆资源是经济欠发达地区图书馆所可望而不可即的，造成文化服务发展越来越大的差距，长期处于这样的发展态势，势必会导致更为突出的问题。

另外，一个地区的经济发展程度也影响着这个地区图书馆的投资发展程度，但问题也出现在制度体制层面。规格比较高的图书馆，在制度体制方面相对健全些，相反，规格比较低，地理位置比较偏僻的图书馆，在体制机制建设方面相对不完善。对于图书馆整体事业的发展来看，这就是一种制度的瓶颈。既然我们选择建设了农村乡镇级的图书馆，就应该积极完善相关制度体制，使其发挥应有的作用，否则这种建设就是毫无意义的资源浪费。

（二）图书馆文化服务的保障机制不健全

改革开放为中国经济社会创造了不可多得的机遇，综合来看，老百姓富裕了，人们生活越来越幸福了，这一点是有目共睹的。但是，我们必须要客观面对的事实就是，在改革开放的过程中，一部分人先富了起来，相反，另一部分人发展速度比较慢，先富起来的这些人在带动另一部分人发展的实际行动没有落实好，这在导致贫富差距进一步拉大的同时，也使另一部分人的文化权益受到了一定程度的侵害，其中的重要原因就在于文化服务的保障体制不健全。国家在一些公益性事业上是进行了一系列的投入，但是，这并不能从根本上满足人们日益增长的文化生活要求，至少表现出了投资机制的不健全，其实就是文化服务保障机制的不健全。

一方面，人们争取自身文化权益的意识比较淡薄。对于一些普通百姓而言，他们并不是非常了解自身都应该享受怎样的文化权益，甚至有很多人并不知道什么是文化权益，加上个别政府官员在自己的岗位上不作为，不能从根本上解决百姓的文化权益问题。在以图书馆为代表的公共文化事业发展方面，更多的是注重短期的实效性，对文化事业的长效机制经常是视而不见。另外，那些先富起来的人本应该为社会的公益性事业做些积极的贡献，投资建一些图书馆，回报政府，服务百姓，但是，他们更多的是用经济利益的眼光来看待自己的活动，在投资方面见不到既得利益便不心甘情愿。长期如此，普通百姓也就不会在意文化权益问题了，更不会为自己努力去争取更多的文化权益，毕竟在他们看来吃饱穿暖就已经很满足了，至于文化权益，"不顶吃，不顶穿"，没有也罢。人们文化权益的淡薄导致文化服务事业发展的不均衡，从另一个层面上恰恰反映的是图书馆文化服务保障机制的不健全。

另一方面，图书馆文化服务发展的不均衡化。图书馆的文化服务职能是图书馆最基本的职能，这种职能受很多层面的因素影响，所处的地区、所服务的对象、自身的规模等，都会影响到图书馆的文化服务，当这些因素在发展的过程中表现出不均衡，势必会影响到图书馆文化服务的综合发展。而且，图书馆文化服务应该有一套相对完善的体系，这套体系应该更多地反映人民的诉求，然而实际上，图书馆并没有充分体现出人民的文化权益诉求。

其实，图书馆无论大小都应该具备最基本的服务职能，正所谓"麻雀虽小，五脏俱全"，而文化服务职能就是图书馆最基本的职能。也就是说，无论图书馆有多么小，都应该满足最广大读者的文化权益，否则就不能称之为图书馆。在图书馆的实际建设中我们不难发现，很多地方政府在图书馆建设方面缺乏统筹性，没有统一的服务标准和规范，很多公共服务资源没有充分发挥资源共享的作用，图书馆的文化服务职能没有很好地突出出来，最广大读者的文化权益不能得到根本保障。

（三）图书馆的综合发展相对滞后

图书馆的综合发展也存在很多不足，很多人把图书馆管理看作是一项有个人就能干的活儿，轻松无聊且不需要什么专业技能，因此，图书馆也逐渐发展成为一些领导干部子女的安置基地，或者是一些虚职人员的养老基地，导致图书馆管理员的综合能力普遍不高，工作缺少干劲，再加上相关职能部门在管理上存在漏洞，致使图书馆的综合发展水平相对滞后。

首先，图书管理员的综合素质普遍不高。图书馆属于公益性事业单位，人员配置完全由相关部门根据工作需要进行招聘或者考核后上岗。尤其是一些考核人员，其中不乏有一些人为的因素在发挥作用，为图书馆投资的机构、对社会有一定贡献的人员，其子女或家属就被鱼目混珠的"考核式"安排进来，致使图书管理员素质良莠不齐。尤其是那些县区级的图书馆，这种现象表现得更为突出，管理员综合素质相对不高，工作的积极性和主动性不足，工作效率低下，影响到图书馆的综合发展水平。也有一些图书馆的领导作为养老的安置对象被"下放"到图书馆，本身对图书馆的业务并不熟悉。这些地地道道的外行人被用来管理个别的行家和半路行家，产生的效果可想而知。同时，专业技术人员在技能培训方面做得也不够全面，不能为一些专业技术人员提供学习和交流的机会，不能及时掌握一些先进的图书馆管理技能，不能吸收一些优秀的服务理念，使图书馆成为"一潭死水"，技术落后，理念滞后，资源陈旧，阻碍图书馆的综合发展。

其次，图书馆的技术系统得不到及时更新。随着社会的飞速发展，各种高科技被广泛应用到图书馆的发展建设中，其中包括借阅的系统、数字化办公平台、网络检索功能等，已经成为现代化图书馆发展所必须具备的基本技术指标。然而，对于一些相对落后地区的图书馆来说，这些基本的技术指标变得可望而不可即，显然不能实现技术的及时更新。经费紧张几乎成为所有经济实力落后地区图书馆的通病，财政支持成为他们唯一的经费来源，而"人吃马喂"又需要不少的费用，这对于本来就不富裕的地方财政来说无疑是一项沉重的负担。更为主要的是图书馆作为一项公益性服务事业，不能在短时间内创造非常明显的经济收益，也让一些地方政府在图书馆的经费投入方面一减再减，最后只能保证基本的人员开支，其他类似设备购置、学习培训、系统更新、书籍采购等一系列经费都不能得到保障，图书馆的综合发展也必然滞后于其他服务行业。早在 2005 年 8 月 19 日，在乌鲁木齐市召开的中国科协 2005 年学术年会上，中国图书馆学会学术研究委员会会长、北京大学信息传播研究所所长李国新教授，就曾经对我国基层图书馆的生存窘境做出过这样的表述，"全国有 700 多个县市图书馆没有一分钱购书费，而且大部分集中在中西部地区，县级图书馆已经成为制约我国公共图书馆发展的瓶颈"。①尽管时间已经过去了近十年，我们的政府也加大了对图书馆的投资力度，尤其是加大了对偏远地区图书馆的扶持力度，但这种技术系统更新不及时的现象仍然没有得到根本性的改变。

再次，图书馆的开放性理念相对不足。图书馆是全体人民大众的图书馆，应该最大限度地向广大人民群众开放，让不同领域的读者都有权利享受这种文化资源，通过阅读来实现文化素质的提升，推动社会的精神文化建设。这就要求图书馆应提升开放性的理念，一方面，真正发挥图书馆的公益性服务职能，不应该在本来开放的大门里面再加设一定的收费性门槛，这将有悖于图书馆的开放性本质初衷，不利于广大读者对图书馆的认识和了解，不能实现资源的有效利用，挫伤广大读者阅读的积极性，阻碍全社会的文化传播。另一方面，保持图书馆的开放性是实现图书馆资源有效共享的前提和基础，随着信息化技术的飞速发展，在一定程度上推动了图书馆的发展建设，也提高了图书馆的服务效率，使广大读者可以通过更为先进的途径来认识图书馆，分享现代化的人类文化成果，然而，图书馆开放性理念的相对不足，无疑让图书馆缺少了几分开放的精神，缺少了人们享

---

① 人民网 .700 多县市图书馆不是"书吃人"就是"人吃书"——生存还是消亡？基层图书馆面临艰难抉择［EB/OL］.

http://politics.people.com.cn/GB/30178/3651628.html.

有文化权益的保障，这与图书馆最初的出发点是相悖的。

四、社会推广面对的问题

随着时间的流逝，图书馆会被自然地推向更广阔的社会空间吗？显然每个人都有自己的看法。即便是图书馆阅读真正实现了全社会范围的推广，其中的本质原因也未必是时间的因素。作为图书馆的读者，作为阅读社会化推广的主体，每个读者在阅读时都会有自己的定位，喜欢也好，厌恶也罢，支持也好，批判也罢，都有着历史发展的逻辑必然，这就是辩证逻辑的产物，也是社会历史发展的必然结果，同样更是图书馆阅读的意义和生命力所在。

图书馆阅读社会化推广是一个长期的历史过程，也是一项庞大的系统工程，在这项工程实施的过程中，我们需要不断地对资源进行系统化更新，让阅读富有新的生命力，毕竟阅读不是简单的重复，也不是被动地接受，更不是消极的文化"填鸭式"，而应该是或者必然是一种系统的把握过程，一种主动的参与过程，一种辩证的创新过程，一种积极的探索过程。在图书馆阅读的社会推广过程中，任何人都有责任和义务让自我参与其中，努力去关注知识更新，关注文化发展，关注文明创造，关注图书馆阅读能够带给我们的一切的一切，这样才能让我们看到和学到越来越多的文化精髓、文明经典、人类精华，才能让社会阅读推广走进我们每个人的生命之中。

图书馆面向社会进行推广是实现全民化阅读的有效方式，在推广的过程中，图书馆通过多样化的活动手段和载体，让不同的读者群体重新审视和认知图书馆的阅读职能，把先进的中外文化传播到各个角落，让这些先进的文化资源更好地为社会服务，实现社会主义文化大发展大繁荣。在图书馆进行面向社会的阅读推广和文化推广过程中，会面临很多较为突出的问题，这些问题能否得到有效解决，是图书馆能否有效地为社会服务的前提和基础。具体来看，图书馆进行阅读和文化社会推广面临的主要问题表现在以下几个层面：

（一）社会推广过程中的阅读理念瓶颈问题

要实现图书馆阅读的社会化推广，需要增强阅读理念的社会认知，让读者充分认识到阅读是一种自我提升的有效途径，对全民文化素质的提升具有重要的意义。在图书馆阅读的社会推广过程中，缺乏对图书馆的客观认识，对阅读重要性的认识程度不够，对社会发展与阅读之间的关系问题理解深度不够，都成为社会推广中的理念瓶颈。

第一，读者缺乏对图书馆的客观认识。图书馆随时都是向广大读者开放的，无论读者是什么样的群体，无论读者从事什么样的工作，是否有专业性的阅读需求，都可以到图书馆去有目的地阅读或者无目的地欣赏。然而，很多读者对于图书馆存在认识上的误区，认为图书馆的藏书只有在需要的时候才可以去查阅，平时自己在工作、学习、生活中有许多事情需要处理，没有空闲的时间到图书馆中去，并没有充分认识到图书馆的服务职能，没有处理好藏书与读书之间的关系，这种认识上的误区无疑让开放性的图书馆变成了封闭式的藏书馆，没有任何实际价值。另外，图书馆是民主化的图书馆，其出发点就是尽可能全面地为广大读者提供全方位的阅读服务，不同的读者群体可以根据自身的实际阅读需求来进行阅读。当图书馆的阅读服务不能满足读者的阅读需求时，读者有权利向图书馆反映，在条件允许的情况下，图书馆会根据读者的实际需求进行阅读服务的调整。然而，很多读者对这一点并不了解，对自身所拥有的权益也不了解，当自己在某些方面有需求时，相应的图书馆没有相关的服务，而图书馆也没有全方位考虑的情况下，就出现了阅读服务供求与需求之间的矛盾问题，这个问题的根源就在于读者缺乏对图书馆服务的客观认识。

第二，读者对阅读重要性的认识程度不够。图书馆阅读是我们每个人客观认识和评价历史的重要途径，也是我们更加精神饱满地迎接明天的宝贵资源，我们需要珍惜前人留给我们的精神财富，需要辩证看待当下的文化与过去的文化之间有哪些必然的联系，这是我们的职责和使命。

既然我们能够把莎士比亚的忌日作为世界读书日，一定有着必然的历史前提，因为我们喜欢历史名著，我们需要吸收多元化的文化，我们能够让通俗易懂的书籍走进最广大读者的心中，这就是阅读的魅力所在。然而，在一年之中有多少人保持着持续性的阅读行为？有多少人认识到阅读的重要性？我们是人口大国，我们是经济强国，但我们也是阅读的小国和弱国，这是值得我们从阅读理念上去反思的重要问题，这是我们的阅读进行社会推广的现实瓶颈。兴趣化阅读被实用性阅读逐渐取代，或者我们可以大胆地说，很少有人有过兴趣化阅读的想法，这就是我们对阅读重要性认识的畸形，太过于功利主义色彩。有多少人能够尽可能地抽出时间到图书馆中去阅读，有多少人能够积极主动地参与到图书馆阅读的社会化推广当中，哪怕有多少人能够在某个角落里捧着一本书在仔细地研读，似乎都成了一种奢望。我们的国家要想真正成为一个文化大国、文化强国，成为一个到处飘满书香的国度，相信与图书馆阅读的社会推广是分不开的，然而，我们的广大读者并没有在骨子里真切地认识到这一点。

第三，读者对社会发展与阅读之间的关系问题理解的深度不够。社会发展与阅读之间的关系问题归根结底是社会发展与人的素质提升之间的关系问题，通过阅读可以实现人的素质的普遍提升，进而可以推动社会的科学发展。从宏观上来看，解决社会发展的问题首先需要解决人的发展问题，面对社会环境的复杂多变，人的发展会受到来自不同层面的因素影响，这就需要作为社会主体的人要提升自身的鉴别能力，客观看待社会的发展变化，而阅读可以让人变得更加明智。很多时候，我们需要通过读书来了解社会的发展，尤其是历史的变迁。而实践证明，历史的实践对于当代社会的发展具有十分重要的意义，了解历史就需要宏观来看待不同历史时期的历史学家眼中的历史是什么样的历史，百姓眼中的历史又是怎样的历史，学者眼中的历史和政治家眼中的历史又存在怎样的区别，等等，这样我们就能够从不同领域的人对同一历史的解读中，相对客观地还原出历史的真相，至少这个历史是我们能够值得相信的历史，这样我们就不会对社会的发展感到困惑。然而，当前的一些读者并不了解社会发展与阅读之间的密切关系，并不能接受图书馆阅读对于社会发展也能够起到积极的推动作用，这种停留在表层的理解和认识成为图书馆阅读社会推广过程中的理念瓶颈。

（二）社会推广过程中的读者萎缩问题

图书馆阅读实现社会推广的重要前提是读者能够高度认可阅读的重要性，也就是阅读理念的问题，当这种理念的问题得到有效解决后，读者也会因为各种复杂的原因不能实现阅读，进而影响到阅读的社会推广，造成读者规模的不断缩小，即读者的萎缩问题。

从目前我国阅读群体的分布来看，无论是什么年龄阶段的读者，无论是从事什么职业的读者，都有一定的阅读需求。问题的关键在于，图书馆如何来把握不同读者的阅读需求，为读者提供差异化的阅读服务，根据这些读者的特点来制定有针对性的阅读推广方案，这样读者的阅读热情才能够被积极地调动起来，从而让读者群体不断地壮大而不是萎缩。很多时候，青壮年读者群体的阅读推广过程更有意义，因为这部分群体在社会中具有很强的影响力，他们平时大多忙于工作或家庭，在紧张的压力之外常常忽略阅读，恰恰是他们对阅读的忽视，往往也会影响到身边的很多人，包括自己的朋友或家人。如果这种消极影响的作用增大，那么全社会的阅读推广可能就会受到更大程度的影响。相反，如果他们给予朋友和家人更多的是积极的影响，阅读的社会推广可能会发挥更多积极的作用。

任何国家和民族都离不开阅读，阅读是民族振兴的关键一环，是国家兴旺发达的动力性因素，在全社会范围内推广一本好书，就会产生思想意识形态的交流，让广大读者在心灵上享受前所未有的阳光。相反，如果没有阅读推广的普及，很多读者可能花费更多的时间和精力在日常的工作中，忽略对知识的更新，长期发展下去必然会对工作造成不利的影响。面对社会的飞速发展，面对人们意识形态的发展与变迁，我们有理由相信，积极的社会推广对人们的影响是不可估量的。

从 20 世纪末到 21 世纪初，我国的图书出版机构进行过 9 次较大范围的阅读状况的调查和研究，被调查的人群大多为年满 18 周岁以上的成年人群体。从调查的数据分析来看，20 世纪末到 21 世纪初的前五年，我国全社会的阅读群体呈现不断萎缩的趋势，从 60% 降到 50%，再到低于 50%，而且直到 2008 年这个比例仍然处在 50% 以下，最近几年这个比例略有提高，但也仍然不容乐观。这项调查的数据让我们为之担忧，这不仅仅是一项数据的问题，而是反映出一种全民性的阅读推广瓶颈问题。对于一个人口大国，对于一个经济强国，对于一个拥有上下五千年历史的文明古国，这不得不让我们去反思，反思我们的阅读理念，反思我们的图书馆事业发展，反思我们的社会阅读推广模式，这个问题如果得不到有效解决，我国的全民文化素质提升工程建设将步履维艰，我们的大国崛起、我们的文化腾飞都将面临严峻的挑战。

"根据联合国教科文组织的一项调查显示，以色列人均每年读书 65 本，居世界之首；新加坡 8.3 本，法国 11 本，日本 18 本，美国 25 本；欧美一些发达城市每 10 人中有 1 人每年至少读书 20 本以上，每 11 人中有 1 人每周读书 10 小时以上"。[①]而相比之下，我国人均占有书籍最多的城市上海也莫过于 8 本，这仍低于新加坡 0.3 本，与世界第一的以色列人均 65 本存在非常大的差距。当然，如果我们再去掉一些学生所占有的必要的教材类书籍，再附加上我们 13 亿之多的人口基数，想必不用算大家也能够看出我们人均占有书籍数量少得可怜，这种读者的严重萎缩是非常可怕的。在图书馆的社会推广过程中，需要更多的读者参与阅读，需要在全民范围内构建一种良好的阅读氛围，这样我们的民族才能够更加积极主动地进行各种建设，我们的文化传承才会更加丰富多彩。

综合我国图书馆社会阅读推广的读者状况来看，本身我国人口基数大这一点是不可回避的事实，相对来说图书馆的阅读资源不足也是

---

①王达生，刘滨.全面关注读者阅读倾向，实现阅览服务科学发展［J］.中国科教创新导刊，2007（10）.

摆在我们面前的发展现状。问题的关键在于，我们需要让如此多的人口来共同享有这些相对有限的资源，提高这些资源的利用效率，这就是社会推广的职责与使命。然而，我们也需要承认，由于图书馆在进行阅读推广活动中所采用的方式缺乏创新，老套枯燥的活动长时间不进行有效的更新，书籍资源不能得到及时的更新，等等，都使本来就有限的资源利用效率相对不高，本来就有限的阅读群体也呈现不断萎缩的态势，这需要我们引起足够的重视，以改变这种现状，遏制读者萎缩的步伐。

（三）社会推广过程中的阅读广度和深度差异问题

阅读的社会化推广步伐在不断加快，尤其是电子信息技术在图书馆事业发展中的普遍应用，更是提升了阅读的社会化推广水平，使时间和空间在一定程度上存在很大的差异，尤其对于社会推广来说，产生了比较大的影响。

在现代社会中，人们需要通过越来越多的途径和手段去认识和了解世界，阅读成为很多时尚青年认识世界的方式。每天清晨起床的第一件事，就是拿起手机看看微信朋友圈中都有哪些变化，腾讯的头条新闻关注的是哪个方面的，马航 MH370 是否已经有消息了，韩国和朝鲜之间会不会擦枪走火，普京和奥巴马之间又说了些什么，等等。这些问题和事件都成为当代社会人所关注的热点，互联网也成为当代人认识和了解世界最新动态最为及时有效的方式之一。与此同时，图书馆阅读也是广大读者认识和了解世界的方式，不同点莫过于以图书出版业为代表的传统信息传播模式相对信息更新的及时程度不够，相比之下，新型网络媒体在这方面更具发展的优势和潜力。当然，传统阅读媒体具有更为直观性的特点，且更易于文化资源的保存，使读者感受的是传统的阅读服务和阅读现实氛围，这是网络时代发展所不可或缺的阅读推广模式。我们可以去谴责书籍更新的速度慢，很多新鲜的消息早已通过网络媒体有了一定的了解和认知，但是，不可否认的是，图书馆阅读书籍所带给读者的视觉享受是网络所不能给予的，就像电视连续剧《蜗居》里面海萍的那句较为经典的台词所说的那样，即便是电子商务业发展得再快，也不能取代实体店，因为很多人逛街为的不是买东西，而是逛街的那份感受。同样如此，图书馆阅读推广作为一种传统的实体店的形式，带给读者的就是那份阅读的感受和服务的特色，这也是互联网书店所不能完全拥有的。

图书馆阅读推广的出发点是面向社会进行阅读推广，但是，社会中不同读者群体的综合素质之间存在较大的差异，这就决定了这些不同的读者在阅读中所关注的问题是不同的，所思考的空间是存在较大差别的，那么在阅读的社会推广过程中就会存在阅读广度的差异和阅读深度的差异。换句话说，不同的读者群体，在阅读社会推广过程中所关注的范围是不同的，青年学生可能关注更多的是与教育教学方面关系非常密切的书籍资料，而成年人可能更多地关注社会上的各种热点问题，谈谈自己的观点和想法，甚至对某些社会现实进行以自我为出发点的批判，这就是阅读广度的差异。同样对于阅读的深度也存在这样的问题，对一些学术的前沿领域问题，知名学者们看待某一问题的观点肯定不同于普通大众，那么对于在什么样的土地种植什么样的庄稼作物的问题，可能农民所拥有的经验程度会高于普通的理论型学者，这就是阅读的深度差异问题。真正的阅读是在社会推广过程中，这样两种不同程度的差异所产生的影响是公认的，不利于图书馆阅读的社会推广。

当代社会的发展有一种"傻瓜式"的趋势，也就是说，任何人都可以通过简单的思维模式参与到社会的发展建设中。对于图书馆阅读来说，也呈现出一种"傻瓜式"的发展趋势，任何群体只要有阅读的需求欲望就可以进行海量的阅读。但问题的关键在于，通过阅读能够汲取多少营养，能够取得多大的收获。阅读发展的常态化并没有错，但是，常态化阅读也要分清主次，哪些知识有必要反复研读，哪些知识可以作为简单了解的内容，这些都是阅读推广需要思考的问题。如果仅仅是泛泛的阅读推广，不注重具体的收效，也不是推广的真正目的，我们更需要那种从深层次了解内涵的深度阅读的广泛推广。随着市场经济的飞速发展，随着社会发展步伐的不断加快，来自社会不同领域的竞争越来越激烈。对于广大社会群体来说，如何才能在日益激烈的市场竞争中保持较大的优势，让自身的社会价值得到更大程度的发挥，是当事者需要不断思索的问题，也是社会阅读推广需要考虑的问题。我们不能因为每天忙于工作就减少有限的学习阅读时间，不能因为每天来去匆匆而忽视自我提升的必要性，当今社会的发展更多的是效率的提升过程，在高效率中不断完善自我，不断提高自己的价值，让自己在社会发展中争取更大的主动权，提升自我实现的程度。工作忙、生活压力大不能成为没有时间从事图书馆阅读的借口，不能因为外界复杂条件的变化就忽视对阅读深度和广度的追求，这是人类本质的要求。

从现在很多读者的阅读习惯来看，很多人每天到达单位的第一件事都是拿起当天的报纸来翻看一番，但是，很多读者也仅仅是停留在翻一翻的层面上，看看有哪些国家大事发生，看看哪里又发生了让我们值得关注的热点问题，看看我们的身边又有哪些花边新闻值得我们在茶余饭后调侃一番而已。当然，其中也不乏有一些读者在翻看的过程中只是走目而不走心，他们究竟在想些什么也不得而知，甚至连他自己都不知道。可见，读者并没有通过这些读物来反思读物背后的更为深层次的问题，或者说，并没有通过这些读物反映出来的信息来看到更多的内涵性问题，这属于典型的浅层次的阅读现象，只能算作是阅读最原初的状态——简单意义上的看。然而，随着社会的不断发展，这种原初状态的阅读模式和阅读理念需要改变，需要广大读者有一种追问的精神，努力去探寻读物背后更为深层次的东西，这才是社会化阅读推广的更高追求，才可以称得上是真正意义上的阅读。当然，这种浅层次的阅读现状也正是社会阅读推广过程中所普遍存在的阅读深度和广度差异问题的根源所在，这种浅层次阅读的主流化趋势需要尽快得到有效解决。

浅层次的阅读更多的只不过是一个简单的阅读过程，人们在阅读的过程中只能形成对资源的感性认识，并没有达到理性认识的高度，因此，也就不能实现用于指导人们实践的社会性作用。这种阅读的状态充其量可以被看作是一种阅览的状态，起不到实质性的阅读效果。真正意义上的阅读不仅仅停留在视觉上的观看文字资料，还需要用心去领悟在文字资料背后作者想要表达的信息符号，这才能是真正的阅读。通过真正意义上的阅读来实现读者同作者之间在意识形态上借助于书籍这个媒介进行交流，形成读者对书籍的全方位系统化的认知。而且，只有深入系统地阅读才能让读者有真正意义上的素质提升，才能实现读者增长知识的目的，让读者的思维更加开阔，从阅读中获得更多的信息资源，对文化的传播和文明的传承发挥更加积极的作用。

（四）社会推广过程中的新型阅读方式对传统阅读方式的冲击问题

随着媒体时代的到来，各种新型阅读媒介成为社会推广过程的重要影响力量，但是，其中也不乏有一些所谓的时尚阅读资源，其实不过是一些庸俗的内容，这对阅读的社会推广也产生了很多不利的影响。本来阅读的社会推广应该是一个积极的社会活动，在阅读推广过程中人们可以根据不同的阅读需求来进行阅读选择，而作为读者本身不具备很强的甄别能力，加之一些媒体的扭曲式夸大宣传，吸引了读者的眼球，当读者意识到这种阅读没有太多的实际意义时，阅读的现象已经发生了。这样一来，很多读者就会错误地认为阅读是一种无聊的活动，简直就是在浪费时间和精力，与其花费时间和精力投身于阅读，倒不如睡上一觉养养精神。其实，这就是媒介误导的恶果。

在现代信息社会中，各种数字化媒介几乎已经普及到所有的图书馆，人们只要有时间到图书馆进行阅读，就可以接触到来自不同领域的各种信息化资源，这在一定程度上为广大读者的阅读提供了良好的平台，提升了读者阅读的效率。但是，一些错综复杂的数字化信息同时也让很多读者迷失了阅读的方向，很难甄别出什么样的读物才是自己真正需要的，人们阅读的性质发生了改变。如今，传统的纸质版图书已经不再是唯一的阅读资源，图书馆的社会阅读推广过程也不仅仅局限于纸质版图书的阅读推广，也包括了数字信息化资源的阅读推广，这就是阅读推广事业在多种新型阅读方式作用下的发展与突破，原有的阅读氛围被打破，人们获取信息资源可以通过除了纸质版图书以外的其他信息化媒介来进行，这是一种对传统阅读媒介的冲击，而且，这种冲击是阅读事业发展的必然产物，同样也是不可避免的必然趋势。

今天的阅读媒介正在发生着非常深刻的变革，无论是广播、电视、网络，甚至是手机、客户端、微信、微博，都可以成为阅读的重要载体，在一定程度上拓宽了图书馆阅读的社会推广渠道，这是一种进步，同样也是一种前所未有的挑战。面对这种复杂多变的阅读载体，面对这种海量的信息化资源，我们在享受这种时代发展带给我们的丰富阅读资源的同时，也产生了一种力不从心的感觉，这种力不从心不是因为我们没有阅读的能力，而是我们缺乏一定的信息甄别能力。这种新型阅读方式的大范围普及让我们有些措手不及，在我们的思维方式还没有完全转变的情况下，一些新的阅读信息已经开始进行推广了，这无疑是对传统图书馆阅读社会推广的重大冲击，图书馆需要正视这种变革，也需要采取积极有效的应对策略来解决阅读社会推广过程中产生的一系列问题。

另外，随着新型数字化信息媒介的发展，一些读物的可读性也让我们不敢苟同。不是什么书都能够适应所有阅读群体的，图书馆在阅读社会推广的过程中，应该对读者群体进行系统性的分类，同时，也要对读物进行系统化的分类，让读者能够根据自身实际需求进行阅读。这样也就不会产生因为不能找到合适的读物而影响阅读效果，也不会把不愿阅读的责任最终都归咎于新型阅读方式对传统阅读方式产生的冲击问题上来了。

五、社会管理面对的问题

图书馆阅读不是一种孤立的个体行为，而是一种相对复杂的公共社会性行为，也就必然会面对公共性社会管理的问题。社会管理不仅仅是一种制度管理，更是一种文化管理，图书馆阅读作为一种社会性的公益活动，也属于一种公共性文化活动，需要用公共性文化管理的方式来规范，在管理规范的过程中所产生的问题就属于公共管理的社会问题范畴。

图书馆阅读面对的主要公共社会管理问题表现在以下几个方面：

（一）图书馆的发展与社会发展之间的不和谐问题

图书馆面对的是复杂化的社会阅读群体，群体之间存在着各种方面的差异，这些差异也决定了他们在阅读方面的需求差异，这就会产生图书馆的文化服务不能与社会全面发展保持同步性的问题，出现一定的不和谐因素。

一方面，众口难调的文化发展需求矛盾。社会的发展建设需要有优秀的文化发展作为支撑，文化的发展是社会前进的动力性因素，而社会发展所需要的文化究竟应该是什么样的文化？是向学术纵深方向发展还是向大众化发展？这是一个现实的问题。因为，可能对于普通大众来说，到图书馆进行阅读更多地就是希望能够看到大众文化的信息资源，而对于一些从事学术科研的工作人员来说，他们也需要进行阅读，也需要到图书馆中去查阅资源，当然，这类读者希望能够在图书馆中找到有一定深度思想的精英文化信息资源。尤其是一些老学者，当他们想找的学术资源不能及时找到时，就会表现出非常不满的情绪，这就是一种众口难调的文化发展需求矛盾问题。精英文化是大众化文化的高端表现，是社会文化发展的创新性推动力量，而大众化文化是社会文化发展的基础性力量，二者之间是相互影响、相互渗透的关系。大众化的文化发展不是错误，精英化的文化需求也不存在问题，但是，一旦二者综合起来，且对应一个关系体的时候，矛盾就自然产生了，如果处理不好就会伤及无辜的读者。当然，在这个过程中，图书馆也未尝不是一个受害者，问题的根源就在于这是一种公共社会管理的矛盾，在图书馆的发展与社会发展相互作用时必然会产生这样的矛盾。在一定意义上，精英文化与大众文化之间也存在一定的矛盾关系，精英文化面对的是少数群体，大众文化面对的是更多的群体，对于社会文化发展的影响力也存在一定的差别。而图书馆成立的出发点就是满足大众化的文化需求，对于精英文化需求的满足程度相对不足，这也不利于精英文化的发展，尤其从对社会发展的价值角度来看，更是存在一定的弊端。从社会管理的角度就需要立足于解决多元文化的矛盾问题，推动图书馆事业的科学发展，促进社会的和谐进步。

另一方面，文化发展与设计初衷之间的矛盾问题。人既是个体的人，又是社会的人，还是文化的人，也就是说，人是一个多元化的综合体。作为社会存在的人，加上文化的价值符合，就会更加积极地推动社会的发展与进步，在社会发展中更好地发挥自身的价值优势，这是社会发展的需要，也是人类发展的需要。为了能够更好地服务于社会，社会个体的人就需要把自身的文化价值通过某种形式传递给外界，其中，除了在古代相对落后时期的口授以外，更多的是采用书籍记录的形式，把不同时期优秀的文化通过书籍进行传承，这是社会发展的过程，也是图书馆产生和发展的重要前提。当越来越多的文化形式需要传播时，图书馆便肩负起这种神圣的职责与使命，把人类丰富多彩的多元文化聚集到一起，通过自身的载体传播优势进行推广和传播，这样人们就可以在这个平台中去了解过去、认识现在、展望未来。然而，图书馆的设计初衷就是通过文化传播为载体来满足读者的阅读需求，这个出发点表现出一元的特点，随着社会文化事业的发展，越来越多地表现出多元文化的发展态势，这是社会历史发展的必然产物。这样一来，就出现了图书馆阅读设计初衷的一元性与阅读文化推广的多元性之间的矛盾问题，这种问题的产生既有社会发展的因素，也有人的发展的因素。另外，文化发展的时期差异出现了历史的辉格解释，这是文化价值观念的差异造成的结果，而问题出现的根源却在于社会发展产生的文化异化，最原始的文化作用于当时的历史条件下可以发挥非常积极的推动作用，而一成不变的文化如果完全作用于当下的社会可能就会产生一定的阻碍作用，至少不能与原初社会的影响相提并论。文化社会的发展会出现这样的矛盾问题，同样对于图书馆这样的公益性文化传播机构，出现类似的问题仍然不可避免。这种文化发展与最初设计定位之间的矛盾问题不仅仅会影响到图书馆事业的发展，也会影响到读者的阅读热情，甚至会影响到社会文化的发展与进步。

（二）图书馆的发展所面对的差异性文化教育问题

图书馆的发展所需要面对的文化就是多元的文化，这是由图书馆的性质所决定的，不会因为某种文化是历史文化而被忽视和篡改，也不会因为某种文化是外来文化而被歧视，只要这种文化具有积极的社会价值，能够发挥积极的教育作用，就应该被社会所认可和接受。一个国家自己的文化与来自西方的一些文化思想之间是存在意识形态上的差异的，但是，这并不能成为阻碍两种文化相互碰撞的力量，相反，应该鼓励多元文化共同作用，从而推动社会向前发展。

改革开放三十多年来，中国的文化教育事业所取得的成绩是有目共睹的。与此同时，一些西方的外来文化也对中国社会文化事业的全面发展发挥了不可替代的作用。但是，我们如何来看待这些外来的文化？是全盘接受地效仿，还是直接抄袭过来用到中国社会的文化事业发展过程中来？显然，中国的国情与西方的国情存在很大的差异，不同的文化历史背景也需要不同的文化发展环境，这种全盘接受的方式不可取。同样，如果我们全盘予以否定，凡是外来的文化一律拒之门外，这也是一种过于保守的思想状态，不符合文化发展的一般规律。在图书馆事业的发展中，就需要着力解决好文化差异教育的矛盾问题，既要学习古代优秀传统文化中的精髓，广泛应用到现代文化教育事业的发展中来，同样，我们也需要充分认识到中国传统文化中一些古来陈旧的东西，我们在解决现实的文化事业发展问题时，需要辩证地看待社会的发展。对于外来文化亦是如此，我们既不能全盘平移到中国的文化发展事业中来，又不能把外国文化中的思想精髓拒之门外，图书馆事业的发展就需要解决这种文化差异导致的教育问题。

从图书馆的发展历史来看，都受到文化发展的影响，古老的文化会为图书馆留下很多宝贵的资源，这些资源成为一个民族长期的文化精神财富，推动着人类文化教育的进步。纵观世界文化发展的历史，都是在文化的交互作用中不断地实现一次又一次的辉煌，在交流中发挥不同文化的特征，让优秀的人类共同文化得以有效传承。图书馆尤其是现代信息化的图书馆，把不同地区、不同时期的文化传递开来，NBA 热、韩剧热、国学热等等，都是不同的文化在人们的文化意识形态教育中发挥作用的结果。

图书馆是文化交流的重要载体，在人类共同的文化传播中发挥着积极的推动作用，社会管理中也存在着文化差异产生的负面影响。面对纷繁复杂的文化环境，如何正确看待历史文化与现实文化、本国文化与外来文化、精英文化与大众文化之间的关系问题，是处理好各种文化间差异问题的关键所在。图书馆的书籍中囊括了各领域的文化，这些文化成为推动社会管理优化配置的重要内容，在社会管理过程中需要审视文化的品质，尤其是看清传统文化中有哪些精髓的内容，外来文化中有哪些属于先进文化的范畴，这样才能更好地实现文化社会管理的成效。

作为四大文明古国之一，我国的历史是一部丰富的文化发展史，语言的魅力、文字的美感、哲学的理性、风俗的多样，以及我们的衣食住行等各个方面都拥有多彩的文化符号蕴藏其中。这种文化不仅仅是我们宝贵的精神财富，也是世界文化发展史上的宝贵财富，我们的图书馆应该将这些文化传播开来，让更多的人了解这些文化，记住这样的文化。当然，图书馆的资源共享在推动人类文化共享的同时，也让一些文化意识形态发生了异化。尤其是随着电子信息技术的发展，很多优秀的传统文化因为外来文化的强烈影响而略显平淡。越来越多的年轻人开始关注每年 2 月 14 日的情人节应该怎么过，却有越来越多的人忽视了我们的传统节日中还有七夕节；同样有越来越多的人在平安夜、圣诞节中表现出非常地疯狂，却有越来越多的人感觉我们的春节让人疲惫。这些文化的异化产生的是一种意识形态的影响，会左右我们国人的价值取向，在社会管理的环节中应该高度重视，要从正确处理多元差异性文化教育的角度来解决这种矛盾问题。

一提到图书馆，人们头脑中想到的必然是一种繁忙的"借书—还书"景象，再没有其他别的感觉，这是对图书馆社会管理服务职能的一种误读，至少可以被称为存在认识上的盲区。当然，也有人认为图书馆的阅读就是一种教育模式，这个没有原则性的错误，但是，图书馆的文化教育不仅仅是阅读的过程，也包括图书管理员与读者之间进行交流和服务的文化教育过程，这是图书馆教育职能的另一种表现形式。图书馆的服务人员毕竟是有限的，不可能实现一对一的服务，这就要求广大读者产生一定的自觉阅读意识，突破多元文化的壁垒，让图书馆的教育职能更加灵活化。

图书馆所面对的多元文化不能是简单意义上的叠加，而应该是一种百家争鸣相互作用的综合体系，不同的文化内容发挥着不同的文化教育职能，这样在社会管理中就可以形成文化的合力，推动社会管理的优化。

（三）图书馆的市场化造成的公共文化服务事业产业化趋势

图书馆作为一种公益性文化服务事业，其中的公益性与产业化属于两种不同的发展思路，公益性是从文化服务的角度考虑的，产业化是从文化发展的角度考虑的，二者之间是相互作用、相互影响的关系。图书馆从成立之日起，就被定位为非营利性的社会文化服务机构，也就是说，图书馆的经费由政府财政支持为主，也可以接受一些社会性的组织进行赞助，图书馆的文化服务要免费向广大读者开放，且不能存在对读者的阅读服务歧视。

近些年来，国家对公共文化服务事业的发展提出了更高的要求，以满足全社会范围内的文化发展需求，这样现有的图书馆硬件建设和软件配备就略显滞后，加上一些地方政府在公益性文化服务事业上投资存在的瓶颈，致使图书馆为了完成公共文化服务的使命，为了保证图书馆事业的可持续发展，就不得不探索新的发展思路。其中，争取市场化的投资是一种普遍性的趋势，即把图书馆推向市场，以一种产业化的发展方式来对公共文化服务事业进行运作，以减轻财政赤字的压力。

改革开放 30 多年来，中国的文化事业发展是有目共睹的，资金投入、场馆建设、产业化发展都有很突出的表现，"中央财政投入规模从1978 年的 4.44 亿元猛增至 2006 年的 158.03 亿元。1978 年全国共有博物馆 349 座，群众艺术馆 92 家，文化站 172 个。截至 2008 年，全国有公共图书馆 2279 座，文化馆 2727 个，文化站 40608 个，博物馆 1722 个。

截至 2006 年底，我国文化产业从业人员 1132 万人，占全部从业人员的
1.48%，占城镇从业人员的 4%，实现增加值 5123 亿元，占 GDP 的比
重为 2.45%，同比增长 17.1%，超过当年的 GDP 增长速度"。[①]从这些
鲜活的数据我们不难看出，投资规模在不断增大，但是，对于社会公益
性文化事业来说，这种投资还仍然没有赶上发达国家的水平，而且还存
在很大的差距，这是社会文化事业发展的制约性因素。而图书馆等文化
事业的产业化发展无形之中为社会的文化事业综合发展减轻了财政上的
负担，但与此同时，也让图书馆与市场经济接轨，让图书馆的发展中带
有了一定的经济利益在其中，这种营利性色彩对图书馆的性质提出了挑
战，作为普通读者的人们大众开始质疑图书馆等文化产业的发展真正能
够为老百姓带来什么，老百姓需要的服务能否发生质变，图书馆的大门
是否因为产业化的发展而开始向普通市民关闭，或者说其中增设了很多
收费性的项目，等等，这些都属于图书馆社会管理范畴之内的问题。

为了进一步推进我国社会公共文化事业的发展，我们推出了文化惠
民工程，提出了社会主义文化大发展大繁荣的口号，构想了建设书香中
国，也包括中国特色社会主义文化建设、全面建成小康社会、实现中华
民族伟大复兴的中国梦建设等，其中都离不开社会管理中文化的因素。
也就是说，要保证社会的发展，要实现这样那样的工程，要实现我们的
梦想，就需要在公共文化事业发展方面下功夫，需要重新定位我们的文
化产业发展应该遵循什么样的规律，我们的文化事业如何建设，我们的
文化管理体系应该怎么搞，等等。这些公共文化管理中需要面对的问题
都需要反复思考和论证，这样才能让我国的文化体制建设更具科学性。

图书馆作为公共文化性事业的发展是关键，不能让图书馆为了发展
而绝对产业化、市场化，不能让图书馆为了生存而偏离了最初的设计初
衷，文化事业的发展与文化产业的发展之间要保持一种相互协调的关系，
共同推动文化的发展与传播。

---

①中共文化部党组.在改革创新中繁荣发展——改革开放三十年中国文化事业
发展回顾［N］.经济日报，2008-12-04（第 10 版）.

■第七章
图书馆中阅读的创新设想

在全面建成小康社会，实现中华民族伟大复兴的历史征程中，为了更好地建设书香中国，图书馆阅读应该以一种常态化的发展模式来构建，使图书馆阅读得到更大范畴的推广，让参与阅读、崇尚阅读、推广阅读的理念深入到广大人民群众的心中，积极开展形式多样的特色活动，激发读者的阅读兴趣，使阅读真正成为学习科学文化知识的有效途径，成为个人综合能力提升的有效载体，成为先进文化传播和文明传承的重要媒介，在全社会形成良好的阅读风气。

众所周知，图书馆对于社会发展的作用是具有一定特殊性的，阅读服务是图书馆的基本职能，无论是从事什么工作的读者都可以到图书馆中去品读，享受阅读服务是每个公民所具有的基本权利。伴随着图书馆的不断改革与创新，图书馆阅读服务也不断升级，以满足广大人民群众的知识文化需求和休闲阅读需求。从图书馆事业发展的角度来看，针对当前图书馆社会化阅读推广过程中所出现的各种问题，图书馆需要科学定位自身的发展思路，进行有针对性的改革和创新，积极探索行之有效的发展途径，推动图书馆阅读的深入开展。从图书馆社会化管理的角度来看，图书馆作为社会的公益性服务机构，肩负着为全社会提供公益性服务的职能，对于政府职能部门来说，一方面应该加强对图书馆的投资和扶持力度，保证图书馆设备的及时更新和资源的合理配置；另一方面应该加强对图书馆的规范化管理，保证图书馆发展的科学性和可持续性。对于目前图书馆阅读中存在的一系列问题，应该在以下几个方面进行有针对性的实践探索。

一、群体服务职能策略

图书馆阅读是一项一对多的服务项目，即便是图书馆有再多的阅读资源，有再先进的服务设备，有再优秀的服务团队，也不得不面对形式各异的读者群体，他们从各自不同的需求角度对阅读提出相应的要求，这就是图书馆在进行阅读服务时必然会面对的群体差异导致的服务需求差异问题。作为图书馆，要根据自身的实际发展状况，不断创新服务载体，灵活服务机制，对图书管理员进行更为系统化的服务培训，让图书馆的阅读服务能够尽可能地满足读者的实际需求。

（一）针对读者年龄差异实施的阅读服务策略

图书馆阅读的对象不受任何年龄的限制，上到百岁老年人群体，下到几岁的幼儿群体，都可以到图书馆进行阅读，享受图书馆提供的阅读服务。对于不同年龄阶段的读者，图书馆的图书可以进行合理的分类，进行适当的书籍分类调整。图书馆应参照一些年龄因素，尤其可以有针对性地搞些关于读者年龄差异的阅读状况等分析调研，及时把握不同年龄阶段读者群体的阅读倾向，制定科学的阅读服务方案，让读者享受的服务更具合理性，从而吸引更多的读者到图书馆中进行阅读，避免因为读者年龄差异而产生的阅读瓶颈，提升全民的阅读比例，营造良好的阅读氛围。

对于年龄偏大的读者来说，图书馆可以根据自身实际发展情况，规划出专门的老年人阅读区域。在这个区域里面，有老年人习惯阅读的相关书籍，而且还可配备一些老年人休息的空间，让老年人在阅读的时候感受到的不是累而是舒适。同时，一定要在老年人阅读区域中设置一些应对老年人急性病发作的医疗用品，这样一旦老年读者出现突发的生理疾病时，也可以得到有效的救治，从而让老年读者享受到全方位的阅读服务保障。在书籍的选择性配备方面，一些老年人非常关注养生方面的知识，可以在老年人服务区域内多配备一些养生方面的书籍，也可以根据图书馆的实际情况，定期聘请一些老年人养生方面的专家学者为老年人做有针对性的养生讲座，这样图书馆中就会吸引越来越多的老年读者到里面进行积极性的阅读，从而在图书馆与老年读者之间建立良性的互动关系，推动服务的质量升级。也有一些老年读者比较关注饮食文化方面的书籍，每到周末当期盼已久的子女回家时，希望能够通过自己的努力做出一桌拿手的好菜，子女们吃得开心，老年人看着也会心情愉快。针对这种情况，图书馆可以在老年读者服务区域内配备一定的饮食文化类书籍，包括什么样的菜品怎么做、如何搭配等等。同时，也可以根据图书馆的阅读推广情况需要，聘请饮食方面的厨师到图书馆来搞互动活动，讲一些营养学的知识、烹饪方面的技巧、饮食搭配方面的学问等，在互动交流中让老年人得到收获，从而达到吸引和服务老年读者的目的。当然，针对老年读者在太极、书法、字画方面的阅读需要，图书馆同样可以制定合理的阅读推广方案，让老年人的晚年生活更加丰富多彩。

对于中青年读者来说，图书馆也要进行有效的阅读推广服务，毕竟中青年人是社会发展的中坚力量，这类群体的综合素质状况对于社会的发展水平将产生非常大的影响。相比老年读者来说，中青年读者的时间和精力更多地用在日常的工作和生活中，很多中青年人感觉每天面对繁杂的工作已经很累了，到图书馆中去阅读有种心有余而力不足的感觉。图书馆要及时了解中青年读者所面对的这些实际情况，一方面要采取积极有效的应对策略来吸引中青年读者群体到图书馆中来进行必要的阅读，另一方面图书馆也可以根据阅读活动推广的实际状况，组织专业的图书管理员到中青年人比较密集的公共场所进行阅读推广宣传，也可以到中青年人的单位进行阅读推广活动，这样读者就能改变以往被动式阅读的理念，形成主动阅读的习惯。一些中青年读者对励志哲理类的书籍比较感兴趣，这一点很多图书馆存在一定的误解，把畅销书跟励志哲理类书籍混同为一，实际上随着人们意识形态的发展，随着社会的发展变化，每个阶段都会产生一些畅销类的书籍，畅销类书籍中的确也存在一些励志哲理类的书籍，但是图书馆除了将畅销类书籍放置在比较醒目的位置之外，也应该设置励志哲理类书籍的专门区域，以满足中青年读者的阅读需求。还有一些中青年读者群体对文学修养类的书籍和休闲娱乐类的内容比较热衷，这既是中青年读者群体对自身综合素质提升的要求，又是中青年读者群体精神放松的要求。通过阅读这类书籍丰富自身的文化生活，提高自己的文化品位，尤其是个人的涵养，形成良好的个人心态，在社会发展中不断完善自我。图书馆可以考虑增加这方面的书籍，搞一些休闲阅读推介发布会，组织读者进行文化修养方面的交流和培训，让中青年群体参与其中，在阅读中休闲，在休闲中娱乐。另外，也有一些中青年读者群体希望能够在图书馆中找到与自己所学专业相关的内容，通过专业化的阅读让自身的专业化水平得到提高，尤其是在日常的工作和学习中遇到不懂的问题时，希望能够通过阅读来得到解答。图书馆也可以根据自身发展的实际情况，对图书馆的书籍进行更为系统化、科学化的分类，聘请相关专业领域的学术专家搞学术沙龙，尤其图书馆可以与一些一线的企业进行合作，搞一些专业理论与实践相结合的座谈会，吸引更多的读者参与其中，提高图书馆服务的专业化水平。

对于学生读者群体来说，图书馆的阅读推广服务应该放在良好学习习惯的养成和德育教育的环节，同时，还可以根据学生们的知识需求和考试需求进行阅读推广。图书馆可以考虑在其中设置专门的考试专区、试题辅导专区、知识提升专区、应试指南专区等，学生可以根据自身的实际需要，到相应的阅读区域进行阅读和学习，通过在图书馆中的交流与学习来提高自身的科学文化水平。在考试专区，图书馆可以聘请一些参与过各阶段考试阅卷工作的老师来进行讲解，结合相关的考试类书籍和题型，对学生进行分门别类的指导。尤其对于那些成绩比较优秀的孩子，通过这种专业化的指导可以提高他们的答题技巧，在各种测试中取得优异的成绩。在知识提升专区，图书馆可以与当地的一些名校进行合作，通过强强联合的形式，让一些学科的名师到图书馆来进行知识点的辅导，把不同学科的知识点进行系统化分类，这样学生在图书馆就可以形成对自己所学知识的系统化认识，在日常学习中能够更加有效地应对难题。学生读者群体更多的时间都停留在学校，平时在图书馆中阅读的时间并不多，到图书馆来就希望能够得到更加有针对性的服务，图书馆要满足学生读者的这种特殊要求，提高他们的阅读效率。

对于少儿读者群体来说，他们的成长规律决定了他们更倾向于游戏、想象、习惯等，到图书馆来进行阅读会习惯地找自己喜欢的书籍，动漫类的书籍一般是他们的首选。图书馆在动漫或是科幻类书籍的选择上也是很有讲究的，不能过于暴力化或成人化，这不符合幼儿身心发育的特点，应更多地倾向于对少儿想象能力的激发，这样孩子就可以从小养成良好的创新能力，在阅读中发现问题，在阅读中充分想象。对于孩子良好习惯养成类的书籍，主要可以通过一些传统文化中的典故，或是非常经典的故事作为案例类的书籍，不用太长，主要是让孩子们通过阅读明白非常深刻的道理，这样孩子们能够在阅读过程中感受到别样的收获。

（二）针对读者文化差异实施的阅读服务策略

图书馆读者的文化层次是存在很大差异的，单纯抛开年龄的因素不说，就是相同或者相近年龄阶段的读者在文化上都会存在很大不同，同样，不同文化层次的读者在阅读中所关注的内容和服务也会存在很大差异。图书馆应该充分认识到读者的这种文化差异，最主要的是表现出的知识水平上的差异，了解读者因为文化知识水平差异而导致的阅读兴趣差异和阅读关注焦点的差异。图书馆可以根据自身的客观条件，进行有针对性的市场分析，尤其对于那些综合资源比较丰富的图书馆来说，可以通过课题的形式鼓励一些专业的图书管理员对读者文化差异与阅读之间的关系问题进行系统化的研究,通过研究得出有效的数据信息和结论,用来支持图书馆在文化差异读者的阅读服务推广建设。

对于硕士博士类的高文化素质的读者来说,图书馆大多是这类人群搞科研查阅资料的最好场所。无论是硕士还是博士,无论是在论文写作时期还是在日常学习中,都需要花费大量的时间和精力用于自己所学专业的领域研究,需要把握所学领域最新的学术发展动态,及时了解一些学术大家们都在关注和探讨的问题和领域,相关的理论研究和实践研究都进行到了怎样的阶段,在哪些领域仍然存在一定突破口,哪些方面的研究相对来说比较有理论价值,哪些方面的研究更具有实践性意义,等等,这些都与高水平的学术科研人员的阅读关系非常密切。了解了学术型读者的这些实际情况后,图书馆在对这些读者进行阅读推广服务时,服务的针对性就会更强,服务的效果就会更突出。另外,这些学术型高水平的读者群体也喜欢通过学术专用的网络平台来查阅相关领域的文献资料,图书馆应该为读者的这类需求提供更多的方便,这不仅仅是对读者阅读方面的推广问题,也是对我国科学文化事业发展的贡献。图书馆可以搞一些学术沙龙,在专用的学术交流区域,通过互联网作为沟通的媒介,进行学术性的交流,方便广大高学历水平的读者进行科学文化方面的交流与学习,在阅读中有更大的收获,在阅读中碰撞出学术创新的火花。还有就是在顶级刊物与研究生之间学术交流平台搭建的问题,这项服务通常是出现在一些高校的图书馆。在高校的图书馆里面,有大量的学术刊物供读者进行阅读,很多硕士或博士研究生在学习期间都有一些学术性的观点,希望能够通过一些期刊发表出去,以保证自己的知识产权,更主要的是把自己的观点分享给该领域的其他研究者。但很多时候,这些学术型的人员在已经形成一定的成果之后,在成果的发表阶段却遇到了很多瓶颈。作为图书馆,与期刊的沟通应该是相对比较频繁了,图书馆完全可以在期刊与作者之间搭建一个沟通的桥梁,让读者有机会跟期刊的编辑近距离接触,这样编辑就不会苦于没有优秀的稿件,研究生同样不会苦于自己的成果没有地方发表，这种协作共赢的模式值得在高校图书馆中进行有效推广，以吸引高水平读者的积极参与。

对于大中专学历的读者群体来说，他们更热衷于自己所学的专业方面或是与未来就业关系较为密切的书籍。其中，一些想往上深造的读者可以到图书馆看更高水平的专业化书籍，通过阅读来提高自身的专业化知识水平，为日后考研究生或专业职称深造奠定良好的基础。图书馆可以有针对性地开展一些专业化的辅导，尤其是根据不同专业的发展需求和市场需求，也可以联合有关职能部门搞类似市场预期分析的阅读服务，帮助读者分析相关专业的市场未来需求走向，根据这种专业化的指导提供相关的书籍资料，这样读者就能够在图书馆阅读时了解到某些专业的市场走势，日后在学习和工作中也可以有所侧重。一些中专等职业教育水平的读者群体，相对来说自身在专业理论方面可能是薄弱环节，而在专业技能方面相对比较突出，图书馆在对这样读者进行阅读推广时应该把握的原则就是，让这类读者原有的专业技能通过阅读得到更大的提升，在理论知识薄弱的环节通过阅读得到有效的补充，让读者明显感受到阅读带给自己的收益，在工作和学习中能够更加得心应手。

对于文化素质相对比较低的读者群体来说，产生的原因可能有两种，一方面是因为年龄小没有达到较高的文化层次，另一方面是因为没有享受到应有的教育机会，或者没有珍惜国家给他们提供的教育，因此文化素质不高。对于因为年龄原因造成的文化层次没有达到一定高度前文已经论述过，这里不再赘述。对于因为个人原因没有达到一定的教育程度，或者因为家庭和社会因素没有达到一定教育程度的读者来说，图书馆可以采取分别对待的方式。因个人原因没有达到一定高度文化教育程度的读者，图书馆可以为他们提供合适的分类化书籍，一定程度上应该更侧重于基础性的阅读资料，毕竟他们的文化程度没有达到预期的高度，专业化的书籍对于这类读者应该不具备一定的实用性，图书馆应该在非专业化的更具实用性的书籍资料提供上下功夫，提高这类读者的阅读兴趣，增强他们的阅读信心，保证这类读者的阅读权益。因家庭原因或社会原因造成的文化水平差异，图书馆作为公益性服务事业更应该肩负起对这类群体的教育服务职能，为他们选择合适的书籍，提供有针对性的阅读服务，让他们充分享受阅读的乐趣，在一定程度上提高他们的综合文化素质，为全民文化素质的提升工程做出贡献。

（三）针对读者职业差异实施的阅读服务策略

不同职业的人群在日常的工作和生活中所关注的焦点也是不同的。政府官员每天所思考的内容肯定与一般的工人和农民想的事情存在着本质上的差异。作为农民，更多地在想如何通过自己的勤劳付出让自己的庄稼长得更好，让自己的农副产品为自己创造更大的收益；作为工人，相对来说更关注如何在平凡的岗位上做出不平凡的业绩，让自己也能为社会发挥更大的光和热；而作为政府官员，更多地是想如何做好工作，如何为老百姓切实地解决一些最实际的问题，等等。这些都是因为从事不同职业的人在日常工作和生活中关注的侧重点不同，图书馆的阅读对于不同职业的读者来说同样有不同的意味，因此在对不同职业读者进行阅读推广时，也应该充分考虑职业差异的因素，制定合理的阅读推广实施方案，让阅读在各种职业的发展中都能够发挥更大的作用。

对于党员干部类的读者群体来说，他们在阅读的时候更侧重于那些领导技巧、沟通技巧、党性修养类的书籍，希望通过学习不断提升自身的领导能力，尤其是面对一些突发事件如何处理，面对群众反映的突出问题如何进行有效的协调和解决，如何更好地深入群众，了解群众的真实境况，包括群众的需求、社会的突出矛盾等等，通过阅读和领悟让自身成为一名合格的党员干部，为老百姓服务好，做好工作。图书馆在党员干部的常规性学习中要发挥突出作用，为党员干部的政治理论学习提供丰富的读本，尤其是一些大政方针政策，图书馆都要及时进行更新，党员干部可以通过阅读来及时了解国家在相关领域的政策导向，指导党员干部的日常实践性工作。面对一些党员干部的"四风"问题，图书馆也要发挥正面宣传和引导教育的作用，通过相关案例式书籍的推出让党员干部正衣冠、照镜子、洗洗澡，反对奢靡主义作风，反对官僚主义作风，反对形式主义作风，反对享乐主义作风，以图书馆书籍中的鲜活案例为警示，时刻告诫自己、提醒自己，杜绝腐败贪污现象的发生，做老百姓合格的人民公仆。图书馆还可以联合当地的纪检部门，搞一些贪污腐败警示方面的宣传工作，组织广大党员干部参与观看，并形成心得体会，在图书馆的内部网站上进行宣传，让党员干部养成良好的工作作风，充分发挥图书馆阅读的综合功效。

对于白领知识分子类的读者群体来说，图书馆阅读的重点应该放在综合能力的提高上。相对来说，白领知识分子在社会上的地位比较高，与其所拥有的身份地位相比，个人的综合素质也应该相匹配，通过图书馆阅读可以让他们重新对自己和自己所从事的职业进行科学合理的定位，在日常的工作和学习中能够更好地投身于自己所从事的职业中来，尤其是增强自身的职业认同感，对自身所从事的职业产生强烈的热爱，在工作中做出更为突出的贡献。白领知识分子的读者群体非常庞大，其中包括教师、医生、银行工作人员、律师、科研工作者、企业管理者等等，这些人员是图书馆阅读的中坚力量，也是书香中国推广的核心，图书馆应该在针对这类读者群体的阅读宣传上下大功夫，让他们对图书馆的发展以及中国科学文化事业的发展发挥更加积极的推动作用，也通过他们的阅读习惯养成来影响更多的人参与到图书馆阅读活动中来，提高全民族的科学文化素质。例如，对于教师这类读者群体，他们有良好的阅读习惯，读书是他们的本职工作，无论是在日常的授课，还是平时的知识积累，都离不开对阅读的热衷，尤其是那些从事思想政治理论课的教师，更是需要时刻把握国家的大政方针，将最新的理论宣传出去，图书馆阅读就成了他们的追求。作为图书馆，应该为这类读者提供丰富的书籍信息资源，通过他们的阅读来影响更多求知若渴的学生，这样我们的阅读推广活动才更具生机。对于医务人员来说，他们平时忙于跟患者打交道，但是忙碌之外也愿意到图书馆中去阅读，通过阅读及时了解相关医疗领域的发展动态，尤其是一些前沿性的理论对于医疗实践的指导。图书馆一般都设有医疗卫生类的专区，医生可以到这个区域查阅资料，丰富自身的理论，从而更好地应用于实践。银行工作人员的阅读主要表现在对国家宏观经济方面的学习和财务领域方面的提高，经济是一个大话题，经济往往会受到政治、文化等方面的影响，银行工作人员在掌握自身领域内的知识之外，也希望了解一些宏观的发展方向，对日常的业务工作起一定的指导性作用。律师的工作性质决定了他们要经常跟法律打交道，熟悉任何一本法律书籍都需要一条一条地看，什么时候执法应该把握怎样的尺度等等，对于律师来说，每一次业务都会关系到法律的威信和公平性，图书馆应该增设相关法律理论之外的案例操作类书籍，这样律师在图书馆阅读时就能通过案例来不断提高自己的知识水平，尤其可以指导一些特殊的法律实践。科研类工作人员关心的是科学技术的发展动态，尤其是某些领域的最新进展，为自己的科研创新提供必要的帮助和指导，图书馆有很多科研类的书籍和报纸杂志，科研人员通过一些顶级的学术期刊可以更加方便快捷地了解前沿的学术动态，尤其是互联网等高科技手段应该被广泛运用到图书馆阅读的传播过程中，为科学技术的发展提供必要的理论支撑。

对于蓝领工人类的读者群体来说，平时更多是忙于工厂企业的工作，每天工作的劳动强度较大，即便有一些空闲的时间，也大多用于做做家务或忙忙老人和孩子之类的事，以及静下心来歇一歇，很少能够抽出大块的时间到图书馆中进行阅读。作为图书馆，应该在这类读者群体来阅读时，把握好他们的需求，制定有针对性的阅读服务推广方案，让读者来到图书馆后有一种家的温馨感，阅读时会感受到内心世界少有的轻松和愉快，这样才会有更多的蓝领工人读者愿意到图书馆进行阅读，因为对于他们来讲，阅读已经成为一种休闲放松的途径。图书馆还可以定期搞一些蓝领工人的阅读互动活动，除了专业技术知识方面的讲解之外，可以有一些科普的讲座、名人名家的讲坛等，让蓝领读者来到图书馆会产生一种倍加珍惜的感受，这样阅读推广服务就会更贴近他们的生活。另外，图书馆也可以适当推出一些专业化的书籍，包括相关的机件如何使用和操作之类的内容，因为有些蓝领读者在日常工作中遇到问题后，也希望能够得到及时有效的解决方案，图书馆可以根据实际发展状况，组织一些专家下到工厂车间去，对蓝领工人进行专业化的知识讲解，帮助他们提高专业性的理论，让他们在日常的工作实践中不断进步。

对于农民读者群体来说，很多人都有一种偏见，认为农民的职责就是种好地，就好比老师要教好书，律师要打好官司一样，其实，这是一种对阅读的偏见，对农民阅读的偏见，这种偏见无形之中剥夺了很多人的阅读权利。实际上，农民种地也好，进行畜牧业养殖也罢，都是需要讲究科学的，过去那种农民靠天吃饭的观念需要改变，毕竟现在是知识经济社会，任何操作都应该建立在科学的基础之上。为什么我国的农业是简单的农业发展，或者说，为什么我国的农业发展仅仅停留在简单粗放式的发展模式上，而一些西方发达国家的农业已经实现了纯粹的机械化或有的国家已经达到了农业现代化？究其原因，就在于我国农民的素质普遍偏低，农民在知识阅读方面的投资较少，而且一些传统观念也在作祟，那就是认为大学生毕业后就应该在大城市发展，不应该再回到农村。其实，这也属于一种偏见，有条件的大学生完全可以投身于农村的现代化发展建设，毕竟我国属于发展中的农业大国，提高广大农民朋友的综合文化素质是改变我国农业发展现状，早日实现我国农业现代化的关键。因此，图书馆应该在农业的发展和农村的建设方面发挥更加积极的作用，其中首先就是要解决农民的素质教育问题。图书馆不是城里人的专利，也应该面向广大农民读者群体尽可能地开放，让农民群体有机会进行科学文化知识的阅读。图书馆还可以组织专业的力量深入到农村基层，真正做到让现代化的农业科学化理论走入田间地头，让农民读者有机会接触到科学知识，这样他们在进行种植和养殖的过程中，才能少一些盲从，多一些理性，用科学技术知识指导农业的发展与建设，推动农业现代化的早日实现。

二、综合服务延展与完善策略

图书馆作为公共文化服务事业，应该提高服务的质量和水平，尤其是要保证服务的专业化，在对相关政策和体制的完善方面加大投入力度，保证服务能够有效地推广和实施。图书馆的服务应该是大众化的服务，服务的群体是大众化的群体，服务的综合性应该面向更广阔的范围。图书馆的综合服务是一项庞大的系统工程，为了能够推动这项服务工程的有序性，保证服务实施的可行性与科学性，图书馆应该针对不同的区域实施区别化的策略，同时要保证服务的均衡发展。当前，图书馆事业的发展存在很多综合性的影响因素，这些因素的存在阻碍了图书馆事业的科学发展，因此图书馆应该积极探索有效的综合服务推广策略，满足大众化读者的阅读需求，为中国的图书阅读事业做出更大的贡献。在图书馆综合服务延伸的实践探索方面，应该结合不同地区的实际情况，制定有针对性的服务推广方案，完善相关的政策法规，保证图书馆阅读推广服务的实效性。

（一）加强图书馆阅读服务延伸的导向性，推动图书馆服务的均衡发展

阅读是图书馆最基本的服务职能，为最广大的读者提供阅读服务是图书馆一些工作的出发点和归宿。在图书馆阅读推广实践中，应该不断创新阅读推广的载体，改变图书馆阅读推广不均衡的发展现状，尤其针对一些经济条件相对落后的地区，更应该加强图书馆事业的服务和投入，提高图书馆阅读服务的综合化水平，缩小图书馆服务的区域性差异，在条件允许的前提下，适当给予中西部地区图书馆事业发展一些政策性倾斜，保证中西部地区的图书馆发展与东部地区图书馆具备同等的发展条

件，加强对西部欠发达地区的支持，提高图书馆阅读延伸服务的导向性，保证图书馆服务的均衡发展。

一方面，要相对弱化区域经济发展水平对图书馆阅读综合服务延伸的影响。不得不承认，改革开放政策的实施在一定程度上推动了东部地区经济的崛起，基于政策导向性因素的存在，也让西部地区的经济发展水平处于相对的劣势水平，这是从国家宏观经济发展战略来考虑的，给予特定地区一定的政策性支持，但与此同时，也造成了经济发展水平的差异。正是这种经济发展水平的差异，产生了很多附带的社会各发展领域存在的差异，其中就包括图书馆等公共文化事业的发展。相对来说，西部地区由于受经济发展因素的影响，图书馆事业的发展水平明显落后于东部地区，这种现状需要扭转，这种区域间经济发展水平差异导致的公共文化服务事业之间的差异性也需要弱化，这样才能保证图书馆综合服务水平的均衡化发展。"十二五"以来，我国的图书馆事业取得了令人瞩目的成绩，在一定程度上也大大推动了与公共文化服务事业相关的其他产业的发展，图书馆的普及率不断提高，省市级的图书馆无论是在硬件方面的投入还是在软件设施建设上都取得了很大的进步。当然，我们也需要客观面对由于区域经济发展差异而导致的图书馆事业发展的不均衡，江浙地区在图书馆事业发展方面的投入力度非常大，相关的配套设施也比较健全，体制和制度建设也处于国内领先的水平，但是，图书馆走基层的综合服务延伸还做得不够，尤其是对下设的县乡镇级图书馆的投资和政策扶持力度还有待进一步加强，保证图书馆真正能够服务于最广大的读者群体。对于西部的欠发达地区来说，由于这些地区的经济发展水平存在一定的局限，地方政府在抓经济建设的同时，不能将有限的资金大量投入到公共性服务事业的图书馆发展，毕竟对于地方政府而言，图书馆所产生的经济效益应该是相对不明显的。面对长时间的设备不能得到有效更新、书籍不能及时进行采购的现状，这些地区的图书馆应该加强政策性扶持和资金性的支持，在保证图书馆阅读服务延伸的能力和水平，尽可能弱化区域经济发展对图书馆事业发展的制约，保证图书馆最基本服务职能的基础上，尽可能地提高图书馆的综合服务水平，尤其是加强对图书馆专业化服务水平的提高，完善相应的图书馆发展政策，保证图书馆事业的均衡发展。

另一方面，要弱化图书馆资源差异对图书馆阅读服务延伸的影响。图书馆阅读服务延伸与图书馆的馆藏资源有着非常密切的关系，一座图书馆中如果具备非常丰富的阅读资源，就能够更有效地为不同的读者群体提供全方位的阅读服务。相反，如果读者到图书馆来进行阅读或者资料查询，不能找到自己想要的目标信息资源，就会对图书馆的服务提出质疑，尤其会影响到读者的阅读情绪，甚至会造成一些读者群体的流失，不利于图书馆阅读的有效推广。从目前我国不同地区的图书馆发展状况来看，在馆藏资源上存在很大差异。相对来说，建馆时间比较长的图书馆，在不断积累的情况下，馆藏资源会更丰富些，读者在进行阅读和资料查阅时更能够及时找到自己所需要的信息，便于阅读服务的有效推广。而对于建馆时间相对较短，在硬件和书籍资源方面投资力度相对不足的图书馆来说，读者到图书馆去查阅相关资料时，有些即时的资料不能实现有效的更新，甚至一些有价值的老版本史学类书籍也找不到，这样读者就会失去阅读的欲望，产生不良的阅读情绪，成为阅读推广的屏障。面对这种客观存在的发展现状，图书馆既要在缩小相互之间馆藏资源的差异上下功夫，定期及时更新图书信息资源，对有价值的历史类书籍进行有效的保存，保证图书馆馆藏资源发展的可持续性和及时性相统一，还要在弱化图书馆资源差异化影响上下功夫，可以通过图书馆联盟的形式，加强图书馆与兄弟单位之间的沟通与合作，尤其是馆藏资源方面的共享业务，毕竟一座图书馆的力量是薄弱的，多座图书馆联盟起来的力量会更强大，而且能够更好地满足读者的现实需求，馆藏资源局限的瓶颈也会被打破，从而有效地实现阅读服务的科学化延伸，提高图书馆资源的利用效率。

（二）加大对图书馆服务事业的专项投入，突破阅读服务延伸的资金瓶颈

从宏观层面来看，任何国家都在为综合国力的提升而努力，任何城市也都在为城市的全面发展而奋斗，如何才能提高国家的综合国力，如何才能实现城市的全面发展，其中关键性的因素就是文化发展问题，基于文化的发展来改变一个国家的现状，让这个国家的城市更美、更富有内涵，在硬件设施建设的同时，要加强对软件设施的发展建设，而图书馆的发展水平是一个国家、一座城市软实力发展水平的重要标尺。

任何事业的发展离开必要的资金支持都会面临不可预期的困境，图书馆事业的发展同样离不开必要的资金支持，只有给予图书馆必要的资金投入，才能让图书馆的服务质量得到有效提升，才能让图书馆的服务延伸得到必要的资金保障。图书馆作为一种公益性服务事业，自身不会创造额外的营业性收入，只能通过对全民文化理念、思维方式、综合素质的影响来产生一定的关联性商业价值，而且这种商业价值也不是建立在运营的基础之上，而是全民素质提升后附带产生出来的价值。正是因为图书馆不能带来显性的商业化价值，一些地方政府宁愿加大对其他事业的资金投入，也不舍得将有限的资金投入到图书馆的事业发展中去，这势必会令图书馆的阅读服务受到不利的影响。

实践证明，很多地方政府为了地方经济的发展付出了很多努力，而且广大居民在物质文化生活方面也的确得到了有效的提高，但是，很多居民在被问及是否幸福时的回答却是否定的，其中的原因就在于缺少了一些内涵性的东西，这种内涵性的东西就是文化的力量，图书馆在这种文化内涵建设方面的作用是不可替代的。

图书馆的阅读服务延伸需要有一定的经费作为支持，很多时候仅仅靠服务精神和献身精神是远远不够的，毕竟图书管理员也是劳动者，也需要维持生计，当自身的生计资金都不能得到必要的保障时，谈服务精神、谈奉献精神就会有些空洞。随着我国经济社会的飞速发展，人们的物质文化生活得到了满足，就会普遍性地追求精神文化生活，这种精神文化生活水平提高的重任需要包括图书馆事业在内的综合服务领域来承担，这就需要政府部门加大对图书馆事业发展的资金性投入，一方面把资金用于图书馆的硬件设施建设，一方面把资金用于图书馆的软实力发展，包括及时对图书馆的馆舍进行改造和更新，为广大读者创造良好的阅读环境，对图书馆的书籍和信息资源进行及时的采购和更新，让广大读者能够享受到更加丰富的阅读资源，对图书管理员进行专业化的培训，让广大读者能够享受到更为优质的阅读服务。在必要的资金支持下，图书馆的阅读推广服务就会更有底气，图书馆阅读服务延伸就会得到更有效的落实。

在图书馆事业的发展过程中，我们也需要清醒地认识到不同区域经济发展不均衡导致的资金实力上的差异，不同的地方性政府也应该清醒地认识到公共文化服务事业的重要性，很多时候公共文化服务性事业在地方经济社会发展过程中所发挥的作用是其他事业所不具备的。尤其对于一些经济欠发达的地区来说，老百姓对物质文化生活方面的需求不一定就低于在精神文化生活方面的追求。换句话说，有些时候，对精神文化生活方面的需求得到满足后，老百姓很可能会弱化在物质文化生活领域的渴望，就像宗教所发挥的作用一样，成为人们精神生活的一种慰藉，这也正是马克思关于宗教观的论述，相信也适用于图书馆之类的公共文化服务性事业的发展。因此，地方政府不能吝惜在图书馆等公共文化服务性事业方面的投入，而应保证图书馆必要的馆舍改造资金投入、设备采购和设备升级资金投入、书籍购置资金投入、图书管理员素质培训资金投入等等，突破图书馆阅读服务延伸的资金瓶颈，保证图书馆事业的可持续发展。

（三）加强对基层图书馆的专项扶持，保证图书馆服务延伸在基层的发展

我国图书馆事业的发展不均衡已经是不争的事实，相比之下，城

市的繁荣化程度与图书馆的硬件建设水平存在着非常密切的关系。现代化的城市图书馆的场馆规模相对更大，资金实力更加雄厚，图书管理人员综合素质和专业化水平更高，而一些乡镇的图书馆相对就会逊色许多，资金不能得到有效保障，硬件设施不能及时更新，管理人员的专业化水平不够，一定程度上影响到图书馆服务延伸的质量。

从图书馆的发展来看，基层图书馆尽管规模、经费、人员配备方面相对不足，但是，对于基层群体的阅读和文化传播所发挥的作用是非常重要的，在阅读服务的职能发挥上也是不可或缺的，正所谓"麻雀虽小，五脏俱全"，基层图书馆也肩负着与大型图书馆同样的文化教育职能，在服务延伸领域也应该得到应有的重视。针对基层图书馆的服务延伸应该从以下几个方面着手：

第一，给予基层图书馆必要的专项扶持，鼓励基层图书馆阅读服务延伸的创新发展。很多时候，大城市的图书馆在地方政府得到的专项支持要比基层图书馆更多一些，发展所面临的外部环境也更好，但从一定意义上说，基层图书馆对普通大众阅读服务所造成的文化影响力并不亚于那些大型图书馆，尤其对于我国的全民阅读普及工程建设，在基层的读者服务方面更是需要借助基层图书馆事业的发展，或者换句话说，基层图书馆从阅读服务范围的广大程度上看也是非常大的。图书馆作为公益性文化服务事业，对社会的文化传播工程起到了积极的推动作用，政府的相关部门应该对图书馆事业的发展给予必要的专项扶持，保证图书馆阅读服务的有效推广。面对我国图书馆事业的综合服务水平发展现状，地方性政府应该对基层图书馆事业的发展给予必要的支持，尤其是可以通过政策性的导向来吸引当地的社会力量参与到图书馆的发展建设中来，推动图书馆阅读服务的延伸，提升图书馆阅读服务的专业化水平。一些地方政府由于考虑到当地经济社会发展的显性效果，在基层图书馆的投资方面比较薄弱，忽视基层图书馆的文化附加值。作为地方基层政府，应该给予基层图书馆一定的政策性扶持，加强对基层图书馆文化价值的宣传工作，鼓励地方社会性企事业单位参与到基层图书馆的建设中来，构建多元化的图书馆阅读服务体系。

第二，提高对基层图书馆服务延伸的理念认识，重视基层图书馆事业的发展。基层图书馆无论是在硬件设施配备方面，还是在软实力建设方面，都不及城市的图书馆。当前，基层图书馆的人员专业化水平较低，对读者阅读服务的认识不够，加上图书馆缺乏必要的竞争机制，图书管理员工作散漫，迟到早退现象比较突出。很多基层的图书管理员并没有认识到自身工作对于地方文化发展的重要性，也没有形成系统化的服务理念，工作的方式方法过于教条化，不能在服务理念创新上下功夫，导致基层图书馆的阅读服务延伸效果不好。面对这种客观存在的现状，基层图书馆应该进一步完善人事管理机制，形成有效的服务管理体系，定期组织图书管理员到专业化机构去进行业务培训，拓宽他们的眼界，创新工作思路，探究新的工作载体，在相互的交流与实践中不断提高基层图书管理员的专业化服务水平，为广大基层读者提供更有效的阅读服务。同时，基层图书馆的队伍建设方面还要加强规范化管理，不能使其成为个别领导干部的家属安置基地，应该招聘一些具备专业化素质的图书管理员，通过图书管理员的专业化服务，吸引更多的读者到基层图书馆来阅读，形成良好的阅读氛围，为阅读文化的传播奠定坚实的理念基础。

第三，加大对基层图书馆的资金投入，为基层图书馆阅读服务延伸提供必要的资金保证。图书馆的阅读服务是一项持续性的工作，对全国的文化素质提升具有重要的影响，尤其是一些基层群体，在日常工作和学习中表现出文化素质普遍不高的现象，在一定程度上阻碍了乡镇等基层地区的居民文化素质提升。作为基层图书馆，应该肩负起阅读文化服务职能，为科学文化知识在基层的有效传播奠定良好的基础。地方政府要在基层图书馆的发展建设中发挥更加积极的作用，尤其是在对基层图书馆的资金投入方面，不能将图书馆发展的专项资金挪作他用，应该建立和完善对基层图书馆资金投入的体制，并不断创新资金投资载体，通过多种渠道为基层图书馆事业的发展筹措资金。一些地方政府还应该深入到企事业单位，对图书馆事业发展对于地区经济文化建设的重要性进行必要的宣传，鼓励当地的企事业单位为基层图书馆的发展注入必要的资金。同时，地方政府在相关的财税方面也应给予一定的减免，这样图书馆的发展才会得到更多的社会资金支持，图书馆阅读服务延伸才会得到有效的资金保障，从而推动更多的地方发展附加值产生，保证基层图书馆事业的可持续发展。

（四）构建和谐的图书馆发展环境，提高图书馆阅读服务延伸的实效性

从目前的图书馆发展状况来看，改革开放以来我国的图书馆事业取得的成绩是有目共睹的，当然，在发展过程中存在的突出问题也需要进行有效解决。尤其是图书馆发展的外部环境问题、内部管理机制问题、对外的阅读宣传力度问题等，都需要图书馆管理部门和社会各界的广泛参与，为图书馆的阅读服务创造良好的发展氛围，提高图书馆阅读服务的质量，注重图书馆阅读服务延伸的实效性。重点应该在以下几个方面下功夫：

第一，为图书馆阅读服务的发展营造良好的外部发展环境，提高阅读服务的质量和水平。图书馆事业的发展受多种因素影响，其中与地方政府对图书馆事业的重视程度有着密切的关系。一些地方政府把经济社会发展水平摆在非常突出的位置，对公共文化服务性事业的发展不够重视，这对图书馆来说就是不利的环境。实际上，图书馆的发展对于地方经济建设是非常重要的，因为没有良好的文化发展底蕴，任何表象的物质文化生活水平的提高都只能算作是空中楼阁，治标不治本，只有一个地区、一座城市在外人看来是一个有内涵的城市，才能吸引更多的投资者，这座城市的发展才更具潜力性。提高一座城市的文化底蕴，提升一个地区居民的文化修养，就需要在图书馆这类公益性文化事业的建设上进行投入，为图书馆的发展创造良好的外部条件，让更多的居民积极参与到图书馆阅读活动中来，并能够用自身的行动来影响身边更多的人也参与阅读，这样阅读就会在一个地区、一座城市形成常态化发展态势，在这样的环境影响下，才会吸引到越来越多的投资者，在图书馆的硬件建设、馆藏资料更新、图书管理员的队伍建设上都能够提供坚强的保障，从而大大地提高图书馆的阅读服务质量。

第二，加强图书馆的内部管理，完善图书馆管理机制，提高图书馆阅读服务的效率。图书馆的阅读服务效率与图书馆内部管理的科学化水平以及图书馆管理机制的完善程度具有非常密切的关系，毋庸置疑，一些层次比较高的图书馆相对来说各方面的管理机制和水平也比较高，这对于图书馆服务具有十分重要的意义。但是，也需要看到在一些基层图书馆中，内部管理机制不完善，不能形成有效的竞争机制，不能对图书管理员进行科学化的培训，使图书馆阅读服务的收效受到严重的影响。任何单位的发展都需要有一套完善的管理体系，这是单位向上发展的制度保证，也是单位对员工实现科学化管理的本质依托，公共文化服务型的图书馆同样需要完善的管理机制。图书馆建设不能盲目求多求大，应该更加注重管理的科学性和制度的合理性，在图书馆建设方面要加强可行性论证，尤其要了解一个地区的居民分布状况，以及这个地区居民的文化程度、工作性质等多方面因素，这是图书馆建设的前提。同时，图书馆还要制定相应的管理制度，保证图书馆的服务能够更好地服务于这个地区的居民，满足最广大居民的阅读服务需求。图书馆不在大，而在精，图书馆的管理水平应该与图书馆的规模化发展成正比。再大的图书馆，如果没有科学化的管理制度作为依托，也是个空壳，不能更好地发挥阅读服务的职能。作为基层的图书馆，应该尽快建立完善的管理机制，对图书管理员的服务水平进行量化性的考核，对不能达标的图书管理员要求重新进行上岗培训，提高图书管理员的综合服务能力。另外，图书馆还要建立相对完善的人才激励机制，培养更多有能力的图书管理员，用高标准、严要求的方式提高图书馆的服务水平，提高图书馆阅读服务的效率。

第三，加大图书馆的对外宣传力度，提高图书馆的影响力和读者对图书馆阅读服务的认可度。一般来说，图书馆被广大读者所接受和认可的程度与图书馆对外宣传的力度是密不可分的。很多图书馆建成后，附近的居民都不知道图书馆的存在，这只能说明图书馆的对外宣传工作不到位。对外宣传是图书馆扩大知名度和影响力的重要方式，也是图书馆阅读服务推广的重要手段。作为图书馆，能够为广大读者提供哪些方面的服务，都有哪些特色化的服务，自身建设存在哪些优势，短期和长期在阅读服务宣传方面都有哪些活动，等等，都需要加强对外宣传，让更多的人了解图书馆和图书馆的服务，这样才能达到阅读推广的目的。图书馆的对外宣传也应该立足公益性的视角，这种宣传不同于普通的广告宣传，应该把握广大读者关注的焦点是什么，图书馆自身的服务特色和服务特点是什么，把读者需求与服务提供有机地结合起来，从读者的实际特点出发，结合读者的阅读需求，在图书馆现有服务条件的基础上，准备一些有特点的服务项目，让读者广泛参与到阅读活动中来，最重要的是借助一些公益性的媒体，也包括自媒体，对图书馆的阅读服务进行宣传和报道。另外，还可以借助新浪的官方微博、微信等新型信息宣传平台，对图书馆的阅读服务项目进行宣传，让更多的人了解图书馆的服务，提高图书馆的影响力。此外，图书馆还应该建立包括图书馆、读者、社会、知名企业和个人在内的多元化互动机制，通过多个点之间的联系来扩大图书馆对外宣传的力度，通过读者对图书馆阅读服务的口碑宣传，通过社会对图书馆公益性服务事业的宣传，通过企事业单位参与图书馆的文化服务宣传，通过图书馆自身对特色服务项目的宣传，等等，来扩大图书馆阅读服务的认知，提高图书馆阅读服务的含金量。

三、权益保障问题策略

中国的图书馆事业发展历史悠久，尤其是改革开放 35 年来，中国的图书馆事业发展更是让世界刮目相看，无论是图书馆的数量上，还是图书馆的品质上，都取得了很大的进步，中国由一个相对落后的农业国正在大跨步地向现代化的工业国迈进，全民的文化素质不断提升，国人的阅读需求也在不断提高，图书馆越来越成为我国经济文化事业发展过程中不可或缺的一环。

图书馆的发展与社会的综合发展是相互作用的关系，图书馆所拥有的文化隐性价值对于社会的综合发展具有非常重要的意义，社会的综合发展也为图书馆建设创造了良好氛围。阅读是一种社会性行为，任何读者都有享受阅读的权利，图书馆在阅读推广中肩负着保障读者权益的使命，使广大读者在阅读中不断深入地了解来自各领域的科学文化知识，品味作为一位中国公民所拥有的阅读权益。为了能够更好地保障广大读者的阅读权益，建立健全文化权益保障体系，使图书馆阅读服务科学发展，推动中国文化事业的发展与繁荣，图书馆应该从以下几个层面入手，把图书馆的权益保障工程打造成为一项长期的系统工程。

（一）构建完善的图书馆文化服务体系

图书馆是公共文化服务事业单位，其资金来源主要依靠政府的专项资金投入，再通过图书馆将专项资金转化成文化服务，面向广大的读者群体进行服务推广。可以肯定地说，图书馆对文化事业发展所作出的贡献是不可替代的，但是，毕竟社会在不断发展，人民生活水平在不断改善，人们已经不再局限于对物质生活的追求，开始越来越多地关注精神文化层面的内容，读书、看报、上网几乎成为绝大多数中国人每天都要从事的活动，当然，这些活动都与一个共同的载体有着密切的关系，这个载体就是图书馆。图书馆的发展究竟能够为文化服务事业发展发挥怎样的作用，发挥多大作用，这与图书馆自身的制度完善程度密不可分。因此说，要保障广大读者的文化阅读权益，首先就是要构建完善的图书馆文化服务体系，让图书馆能够更有效地应对社会的发展与挑战，应对读者阅读需求的发展与变迁。

构建完善的图书馆文化服务体系应该首先关注图书馆的硬件发展建设,对图书馆的布局情况要经过合理的论证,不能仅仅通过覆盖面积作为图书馆分布的标准,还要参照能够参与阅读的读者数量、读者的综合文化素质水平以及文化阅读服务需求状况等,这样对于图书馆场馆的建设才会更具合理性。为了解决图书馆硬件建设分布不均衡的现象,应该对图书馆的合理分布进行系统的调研分析,通过科学的市场论证全面了解不同地区读者的分布状况,从而对图书馆的场馆建设进行合理布局,保证图书馆分布的可行性,满足不同地区读者的阅读推广需求。同时,要摆脱区域经济发展对图书馆建设的制约,设置专项的资源投入用于图书馆等公共文化服务性事业建设,尤其对于经济欠发达地区,在图书馆经费投入方面要建立完善的管理体制,保证专款专用,对于图书馆的经费投资不能挪作他用,上级政府职能部门应该对基层图书馆的发展建设给予必要的政策性扶持,鼓励地方企事业单位参与图书馆的硬件设施建设,并给予一定的税收减免,构建图书馆事业发展的多元化投资格局,推动图书馆事业均衡发展。另外,还要保证图书馆事业发展与地方经济发展相同步,不能因为搞地方经济发展而忽略对图书馆等公共文化服务项目的建设,二者之间并不矛盾,而是相互协调相互促进的关系,搞经济发展可以更有效地推动图书馆等公共文化服务项目的建设,为公共文化服务建设提供大环境,提供强有力的资金保障和政策支持;同样,加大对图书馆等公共文化服务项目的建设能够影响全地区人民的综合素质,形成良好的文化理念和文化氛围,为地方经济的发展奠定坚实的基础。

图书馆的建设不能盲从,应该与当地的读者基数结合起来,不是一个地区的占地面积大就应该拥有一定数量和一定规模的图书馆,而是图书馆的数量和规模要从读者基数、读者分类、读者综合素质等信息综合考虑。尽管图书馆属于公共文化服务性事业,但是,在图书馆的发展过程中也可以参考企业的市场化经营模式,形成良性的竞争机制。对于有条件的地区，对于人口相对密集的地区，图书馆的数量和规模可以适当扩大，这个没有绝对的标准，国际标准也好，国内标准也罢，只能作为图书馆建设发展的一个参考性基数，不能盲目求大求多，硬件设施跟不上，服务水平跟不上，反而更不利于图书馆的科学发展和有效管理。

公共服务的图书馆应该保障人民的文化权益，任何读者都有享受阅读的权益，不能因为读者的年龄差异、身份差异、职业差异而给予不同的待遇。图书馆要做好硬实力建设和软实力建设相协调的机制，一方面在硬实力建设方面，要保证图书馆的舒适程度，让读者到图书馆阅读时能够感受到温馨，吸引读者的阅读兴趣，激发读者对图书馆的向往和追求；另一方面在软实力建设方面，要及时更新图书馆的书籍资源，充分利用现代高科技手段投入到图书馆的软件建设上，让读者享受更加方便快捷的阅读服务，同时，在服务的理念上也要不断创新，切实从读者的实际阅读需求出发，从读者的不同层次出发，有针对性地制定阅读推广方案，保证最广大读者的阅读权益。

在图书馆的发展建设上，还要不断加强对优秀典型的宣传，选取一些图书馆建设比较好的服务项目进行大范围的推广，通过交流和学习的方式，结合图书馆各自的发展实际，进行有针对性的创新和实施，实现图书馆发展的最优化配置，让新型的阅读服务模式得到有效推广，以先进带后进的方式，保证图书馆事业的均衡发展。例如，国家图书馆、深圳图书馆等，无论是从图书馆的分布还是在文化职能的发挥等方面，都处于国内国际有影响力的地位，这些典型优势可以在一定条件下得到推广和借鉴。高水准、高质量的图书馆不能保守，应该对公众进行开放，为兄弟图书馆提供学习的机会，把自身的优势项目宣传出去，让更多的图书馆了解，毕竟一个地区的图书馆发展好坏不是关键，关键在于全国范围的图书馆能够全面发挥阅读推广服务的职能。只有更多的图书馆具备文化发展传播的优势职能，全民文化素质提升工程才能得到更有效的发展和落实。

　　图书馆的书籍资源供给也应该加大投入，通过资源共享来不断缩小图书馆书籍资源之间的差异，一些城市的大型图书馆可以通过在农村基层建立分馆的形式，把优势资源分享给基层，让基层也能够享受到大型图书馆的书籍资源，让读者可以在其中感受到大型图书馆的阅读氛围。欠发达地区的图书馆可以与发达地区的图书馆建立必要的联盟，实现书籍资源的共享和阅读服务的共享，聘请发达地区图书馆的优秀管理员到欠发达地区的图书馆做客，进行专业化的技术辅导和服务讲解，使欠发达地区的图书馆得到技术上的支持。另外，大型图书馆的阅读推广活动模式也可以被借鉴到基层图书馆，相互之间的活动载体互访制度也应该抓紧建立和完善，保证基层图书馆的阅读服务不是枯燥的单一化模式，而是富有内涵的文化服务活动，使基层读者充分感受到阅读的多彩。

　　从短期发展的角度来看，当下需要尽快扭转区域经济发展不均衡导致的图书馆资源配备不均衡的现状，使基层图书馆的发展面对同等的发展环境，缩小自身发展与大型图书馆之间的差距，可以考虑对现有资源进行充分利用，提高书籍资源的使用效率，吸引更多的读者参与阅读活动，也可以通过创新阅读推广活动载体的方式，让更多的读者参与到阅读活动中来。从长期发展的角度来看，基层图书馆的发展要建立长效的创新发展机制，制订长期的图书资源采购计划，完善图书管理员的培训机制和激励机制，提高图书馆的综合服务水平，保证图书馆阅读服务的长期性和可持续性。

　　图书馆的文化服务机制也应该表现出差异化和灵活性，不能用高标准的考核机制来约束基层图书馆，毕竟基层图书馆在很多领域仍然处于不完善的发展状态，应该结合地区图书馆的特点制定有针对性的考核服务机制，既保证图书馆服务的有效性，又保证图书馆服务的领域性，不能管死，同样也不能放任不管，这是由文化服务机制的特点所决定的。地方性图书馆应该组织相关领域的专家学者，对图书馆的制度进行可行性论证，既要符合宏观的方针政策，又要满足地方图书馆的发展需求，提高图书馆服务机制的有效性。

（二）建立健全图书馆文化服务保障机制

纵观中国政治、经济、文化、社会等众多领域，在改革开放过程中都已取得了很多成绩，人民的物质文化生活也得到了很大提高，人们的幸福指数在不断提升，与此同时，人们在精神文化层面的需求也在不断提高。在经济社会发展的过程中，一些人的物质文化生活变得富裕起来，导致了人与人之间在物质文化生活方面的差异产生，这种物质文化生活方面的差异也会影响到精神文化生活需求层面的差异，尤其是对于物质文化生活实力相对薄弱的人们来说，精神文化的权益保障问题便成为政府文化决策机制需要考虑的内容。作为文化权益的提供部门——图书馆，有必要建立健全文化服务保障机制，推动文化服务事业的科学发展。

一方面，要不断提高读者在自身文化权益方面的保护意识。很多读者并不完全了解自身在阅读方面拥有怎样的权益，尤其是不能充分认识到图书馆阅读与自身在文化权益保护方面存在怎样必然的联系，也有很多读者没有形成对自身文化权益的科学认知，这在一定程度上对于读者文化权益的保护是非常不利的。作为图书馆和政府职能部门，应该努力在提高读者文化权益保护方面下功夫，加大对读者权益保护的宣传力度，尤其是通过合适的途径让不同的读者能够充分了解到文化权益的相关内容。同时，作为读者，也应该努力提高自身文化权益保护意识，为自己争取到必要的阅读权益和享受文化服务的权益。从图书馆发展的角度看，应该在图书馆发展建设中形成图书馆短期机制与长期机制相统一的文化权益机制，推动图书馆文化事业的发展，保证图书馆文化服务职能与读者享受文化服务的协调一致。另外，要鼓励那些在经济领域首先享受到富裕的人们投入到图书馆等公共文化服务性事业发展中，让图书馆等公共文化事业的发展中也能够充分体现出这些人的愿望，尤其是让他们对社会的回报意识得到体现。通过政府部门的文化服务意识宣传，让经济条件优越的读者能够认识到自身经济条件的改善与文化权益需求之间的关系，愿意为经济条件相对落后的读者提供阅读投资，缩小阅读资源的不均衡差距。

另一方面，推动图书馆文化服务职能的均衡化发展。图书馆的文化服务职能受到很多外在因素的影响，这对于图书馆的全面发展具有非常重要的意义。不同地区的图书馆面对很多复杂的外部环境，其中包括图书馆阅读服务对象的差异、图书馆所处地方文化氛围的差异、图书馆所处地方经济发展水平的差异、图书馆的外部投资环境等，这些因素都会成为图书馆文化职能的重要影响因素。面对这些造成图书馆文化服务职能发展不均衡的因素，图书馆应该有效解决阅读服务对象的差异问题，针对不同的读者特点，其中包括性别取向、年龄取向、职业取向、学历取向等，制定有针对性的阅读服务，推动图书馆文化服务职能的均衡化发展。针对图书馆所处的地方文化氛围差异，图书馆应该处理好公共文化服务与区域文化服务之间的关系问题，既要在一定程度上突出区域文化的特点和优势，让更多的读者认识区域文化，发扬区域文化，推动区域文化，引导地方优势产业的发展，又要在一定程度上弱化区域文化的局限，尤其是阅读要保证大众化的发展趋势，因此，要努力让区域文化与公共大众文化相一致、相协调，推动图书馆文化服务职能的均衡化发展。面对图书馆所处地方经济发展水平差异问题，图书馆还应该拓宽阅读推广渠道，创新阅读服务载体，办出自身的特色，吸引更多的读者参与到阅读活动中来。作为地方政府，也应该为图书馆等文化事业的发展提供更多的便利条件。尤其是一些经济条件相对落后的地区，地方政府更应该大力扶持图书馆等公共文化服务性事业的发展，以保证广大读者的阅读权益。图书馆所处的投资环境问题也是导致图书馆文化服务职能发展不均衡的一个重要因素，无论是图书馆还是地方政府，都应该积极探索有效的投资载体，鼓励各种地方性企业参与到公共文化服务性事业的发展中来，建立多元化的资源配置格局，保证文化服务职能的均衡化发展。

图书馆的文化服务保障机制需要不断地发展与完善，无论处于什么层次，无论处于何种地区的图书馆，都需要有完善的制度体系作为支撑，文化服务职能是图书馆发展的根本，相应的制度对于图书馆来说就应该是必要可行的，从而最大限度地满足不同读者的文化阅读权益。

图书馆在发展建设过程中，地方政府应该做到统筹协调，在图书馆的建设方面应该有明确的规划和科学的论证，保证图书馆的发展模式与图书馆的制度体系建设相同步。同时，图书馆在服务规范上也应该有明确的标准，什么样的服务属于图书馆的规定性动作，什么样的服务属于图书馆的创新性动作，等等，都应该有相应的参考模式，这样图书馆的服务才会更加见成效、上水平。另外，图书馆的文化服务应该做到资源的充分共享，这也是图书馆发展的必然趋势。但这种共享不应该仅仅停留在表层，不应该仅仅局限于某几座图书馆，应该在条件允许的情况下，尽可能大地扩充图书馆联盟的合作规模，让阅读资源共享的程度更大化，提高资源的利用效率，满足读者更多的阅读需求，为图书馆文化服务提供更大的保障。

（三）提高图书馆的综合发展水平

图书馆的发展应该是全面的发展，而不仅仅表现为阅读资源的丰富、阅读载体的创新、阅读硬件的不断提升，更应该包括图书馆所能够提供的更多的软性内容，这是图书馆综合发展水平的重要标志，其中包括图书馆工作人员的综合能力和水平、图书馆的软性系统技术化服务程度、图书馆大众化服务的理念等。

面对图书馆发展中外行人观念上的误区，服务缺乏专业性、工作缺乏系统性、岗位缺乏挑战性等诸多问题，图书馆应该努力提高综合发展水平，尤其应该从自身发展的内涵上找原因，解决除了硬件条件之外的软实力问题，保证图书馆综合机制的发展与完善。

第一，加强对图书管理员的素质培训，努力提高图书管理员的综合素质。图书管理员是一个具有一定专业性技术含量的工种，不是很多人所认为的那样，有个人就可以干，即便有个人就可以干，但这个人也不能称为一位合格的图书管理员，最多只能算是一个存在于图书馆之中的简单工作人员，不具备图书管理员所应该具备的基本素质。作为图书馆，应该有一个相对完善的图书管理员队伍，这是保证图书馆服务专业化的重要保障。图书馆应该对管理员进行定期的馆内培训，聘请图书馆学相关专业的专家到图书馆中对管理员进行专业化的培训，提高图书管理员的业务素质和服务水平，也需要根据图书馆的实际情况，组织图书管理员到兄弟图书馆去学习和访问，通过与兄弟图书馆之间的交流，学习兄弟图书馆先进的业务管理和服务技能，用于指导本图书馆的服务实践，达到提高图书管理员素质的目的。甚至一些有条件的图书馆，还可以鼓励图书管理员向上进行专业化的学历深造，以提高管理员的专业化知识面，或选派一些相对优秀的图书管理员到国外进行访学和交流，拓宽图书管理员的视野，提高图书管理员队伍的综合实力。图书馆还要对图书管理员进行系统化的专业素质考核，其中包括对图书管理员的服务水平、图书馆学专业知识、计算机操作技术等，完善相关业务考核标准，对综合素质考核优秀的图书管理员要给予一定的表奖，以鼓励先进，对考核不合格的图书管理员要给予警告，连续考核不达标的要予以清退，这样才能保证图书管理员的服务队伍质量，保证图书管理员服务的水平，不至于让图书馆成为个别照顾人员安置的基地，影响到图书馆的专业化水平和服务质量。

第二，图书馆的技术服务系统要进行及时有效的更新。当今的图书馆业发展已经改变了传统手工记账式的书籍借阅和归还模式，几乎所有的图书馆服务都与高技术服务有着非常密切的联系，书籍查询需要有检索查询系统，书刊借阅有图书馆专用的借阅系统（很多图书馆支持网上办公业务，例如图书预约业务、图书续借业务等），电子信息资源阅读和下载服务有相关的阅读服务器（PDF、CAJ等），免费资源服务平台（中国知网、万方数据平台等），这些图书馆技术服务都与现代的高科技手段紧密相连，大大提高了图书馆的阅读服务质量和服务效率，同时也对图书馆的阅读服务提出了新的要求，就是这些高技术在图书馆中能够得到多大程度的应用。换句话说，图书馆中有哪些领域运用了高技术，高技术的更新及时程度怎样，这些都是图书馆现代化服务应该着力解决的关键问题。对于硬件设施相对落后的图书馆，也需要利用高技术手段为更多的读者提供高质量的阅读服务，然而，相关人员设施的瓶颈是客观存在的，此外也存在技术的投入不及时，各方面的配备条件都比较落后等情况。基于此，这类图书馆也需要克服这些不利的技术服务困难，定期组织技术人员到图书馆进行技术设备的更新升级，或者组织本馆工作人员进行相关业务的学习，以通过人员素质问题来解决技术系统的及时更新问题。当然，最重要的仍然是通过必要的资金支持作为图书馆技术更新的保障，不断加大对图书馆技术领域的资金投入，保证图书馆的技术设备能够及时更新，管理员队伍能够享受到专业化的技术培训，图书馆的信息化系统能够及时升级，书籍的采购问题也能够及时解决，从而保证读者在图书馆享受到的服务是最新的技术型的服务。

第三，图书馆应该不断创新开放性的理念，扩大图书馆面向读者的开放程度。图书馆属于公共文化服务性事业，服务是图书馆最基本的职能，服务的对象应该是最广大的人民群众，不受任何其他的附加条件限制，因此，图书馆应该不断创新开放的理念，让更多的人认识和了解图书馆的开放性本质，实现图书馆的综合服务职能。图书馆的开放性理念主要表现在对公共性服务不应该加设若干种限定。不得不承认，现在一些图书馆为了解决资金来源问题，私自进行了一些收费的改进和创新，从中增设了一些服务性的项目，其实，这与图书馆的公共性服务事业的宗旨是相矛盾的。本身图书馆就不能有太多样化的宣传手段，再加设一些收费项目，无疑将一些常规性读者拦在了图书馆大门的外面，不利于公共社会文化服务职能的发挥。图书馆的开放性理念还需要重视阅读资源的开放性，最主要的就是图书馆要保持一种奉献的精神，无论是阅读服务，还是文化服务，都需要图书馆积极地把自身的服务推广出去，让更多的人认识这些服务、感受这些服务，这样图书馆才更加有发展潜力和发展价值。尤其是一些优秀的阅读资源，应该得到更大程度的分享，不能把自身关闭于一个封闭的状态，这也不利于读者与图书馆之间的阅读服务交流。图书馆可以考虑通过宣传的形式将阅读外延开来，创新图书馆的开放性，使读者能够开放性地接受图书馆的服务。

四、社会推广策略

图书馆不是一个封闭的空间，而是一个开放的空间，图书馆面对的是社会的广大读者，因此也需要把自身的阅读服务面向社会进行有效推广。社会的发展需要进行文化的传播，作为文化传播的重要载体——图书馆，承载着社会与个人之间沟通的桥梁，应该肩负起面向全社会推广文化理念、传播文化精神的重任，推动全社会良好的阅读文化风气的形成。

图书馆阅读的社会化推广不是一个简单的过程，而是一个长期的发展过程。图书馆面向很多大众化的读者群体，这些读者群体不仅参与到图书馆阅读活动中，也是图书馆阅读社会化推广的主体，所以图书馆有必要根据不同读者的兴趣爱好和关注节点进行阅读推广。图书馆阅读的社会化推广是图书馆发展的必然选择，也是文化事业发展工程的必然产物，更是社会阅读氛围形成的根本标志，图书馆只有能够面向社会，才能更好地发展其实际价值，这也正是图书馆生存和发展的根本。

图书馆阅读推广需要从很多层面来实现，相关阅读资源的更新与完善是基础性条件。只有图书馆的阅读资源能够及时准确地反映出相关领域的发展状况，才能让广大读者吸收更多新的知识和内容，在阅读推广过程中才能看到知识不断生长的力量。图书馆阅读推广不是一种简单的执着往复，而需要在执着中不断探索和创新，让推广的过程变成一个推陈出新的过程，而不是历史的单一重复模式。图书馆阅读推广也不是一种原始的被动接受模式，而是应该有更多的读者和社会机构参与到整个过程中来，用自身所从事的活动来影响阅读推广，来宣传阅读推广，使整个过程中充满主动的元素。图书馆阅读推广更不是一种"文化填鸭"，不应该把某个人的社会价值观强加到其他人的意识形态中，更不应该完全突出个人英雄主义的理念，把某些单一的文化理念灌输到群体的世界观中，对全人类的世界观产生消极的影响。阅读推广应该辩证发展、创新发展，在发展中客观看待文化发展与社会发展之间的辩证关系，在发展中不断打破原有的文化理念传统，推出一些新的有价值的文化形态，从而实现图书馆阅读推广的最优化实效。

图书馆阅读社会推广过程不是单纯的某个人的个人行为，也不是某一类人的小范畴的集体行为，而是在全社会范围内的推广，其出发点是为大众化的文化服务，其落脚点也应该是满足最广大读者的文化阅读需求。在阅读推广过程中，社会个体应该主动地去接受和传播文化阅读的理念和精华，让自身实现智慧的提高、理念的更新、世界观的确立、文化的传播。作为阅读推广的群体和职能机构，图书馆应该从推广的大局出发，从全社会的文化发展趋势出发，把最新的科学文化知识通过有效的推广载体宣传出去，也就是要走出传统图书馆封闭式的阅读瓶颈，还要从文化发展的宏观现状出发，从高层次来把握文化的创新与发展，通过与各领域的合作来宣传先进文化，宣传人类共同的文明符号。图书馆阅读社会推广既要关注某个单一的结点，又不能停留在某个单一的结点，所谓关注某个单一的结点，就是说在社会推广过程中要从点出发，把若干的社会宣传结点汇集到一起，形成线，再形成面，由点、线、面结合形成相对完整的体系；所谓不能停留在某个单一的结点。就是说图书馆阅读的社会推广过程是一个动态发展的过程，在这个过程中不能过分关注某个点，而应该从宏观层面来把握推广过程，让整个宣传过程成体系、成系统，这样才能让阅读社会推广惠及每个社会客体，深入到每位读者的内心深处。

　　阅读全民化氛围的实现离不开图书馆阅读的社会化推广，在整个阅读推广活动中，作为宣传推广的机构主体——图书馆，应该立足于图书馆发展的客观实际，采用形式多样的宣传推广手段和平台，吸引更多的阅读人群参与到图书馆阅读活动中，形成对图书馆阅读推广活动的深入认知，对图书馆的文化传播职能进行监督，使各种形式的文化精髓得以有效传播，深入基层，深入民心，使图书馆的社会文化服务职能得到最大程度的发挥，推动中国特色社会主义文化事业的有序发展和跨越腾飞。针对目前图书馆在社会阅读推广服务过程中存在的突出问题，应该积极创新阅读推广载体，树立科学的阅读理念，吸引读者的阅读兴趣爱好，拓宽阅读推广的广度和深度，具体要重点解决以下几个层面的问题：

（一）提高阅读推广认识，树立科学的阅读理念

　　阅读有效推广的关键在于在思想上对图书馆阅读的高度认可，把图书馆阅读作为一种社会公益性职责来践行，尤其对于读者自身，更应该把图书馆阅读与自身综合文化素质的提升紧密结合起来，推动自我的发展与完善，从而实现全社会人民群众文化素质的普遍提升。图书馆阅读的社会化推广首先需要解决的就是广大读者对图书馆的思想认识问题，要从心理上认识到图书馆阅读的重要性，并愿意用自身实际行动将图书馆阅读引向纵深，处理好社会发展与阅读之间的辩证关系，推动图书馆阅读的深入开展。

　　第一，提升广大读者对于图书馆在社会文化发展过程中重要地位的认识。在人们物质文化生活不断改善的现代社会中，图书馆越来越多地成为现代人生活中不可或缺的一部分，正以一种公益性文化服务事业的身份面向广大读者开放。从范围上看，读者的群体也开始有很大改观，图书馆阅读已经不再仅仅是学者们经常光顾的场所，而成为普通大众生活中的重要元素，人们经常会在工作和生活之中抽出一定的时间到图书馆里去翻翻书、看看报，了解了解国内外大事。图书馆阅读的专业性需求也已经不再是阅读推广的突出问题，问题的关键开始转向大众化，任何读者都有权利到图书馆中去阅读，这是社会文化发展的需要，是人们对精神文化生活方面的需要。作为大众化的读者，应该正确认识到图书馆中藏书的作用和意义在于为读者提供一定的参考价值和服务价值，而不是一定要在日常的工作和学习中遇到了某一领域的问题之后才要到图书馆中去查阅的。实际上，图书馆的藏书一直都待在图书馆中，但这并不意味着这些图书只处于收藏的状态，而是需要广大读者通过阅读来赋予这些图书新的生命力，通过阅读来把这些馆藏图书中最精华的部分汲取出来，并内化成为读者的个人思想和行为，而且要最终上升到全社会的层面，用这些书籍的精华来推动全社会的精神文化水平提升，这才是图书馆的真正价值，也才是图书馆阅读推广的真正意义所在。图书馆对广大读者的开放是讲究平等的，广大读者应该对这一点形成客观认识，阅读不是某个人或是某类群体的专利，而是所有人都可以参与的活动，而且这种参与是建立在平等的基础之上的。另外，读者在图书馆中进行阅读遇到问题时，可以及时向图书管理员反映，如果由于图书馆本身发展方面的原因不能让问题得到及时有效的解决，读者也有权把问题提出来，让图书馆的上层管理部门进行协调解决，这同样是广大读者在阅读过程中所拥有的权利。当然，作为读者，在反映相关问题的时候也要基于客观公正的态度，相关问题不能建立在伪理论的基础之上，应该是图书馆有条件解决但由于某种原因而没有及时解决的问题，这样图书馆的社会化阅读价值才能更加民主化地进行推广。

第二，提升广大读者对图书馆阅读于自身发展的重要性认识。图书馆阅读不是主体的被动性过程，而是主体的主动性创造的过程，在这个过程中，读者作为阅读的主体，不能被动性地硬着头皮来参与，而应该主动性地把阅读的乐趣凸显出来，用阅读来实现自己心灵的升华，让阅读成为自我世界不断充实的宝贵精神财富，把图书馆看作是自己生活中的精神家园来构建，到图书馆中去体会过去的历史发展，去体会科技文化的发展与变迁，去体会伟大的思想家的精神实质。文化是一个变化的历史脉络，作为文化的接受主体——读者，不应该仅仅局限于眼下的文化发展态势，应该放眼文化发展的历史长河，对历史文化要客观看待，对外来文化要理性和辩证地分析，从中吸收更多利于自身发展的要素，实现自我文化价值观的科学树立。阅读能够让我们更加明晰地看到社会发展的本质和内涵，能够去除遮挡在我们视野面前的屏障，从书籍中找到自我心灵的增长点，找到那份特有的文化慰藉，在图书馆阅读中去体会文化的独特魅力。图书馆阅读应该以一种常态化的发展趋势被持续推广，我们既要通过不断的努力来提高物质文化生活的水平，也要通过阅读来不断实现精神文化生活的品位提升，这是阅读的重要性。作为社会的个体，很多人因为对物质文化生活的追求而忽视对精神文化生活的提高，这是一种误区，毕竟阅读对于一个人的价值与物质财富对于一个人的价值是存在本质差别的，不能因为一味地追求物质财富而忽略对精神财富的向往，否则我们的心灵中就会增添一丝利益主义色彩，这是对阅读文化的亵渎。国家需要不断强大，人民需要幸福的生活，这些梦想的实现不能仅仅依靠经济增长，应该经常看到经济要素背后的东西。广大读者应该在学习和生活中给图书馆阅读留出一片天空，不能让生活的琐事占用到宝贵的阅读时间。阅读不仅是一个人综合素质提升的有效载体，也是一个国家、一个民族发展成为文化强国的重要保证，这种对图书馆阅读重要性的认识应该深入广大读者的灵魂深处。

第三，提高广大读者对阅读的社会化认知。从表面上看，阅读是一种个体行为，表现出来的是个体在阅读，实际上阅读是一种社会行为，是个体阅读的社会化发展过程，在阅读的社会推广过程中实现个体通过阅读活动与社会之间的深度交流，上升为读者的主体意识，使个人综合素质得到显著提升的同时，才会推动全社会的文化发展与进步。从一定意义上说，社会的发展与变化是一个相对复杂的过程，作为社会发展的主体——人，在不断自我发展和完善以更好地适应社会的同时，才能有效推动社会的发展与改革的创新。图书馆阅读是让社会中的人的主体性得到更有效体现的关键，图书馆阅读的社会推广重点就是在读者与社会之间建立有效的衔接关系，这种衔接的重要载体就是图书馆，于是图书馆就成了阅读社会化的关键平台。从长远发展的角度来看，我们不能只把自身当作一个单独的个体来看待，应该看到个体的社会性，同样，在个人的知识阅读方面也是如此，广大读者的阅读不仅仅是满足于简单的知识需求的目的，还要满足于社会发展的推动力的问题，这一点也正是为什么现在的阅读已经不再仅仅是"贵族们的高雅活动"。图书馆阅读是一种百姓化的社会化认知过程，人们在阅读的过程中能够实现从不同的角度来看待历史与现实，这样读者才能够更为客观地把握社会发展的历史，从而对当下的社会发展形成更加理性的认识，这也正是图书馆的阅读推广所实现的社会化职能。社会发展的速度是非常惊人的，要保证我们的思路与社会发展的进度相匹配，就需要广大读者对阅读的社会化推广进行重新的认知，改革或者改变传统狭义的小阅读观念的局限，在思想上构建一种广义的大的阅读观念，使阅读的社会化推广更具实效性。

（二）吸引读者阅读兴趣，丰富读者的群体规模

尽管图书馆阅读不同于菜市场卖菜，但是，单纯从服务来看，二者服务具有同根性。换句话说，菜市场卖菜的商贩需要通过提高菜品的质量来吸引买者的关注，也就是要有个好的卖相，接下来就是需要有效的吆喝，让买菜的消费者看到你提供的菜品是怎样的门类、价位怎样，这样消费者才会形成一定的思维判断，当消费者对该商贩产生一定的思维认知后，就会逐渐吸引更多的消费者来到该商贩处购买菜品。对于图书馆阅读来说，图书馆不同于菜市场，阅读不同于吆喝卖菜，但是，图书馆也需要面对不同需求的读者群体，对这些读者群体，图书馆也需要通过有效的宣传和推广手段来吸引更多读者的目光，从而使读者阅读群体不断壮大。吸引读者阅读兴趣的过程就相当于卖菜中菜品要拥有好的卖相的过程一样，当然，对于图书馆来说，还可以通过不断丰富馆藏资源，

使读者的多元化服务得到更加全方位的满足，这样就会有更多的读者因为这些良好的服务而参与到阅读活动中，读者群体不断壮大，从而达到更好的阅读社会化推广效果。

如何才能更好地把握读者的兴趣爱好，有针对性地制定有效的阅读服务方案，是保证读者群体不断丰富的重要前提。中国人口众多，随着阅读社会化推广进程的有序推进，社会上有阅读文化需求的人也越来越多，这些人不受年龄的约束，不受职业的限制，只要自身有一定的阅读需求，就可以到图书馆中进行阅读。不仅如此，这些人还可以通过自身的阅读收获来影响身边更多的人参与阅读活动。图书馆在制定阅读推广方案时，需要把读者的兴趣爱好把握住，真正了解读者的需求是什么，否则即便是把读者强行拉进图书馆，仍然难以让读者真正感兴趣。只有掌握了读者之间的兴趣差异，才能够制定有效的阅读推广服务方案，尤其是一些有特色的阅读推广服务活动更是值得创新开展，这种模式更容易吸引读者的兴趣，使读者在参与中实现阅读推广的目的。

图书馆的阅读服务在针对一些潜力型的读者群体推广时更有意义，例如，读者群体中的青年人。这些人朋友圈子比较广泛，茶余饭后间讨论的话题也比较宽泛，天南海北的相关话题一旦抛出，就会引起圈子内外的很多人响应，对于图书馆阅读同样如此。当某个青年人因为在图书馆阅读时关注了某一领域的话题，当该青年人在与其他人进行交流时，这个领域的话题就有可能成为相互之间探讨的焦点问题，这样一来，自己与朋友圈中的人交流时就多了一个话题。不仅如此，一旦有某位青年人在交往中提到了某个话题，也会引起对方的关注，并因此而使对方也去主动关注这个领域，以希望能够在以后的交流中彼此实现意见的交换，这些人就是典型的图书馆阅读推广潜力股。从表面上看，这些人关注的焦点经常会出现变动，但是，这并不影响图书馆的阅读推广。而且，也正是因为他们关注焦点的变化才让图书馆的阅读推广范畴在不断地扩大，社会发展的综合性也越来越强大，读者的群体规模也会随着社会发展和服务的延展而不断增大。

　　文化是民族振兴的关键，阅读是传播文化的有效途径，推动着国家文化的发展建设。一部好书，一句经典，一个思想，都值得在更大的范围内进行推广，让更多的人认识和了解，从而内化为自身的思想行为和价值取向，这就需要阅读的普及过程，让人们在学习和阅读中不断丰富和提高。社会发展的必然结果就是人类的物质文化和精神文化获得进步，在多元文化的发展过程中，人们需要学会甄别文化，通过阅读来汲取优秀文化的精髓，并把这些优秀文化精髓传播开来，推动全社会文化的变革，让整个国家更富有文化的内涵。

　　在城市化脚步走进每位国人心中的那一刻，中国就开始面临文化发展与社会发展不同步的瓶颈，城市人口的急剧膨胀，人们对精神文化需求的不断提升，都少不了对文化的渴求。只有通过阅读文化水平的不断提高，人们的综合素质才能得到有效改观，人们才能够通过更加多元化的途径来适应经济社会发展的需要，才能更好地服务于现代社会城市发展的需要。随着时光的流失，人们的阅读兴趣在不断下滑，作为现代公共文化事业发展的重要载体——图书馆，有责任和义务让阅读成为改变这种现状的重要杠杆，重新找回广大读者的阅读兴趣，把越来越多的读者重新领入图书馆进行阅读，这是国家文化事业发展的关键。

　　我国现有的读者群体数量呈现下滑的趋势是一个可怕的信号，图书馆有责任通过唤醒全民的阅读精神来改变这种状况，使读者们通过阅读来提高自身的道德素质，通过阅读来树立正确的世界观、人生观、价值观。中国的文明古国不能仅仅停留在历史的回忆之中，作为现代的中国人，应该重新肩负起历史的重任，用自身的实际行动来托起文明传承的火种，把人们内心深处的文明火炬点燃，并通过传播的途径将火炬传递下去，照亮世界的每一个角落。尽管在阅读文化的传播过程中会面临困难和挑战，但每一位读者都有能力来战胜这些困难，反思我们自己，树立常态化的阅读理念，推动我国的图书馆文化事业科学发展。

读者是图书馆发展的不竭动力，没有读者阅读的图书馆只能算作是一座空荡荡的藏书馆或是书籍收藏的档案馆，没有浓厚的书香气息，缺少文化的底蕴和生命的色彩。正是因为有越来越多的读者到图书馆中精心阅读，才赋予了图书馆蓬勃发展的生命和向上生长的力量。当下，相比发达的国家而言，我国的图书馆文化发展事业所能提供给读者的书籍数量是有限的，人们在阅读上所花费的时间和精力也是不容乐观，人均实际占有的图书数量并没有像经济增长速度那样可观。针对这样的现状，图书馆应该从自身找原因、想办法，通过服务创新、管理创新、制度创新等方式，吸引读者的阅读兴趣，遏制读者群体的下滑趋势，充分调动读者阅读的积极性，在保证读者数量持续性增长的同时，提高读者阅读的质量，推动图书馆阅读推广的可持续发展。

图书馆应该充分利用现有的资源，将资源进行高效的开发与利用，通过创新服务手段和活动载体的方式，为广大读者提供更为优质化的服务，以此来弥补图书馆发展现状的瓶颈和图书馆资源有限性的瓶颈。例如，图书馆针对特殊群体的阅读推广活动在一定程度上可以大大扩大读者群体的规模数量，图书馆的志愿者可以通过轻声朗读的形式为特殊读者群体提供阅读服务，即便不是面传身授，也可以将这项服务录制成声音制品播放给这些特殊读者，让这些人享受到有特色的阅读服务，这就在一定程度上改变了读者从视觉到发声的阅读，建立了一种从发声到听觉的阅读模式，其实就是一种现有阅读资源充分利用的过程。当然，这个过程增加了很多附加值在其中，需要图书管理员充满责任意识和服务理念，将自身的服务转化为特殊的付出，为更多的读者提供全方位的阅读服务。

（三）拓宽阅读推广渠道，探索行之有效的路径

随着电子信息的不断发展，社会的发展产生了深刻的影响，尤其对图书出版业的冲击更是不可估量，只有出版业有一定的发展空间，图书馆才能更好过，如果图书馆的图书没有相关机构提供，那么图书馆就真的成了藏书馆。因此，图书出版业和图书馆一样，都应该不断创新生存和发展空间，尤其图书馆更应该扩宽阅读推广渠道，这样当越来越多的读者到图书馆中去阅读时，图书馆就需要大量的书籍来满足自身发展的需求，图书出版业的市场空间也会更大些。

在生活中，人们需要不停地认识世界和改造世界，这是一个不断往复发展的过程。最早的人们认识世界是靠视觉观察，而这种视觉观察最后上升到语言表述，通过语言表述把各种经验传授下去。但是，经过长期的历史实践发展，这种语言传授可保存的难度系数非常大，于是就有人发明了文字，用文字来记载各种自然界的变化过程。经过一段时期的实践，人们发现这种通过文字记录世界变化的方式对于人类的发展具有非常积极的意义。后来，这些文字逐渐被整理成各种各样的书籍，书籍又逐渐被分类。再后来，这些书籍被放到图书馆中供更多的人学习和了解，推动了人类社会的发展和科技的进步。这些就是传统的阅读方式和文化传播方式，在整个人类社会的发展史过程中发挥着至关重要的作用。到了现代社会，人类的沟通方式更加多元化，人类认识自然和了解自然的方式也变得更加快捷，越来越多的科学元素融入现代社会的发展过程中，使人们的阅读模式发生了深刻的变化。韩国的沉船事件当下进展如何？中国的事业单位改革进展如何？单独二胎政策落地后会产生怎样的影响？等等，这些热点的消息在传统的图书馆事业发展中简直就是火箭般的传播速度，不可能快速就被全社会关注和了解，但面对当今信息化传播媒介的飞速发展，这些最及时的消息都可以在图书馆中通过网络查询到。

现代图书馆为广大读者提供阅读服务需要建立与现代信息业发展相匹配的传播模式，在传播中提高图书馆的影响力，更有效地发挥现代图书馆业的优势，提高读者对身边世界发展变化的认识和了解的速度。现代图书馆事业的发展应该立足于传统图书馆的优势特点，充分发挥现代高科技信息产业的创新载体，有效实施资源拓展，加大阅读推广力度，为公共社会文化服务事业做出新的更大的贡献。传统图书馆的优势就在于能够将历史文化的优势通过直观的方式表达出来，把古老的人类文明传承开来，让当代人和后来人有机会领略到古老文明的产物，在阅读中回味传统文化的风格，品味传统文化的精髓，并以此来推动现代图书馆阅读事业的和谐发展。当现代高科技被广泛应用到我们社会生活的各个领域中时，图书馆事业的发展也应该紧跟时代发展的步伐，进行有效的数据资源更新，不仅仅包括对图书馆中馆藏书籍资源的更新，也包括对图书馆信息化设备的更新，以满足广大读者的阅读需求。图书馆作为一种现代文化推广的主体机构，其中有很多特色的资源是其他领域所没有的，正是这些具有特色的资源才能够大大吸引广大读者的兴趣爱好，使读者感受到足够的阅读乐趣。换句话说，图书馆的阅读推广模式吸引了越来越多的读者眼球，使读者在其中能够感受到的文化氛围是特别的，这种文化氛围中饱含了现代高科技的符号在其中。

图书馆的阅读推广不能是小范围内的小报式传播，而应该是大范畴的广义传播，不仅仅是传播一定领域的知识，更应该包括多元化的传播模式，通过大众化的传播来弱化读者之间能力和水平的差异，通过传播来缩小读者思维方式和生活方式之间的差异，也通过传播让广大读者能够完成深度的阅读，实现阅读综合能力的有效提升。每个读者在阅读中关注的焦点是存在很大差别的，这些差别成为图书馆阅读推广需要重点考虑的问题，让尽可能多的读者领略到尽可能广泛的范畴，实现阅读的平衡发展，推进阅读的大众化发展进程。从宏观层面来看，社会由若干领域的读者构成，这些读者在社会中需要从事不同领域的工作，其生活环境也存在很大的差别。面对这种读者能力差异的现状，图书馆应该有针对性地开展阅读推广活动，把适合于青年读者发展的教育教学类内容作为这类群体阅读过程中需要重点突出的内容，使这类群体拥有共同交流的话题，把图书馆作为一项交流的活动载体，实现阅读的平等化推广与传播。当然，针对普通的社会群体来说，可能更多地关注一些社会热点话题，而这些话题在互联网等信息化媒体中已经有所传播，在民间也会存在一些不同的说法，这些说法都会成为普通社会群体交流的内容。但是，这些传播的科学性和准确性却是不确定的，在图书馆的纸质版传播资源中，一些有代表性的学者对问题的评析和论断的科学性更强，更适合读者们去分辨问题的是非和本质。因此，针对一些社会的热点问题，图书馆能够发挥准确的信息传播作用，保证舆论引导能够建立在真实客观的基础之上，避免以讹传讹的谣言滋生。

随着社会发展的智能化趋势，越来越多的便捷式操作为我们的各项工作和学习带来了方便，图书馆阅读活动也逐渐趋于智能化，读者群体在图书馆中可以通过简单的快捷方式来从事阅读活动。当今，图书出版物越来越多，读者在进行阅读时需要面对大量的资源，如何来进行有效的筛选，从海量的阅读资源中选取有效的资源进行阅读，主要就是要处理好阅读过程中质与量之间的关系问题，既要保证阅读数量上的需要，又不能忽视阅读的品质，要保证读者通过阅读之后能够真正受益。任何人在阅读的过程中的精力都是有限性的，不可能涉足所有的阅读领域，因此，只能是有针对性地开展阅读，要保证阅读的内容丰富多彩，阅读的载体复杂多样，阅读要有深度有广度，这样才能体现阅读推广体系的层次性。

在图书馆阅读的社会化推广过程中，读者们的知识结构要满足社会发展的需要，这就需要以个人素质的不断提升来应对激烈的市场竞争，在竞争中保持个人的优势，突出自身的价值所在。尽管阅读不能解决所有的问题，但是，通过阅读可以让我们的生活更充实，更富有意义，把有限的时间和精力投入到社会的发展和改革过程中来，认识到自我的优势，在阅读中把自身优势突显出来，同时，也要充分认识到自身存在的不足，通过阅读来弥补自身的劣势，争取生活中的主动权。

图书馆阅读的推广应该立足于城市的文化特点，以推动整个社会的良好学习风气建设，这是一座城市内涵建设的关键所在。社会的发展需要人的素质的普遍提升，人们在政治、经济、文化、社会中要努力提高适应能力，以终身学习的理念来指导个人的全面发展。社会性的学习是社会发展的需要，作为社会的个体，要不断创新学习理念和学习方法，投身于图书馆的阅读推广过程中，使图书馆的阅读服务能够遍布到社会的各个领域，提升图书馆阅读的社会影响力。纵观当下社会的各个发展领域，无论是什么样的社会组织，都不能替代图书馆在社会阅读推广中所发挥的重要作用，图书馆中的资源是得天独厚的，能够被更多的社会读者所认可和接受，通过图书馆阅读，可以将更多的读者群体集中起来，形成一种全社会的阅读风气，让图书馆在社会化阅读推广中发挥表率性作用。图书馆阅读可以让固定的资源得到灵活性的发挥，从图书馆发展的角度和社会发展的角度来灵活配置资源，使资源的作用能够得到专业化的发挥，让图书馆与地方专业化机构结合起来，尤其是部队、医院、高校、大型企事业单位等机构，都可以考虑建立图书馆的分支机构，让图书馆的优势资源在这些单位得到有效发挥，形成良好的阅读推广网状结构，形成交叉互动，推动图书馆阅读的有效开展。图书馆与相关企事业单位之间的合作还应该充分考虑阅读的引导性作用，在相关单位建立阅读互动小组，组建各种专业特点和有特色的阅读团队，组织相关人员搞图书馆阅读交流会，让图书馆的专家能够参与到阅读推广活动中，把一些专业化的书籍推荐给相关领域的读者，并有针对性地进行阅读指导，让阅读活动走进基层的每个角落。图书馆阅读推广还应该充分考虑知识更新的问题，以科技领域中最前沿的知识为指导，进行阅读推广，也可以选取社会的热点领域进行书籍的推荐论证，让广大读者对新鲜话题产生浓厚的兴趣，保证阅读的前瞻性，使整个阅读推广过程不断有新的内容融入其中，达到阅读的灵活性与有序性结合。

需要承认的是，当前很多读者因忙于工作和学习，让日常的阅读活动常常处于荒废的状态，即便有一些闲暇时间，很多人也把这些时间用于应酬，没能把阅读上升为内心世界意识的层面。即使是能够抽出时间来翻翻报纸，也只是停留在翻一翻的层面，更多地只能起到浏览的作用，不能入心、入脑，没能够把报纸中深层次的东西内化，甚至很多时候翻看之后报纸上的基本内容都没能够在大脑中留下一丝印象，达不到阅读的真正目的。真正意义的图书馆阅读应该是相对深层次的，把阅读的灵魂贯穿始终，把阅读的精华融入生活中，努力去发现作者在写作过程中深层次的内涵。同时，作为读者还要有追问的精神，在阅读的过程中发现问题要及时咨询，通过与专业人士的沟通与交流，实现阅读的深化。

图书馆阅读应该逐渐向理性层面上升，当然，这个过程要针对不同类型的读者。对于初期的读者来说，只要能够形成自我对阅读的认识就是一种理性的过程；对于有一定专业基础的读者来说，能够形成自我对有关问题的观点才是一种理性的过程。一般意义上的阅读只能解决阅读的数量问题，不能让读者有太大的精神收获，图书馆应该选取有效的阅读资源，让读者产生浓厚的学习兴趣，在阅读中不仅能够读懂相关的文字信息，还能够看到文字背后的内容。另外，图书馆还应该建立读者之间的联谊平台，让读者之间通过阅读进行深入的交流，在阅读交流中产生思想意识的火花，传播优秀的文化，拓宽读者的视野，让读者能够从阅读中真正受益，充当文明传播的光荣使者。

出书热也是图书馆阅读推广的有效宣传载体，同时，这也对图书出版事业的良莠不齐设置了障碍。并不是说普通的工人和农民不可以出书，而是其出版的图书能够有多大的价值，能够对某一领域的发展建设起到什么样的积极推动作用。图书馆进行图书采购时，应该有专业的队伍对相关领域的图书进行甄别，不能让一些鱼目混珠的图书混入市场中混淆视听，这对读者来说就可能会产生不利的影响。出书不是坏事，但出的书是垃圾图书，效果就会适得其反。作为图书馆，应该选取相关领域中一些有独到观点的书籍进行采购，保证这些图书能够在图书馆阅读推广中发挥更大的价值，让读者能够通过读书真正从中受益，这是问题的关键。现在有一些书籍的名字看起来非常有吸引力，实际并没有太大的可读性，这就是对阅读推广的亵渎。阅读是一项非常高雅的活动，通过阅读能够实现心灵的净化。如何才能让人们的心灵真正得到净化？单纯靠一本两本书显然不能发挥真正的作用，应该让该领域的一系列图书共同来发挥作用，至少应该让读者产生理念上的认识，这样才能够从图书中发现真、善、美的东西，在日常的工作和学习中才能够用真、善、美来面对一切，把高尚的阅读理念推广开来，以达到融会贯通的目的。

（四）在图书馆阅读推广中把传统阅读和现代阅读统一起来

社会发展是历史的必然，否则社会就会停滞不前，甚至会出现历史性的退步。在社会发展过程中，与之相伴随的是人类思想文化的发展与进步，这种文化的发展与进步需要人们用理性的视角来看待，不能漠然视之。阅读的力量是非常强大的，这些力量不仅来自现代的阅读资源，也包括对传统书籍的科学把握。任何书籍都具有一定的价值，都能够对读者的心灵产生一定程度的影响，问题的关键是如何才能够发挥书籍的真正价值，如何才能够让阅读成为一种时尚来影响每个读者，这才是图书馆阅读社会化推广所需要解决的问题。

图书馆阅读推广不能让读者处于孤立的状态，应该由图书馆负责把不同领域的读者有效地组织起来，帮助读者来选择哪些领域的传统阅读更应该提倡，哪些领域的现代阅读作用更大，把传统阅读和现代阅读有机地统一起来，发挥更大的实效性。每一种阅读都会发挥一种特有的价值，图书馆的阅读推广服务应该在引导上下功夫，让读者在传统阅读上读时就应该抓好传统阅读，让读者把握好现代阅读的优势时就应该发挥现代阅读的优势。例如，在传统的思想道德建设方面，中国优秀传统文化中有很多博大精深的内容值得现代人学习，尤其是面对社会道德滑坡的问题，更应该用传统的道德观进行教育性的引领，让读者在教育中实现道德素质的全面提升，这也是现代很多流行文化所不具备的职能。

阅读不是简单的传统阅读与现代阅读的结合，而是一个复杂的联动过程，生活中的每个细节都有可能在阅读推广中发挥重要的作用，甚至包括唯心主义的梦境都可能成为阅读的摇篮。正如中国著名作家、诺贝尔文学奖得主莫言所说："在我的创作中，无论亲身经历、阅读还是现实社会事件，都会成为我创作的灵感来源，有时候甚至做梦的内容，也对我的创作有所启发。我少年时做过学徒，在打铁铺里拉风箱，许多当时的风物人情，同样成了我创作的素材。应该说，作家的灵感触发是多方面的因素。现代社会的多元化，使得人们的阅读时间受到了挤压，而现代社会，我们更应该看到阅读本身已不再是传统的阅读，现在很多年轻人通过手机、网络看电子书，同样是阅读，无非形式不同，我并不认为现在阅读的人总量会比过去少。"①从莫言的表述中我们不难看出，任何形式的阅读都值得提倡，我们生活中的每个细节都能够为我们的阅读创作提供平台，都可以成为我们阅读的重要载体，让传统阅读和现代阅读统一起来才能够发挥更大的推动作用，这也正是图书馆阅读推广应该考虑的重要因素。

图书馆需要把传统阅读的精华传承下去，让不同历史时期的读者都能够通过有效的阅读来认识了解文化的发展历程。传统图书中拥有很多文化内涵性的东西，这些东西是不会因为时代的发展和变迁而磨灭的，反而会因为时代的不断发展和技术的不断革新更加大放异彩，这也正是传统阅读的价值所在。正如深圳报业集团副总编辑、晶报总编辑胡洪侠所说："传统图书业并非面临革命，我们早已过了面临革命的阶段，我们已经在革命之中。任何一个媒介革命不是一个单一的技术所能引发的，也不是单一因素可以面对的。传统图书业和新技术、新媒体不能是敌人，也不会是敌人，它们必须是伙伴，它们必须一起走，它们的共同任务就是整合当代所有与印刷、与传播有关的技术，整合出一种新的前所未有的文化力量。书籍就是艺术综合体，传统的书籍综合了各种各样的艺术。

①春城晚报.莫言谈阅读：手机网络同样是阅读［EB/OL］.
http://www.wenming.cn/book/zsds/201311/t20131121_1592706.shtml.

书本身除了内容之外，还有更多更高的价值，它的审美价值，它的文献价值，它的趣味价值，而不仅仅是它提供的知识价值。书籍永远不止是字和纸的结合，而是艺术的综合。比如，书上一个藏书票是藏书票艺术，签名是签名的艺术，内面设计是整体设计艺术，纸张如果有特殊质感，那是纸张的艺术，书籍还有插图。书籍综合了这么多艺术，如果艺术不会消亡，书籍怎么会消亡？"[①]从胡总编的这段表述中我们能够发现，其实传统图书业与现代图书业的发展之间并不矛盾，传统图书业中有些价值元素是现代图书业所不能取代的，正因为传统图书中蕴含了很多特殊的价值于其中，才决定了这种文化传播模式应该长期保留下去，来影响当代图书出版业的发展，充分体现传统阅读与现代阅读之间的完美融合。

互联网信息产业的飞速发展推动了阅读文化发展事业的进步，让中国社会的文化发展理念发生了深刻的变化，阅读已经逐渐成为很多普通百姓生活中不可或缺的内容，文化的力量逐渐壮大，阅读的软实力不断得到有效凸显，正是这种文化的自觉逐渐上升到意识形态的层面，才有效推动了社会发展领域中其他产业的发展与进步。图书馆阅读已然成为一种不可或缺的生活元素影响着每个人的生活，包括生活的方式和生活的质量，当然，更主要的是让这座城市、这个国家充满了文化的气息，让人们来到这座城市、这个国家就能够真切地感受到浓烈的文化氛围。阅读的社会化推广在缔造了一个又一个传奇的同时，也对传统阅读模式的发展提出了新的挑战，一些人开始质疑是否需要保留传统的纸质版书籍，还是用低碳环保的方式来推行纯粹的电子版书籍，实际上这是一种对传统阅读的偏见和误读。实践证明，现代信息产业的发展在一定意义上大大地推动了图书馆等文化事业的飞速发展，但这并不意味着现代信息产业技术在图书馆阅读领域中的应用就可以取代传统阅读模式。也就

---

①姜梦诗，朱畑明.迎接互联网挑战保住传统阅读优势［N].晶报，2013-03-02（第A05版）.

是说，二者在对读者阅读所发挥的作用是存在一定差异的，不是对立的矛盾关系，而是相互促进、相互推动的辩证关系。

尽管传统的纸质版图书阅读已经不再是图书馆阅读中唯一的方式，但是，这种阅读模式并不会因为现代电子信息技术在图书馆中的应用就被完全演化，相反，有很多珍贵的文字图书资料必须要通过纸质版的形式来保存，这对书籍发展历史的价值是大于电子图书的价值的。当然，电子信息技术更新速度快的优势也应该在图书馆阅读中得到充分体现，毕竟读者的时间是相对有限的，不可能把所有的时间都用在阅读过程中的查阅，恰恰是电子信息技术非常快捷的检索功能解决了传统图书馆阅读中的弊端，大大提高了阅读查询的效率。同时，现代阅读业的发展也对传统阅读产生了很好的竞争效应，迫使传统阅读模式尽快进行手段和载体创新，以探索出比现代阅读更为优势的阅读模式，这样就有效地推动了传统阅读模式的发展，使传统阅读模式更加成熟。当然，这并不意味着保证传统阅读模式的市场就是一种保守的发展理念，也不意味着就会导致图书馆阅读模式的倒退，相反，还会对图书馆阅读的社会化推广起到非常积极的推动作用。

五、政府管理职能策略

图书馆属于公共文化服务性事业，无论从管理层面还是从经费投资方面，都与地方政府具有非常密切的关系。图书馆要发挥更为突出的文化传播职能，就需要将图书馆的阅读服务最大范围地推广开来，让更多的读者充分认识和了解图书馆的综合服务。地方政府在图书馆的阅读推广活动中应该发挥有效的管理职能，保证图书馆各项阅读推广事业有序进行，为营造良好的社会阅读风气保驾护航。

（一）提升政府对图书馆阅读推广的价值认同

面对地方经济发展与人们日益增长的文化需求之间的矛盾问题，很多地方政府的应对策略一般更倾向于通过经济社会的发展来改善民生问题，常常忽略反应比较慢的文化影响力因素。其实，文化软实力的建设是一项长期的系统工程，一座城市的综合发展指数不应该仅仅依靠经济指标来进行单一的考量，更应该充分考虑这座城市的文化底蕴和内涵建设情况，考量生活在这座城市中的最广大人民群众的幸福指数。很多时候，随着人们物质文化生活水平的不断提升，一些经济层面的利益会更容易获取，相反，一些精神层面的利益却很难得到有效的保证。而且，社会发展的物质文化程度越高，人们对精神文化层面的追求就越高，但很多地方政府并没有把目光停留在这个问题上，结果导致一些地方的文化产业发展缓慢，不利于全民文化素质的提升，更不利于一座城市、一个国家的文化水平提升。

图书馆作为一种文化公共服务性事业，对地方政府的文化软实力发展起到了非常大的推动作用，所以政府应该从长远发展的角度来看待图书馆对于地方政府公共文化服务事业发展的现实价值，不能仅仅看到短期内的经济利益。一个项目的真正价值应该是可持续性的，是对社会未来的发展能够起到积极推动作用的。就如同我们不能因为某些污染类项目能在短期内为地方的税收带来很大的收益，就过分承认该项目的实际价值，忽略这种表面经济价值背后可能会造成严重后续影响的问题，这就是在发展的过程中很多地方政府常常忽略的问题，这种现象对于图书馆发展事业同样如此。我们不能因为图书馆短时间内不能为地方政府的经济发展带来非常突出的实际显性效益，就否定图书馆对于地方经济社会发展的实际价值，或者不能因为短时间内出现显性表现就放弃图书馆等公共文化事业的发展，这些现象是非常可怕的，会导致一座城市综合文化素质的下滑，甚至会导致一个国家文化素质的降低。

地方政府在图书馆的文化价值推广方面要努力提高认识，科学看待图书馆的实际价值，通过多元化的方式将图书馆的文化价值表现出来，以规范政府对图书馆等公共文化服务事业的推动和影响。

第一，通过主流媒介宣传图书馆的文化价值，鼓励地方企事业单位投身图书馆的发展建设。图书馆的文化价值是不可低估的，对地方经济的发展能够发挥重要的价值。尽管很多企业也非常重视企业文化的建设，但是，很多企业并不了解图书馆的真正价值是什么，主要原因在于地方政府对图书馆的公益性宣传非常少，很多地方的主流媒体更多的是把宣传的力度放在能够为媒体带来较大经济效益的领域，通过宣传能够为媒体带来大量的广告收益。而图书馆作为一种公益性文化服务事业，不可能花费大量的费用作为阅读推广的专项服务经费，这就导致图书馆在阅读推广方面的宣传手段比较单一，不能借助较为有影响力的地方主流媒体，而是仅仅借助于图书馆内部的一些宣传，或者通过网站进行宣传，这样图书馆的阅读宣传主要是针对那些已经成为图书馆阅读推广主体的人们，而针对一些潜在的图书馆阅读推广群体来说，并没有发挥应有的实际价值。作为地方政府，应该给予图书馆一定的公益性宣传平台，通过与地方主流媒体进行沟通，给予图书馆等公共文化服务事业一定的宣传板块，而且这些板块对于图书馆的公益性宣传是免费的，通过这种主流媒体的宣传对象才能拓宽图书馆的宣传格局，使更多的企事业单位认识和了解图书馆，这样地方的企业才更愿意对公共文化服务事业进行合理的投入，从而为图书馆的可持续发展创造更大的发展空间。

第二，通过投资渠道的创新发展，吸收更多的资金参与到图书馆等公共文化发展事业的建设。图书馆发展的动力在于利用现有的资源进行更高效的阅读推广服务，当现有资源发展差异较小时，就需要不断创新投资渠道，吸引更多的资金参与到图书馆的发展过程中。地方政府要发挥交流平台行动作用，在企业文化服务与图书馆资金投入之间架设企业与图书馆有效沟通的平台。政府作为中介，鼓励图书馆能够为企业无偿提供有效的阅读推广服务，通过阅读推广服务提高企业的文化水平，提高企业员工的综合素质和管理能力与水平，同时，还要鼓励企业为图书馆提供必要的资金支持，让企业在条件允许的情况下，能够拿出一定的资金来做图书馆等公益性文化服务发展事业，这样就能够让全社会有机会享受到更为丰富的文化阅读资源，相当于为全社会的文化发展事业做出了贡献。当然，政府在这个过程中要充分发挥中介性的作用，在政府的沟通与衔接下，让企业得到自身需要的文化发展资源，推动企业文化的迅速发展，为企业的综合实力提升奠定坚实的软实力基础，成为企业对外发展中强有力的竞争资源，大大推动企业的发展。同时，图书馆也得到了想要的投资资源，通过企业对图书馆的资金投入，丰富了图书馆的资金实力，为图书馆的发展与壮大奠定了坚实的基础，形成了图书馆与企业之间发展的良性互动，实现了资源优势的互补，推动了文化发展工程的有序建设。

第三，提升对公共文化服务事业的投资，处理好地方经济短期收益与长期收益的统一关系。政府职能需要解决好短期投资与长期投资之间的关系，需要让短期效益与长期效益共同作用于地方经济的发展，这样地方的发展才能更具潜力。文化投入本身就属于一种长期性的投资模式，短时间内不能马上看到显著的效益，这就需要地方政府理性看待投资模式的价值，不能只将目光停留在短期的显性收益上，应该放眼未来，将文化事业做好，为城市未来的潜力发展奠定坚实的基础。当下，一些地方政府的制度模式让管理者必须做出成绩来，把经济增长作为衡量管理者领导能力的重要指标甚至是唯一指标，这无形之中就将多元化的衡量模式抹杀掉了，地方管理者为了证明自身的领导能力和领导水平，只能更多地把资金用于地方政府的显性发展项目上，让投资收到立竿见影的功效，或者说能够更容易让上级主管部门看到自身的工作成绩，相比之下在公共文化服务事业上的投资并不多，甚至是非常少，其中最为主要的原因就在于这属于一种隐性的投资范畴，将资金投入到图书馆等公共文化服务性事业，不能在短时间内见到显著的经济效益，当相关考核机构来对政府工作成效进行考核时，短时间内不容易看到因为文化发展而带来的城市的发展变化，这就在一定程度上令很多城市的管理者对图书馆等长期公共文化发展事业处于置之不理的状态，不利于文化事业的发展，因此地方政府应该着力处理好地方经济短期收益与长期收益的统一关系。

第四，在图书馆常规服务价值之外，向政府推出有影响力的产品，使政府看到图书馆的特定价值。政府对图书馆的认识一般就是阅读，或者说，政府并不了解图书馆除了向读者提供阅读服务之外，还能够为阅读发挥怎样特定的价值，这也正是图书馆应该通过管理创新让政府意识到的内容。图书馆为地方政府创造了健康和谐的文化氛围，这一点是有目共睹的，在这些常规的价值之外，图书馆还可以为地方政府提供一些特定的附加价值。当然，不同的图书馆所能够发挥的附加价值也是不同的，这就需要图书管理员能够积极创新工作思路，不断探索新的工作增长点，把图书馆的价值进行多元化拓展，利用现有的图书馆资源和一定的社会管理资源，为地方政府的管理和决策提供一定的帮助和技术支持。例如，有些地方的图书馆通过对相关领域的图书馆历史资料的收集，为地方的史料整理提供必要的准备工作，为下一步地方政治、经济、文化、历史等各领域的发展奠定一定的基础，这就是图书馆常规价值以外的附带价值，而这些价值也正是其他领域所不具备的。

（二）政府加强对图书馆阅读推广的激励机制

图书馆本身不具备营利性，这一点与图书馆的公益性设计初衷是相一致的，但是，这一现象在一定程度上也导致图书馆在发展过程中缺乏必要的竞争激励机制，不利于图书馆资源的优化配置，使图书馆的阅读推广职能不能得到最大限度的发挥。作为地方政府，应该充分考虑到图书馆这种特殊的文化属性，建立和完善相关激励机制，使图书馆在公共文化事业推广中发挥至关重要的作用。

政府制定相关激励性政策主要是保证图书馆综合职能的有效发挥，使图书馆的服务能够更进一步深入社会，让社会文化服务事业得到更有效的发展。具体说来，应该在以下几个方面建立和完善相关激励机制：

首先，建立和完善企业参与图书馆阅读推广的激励机制。图书馆阅读推广不仅仅是图书馆本身的职责，也是对社会发展起积极推动作用的企业的职责和使命。相关企事业单位有责任承担起全社会的文化传播服务职能，为图书馆的阅读推广贡献应有的力量，最重要的是对图书馆的阅读推广给予必要的支持。企业对于图书馆阅读推广的激励主要是通过对图书馆等公共文化事业发展的支持和激励，让企业所属员工参与图书馆阅读的支持和激励，对企业的合作单位参与阅读推广活动的支持和激励，建立和完善这些方面的激励机制能够有效地推动图书馆阅读向更为纵深的领域发展，保证图书馆阅读推广更具实效性。一是企业要承担起图书馆阅读推广激励主体的责任，加大对图书馆等公共文化服务性事业的支持和激励，对图书馆给予必要的资金支持和技术支持，尤其对于一些在电子信息产业有一定技术水平的企业，以及在图书出版和经营方面有一定实力企业，都可以鼓励这些企业参与到图书馆的阅读推广活动中来，建立相关的激励机制，由政府完成对这些企业的规范化管理，保证企业在推动图书阅读推广活动中更有效地发挥企业优势。例如，作为电子信息产业类企业，可以协助图书馆阅读推广活动进行相关的技术研发，为图书馆图书阅读的信息化传播奠定坚实的技术基础，政府部门可以在相关的税收政策方面给予一定的减免，鼓励企业参与图书馆阅读推广的技术研发，使图书馆能够更加高效便捷地为广大读者服务。同样，图书出版类企业也应该成为鼓励参与阅读推广活动的重要对象，把一些热门的书籍投放到图书馆供广大读者进行阅读也是一种对书籍有效的宣传模式。读者们在图书馆读到相关的书籍之后，为了进一步深入阅读，就会从图书出版企业购置相应的图书，这对于图书出版企业也是一项不错的收益。二是企业对员工参与图书馆阅读的鼓励和支持，如果企业条件允许的话，可以成立内部的小型图书馆，这种小型图书馆可以与大型图书馆搞合作联盟的形式，一定程度上也能满足企业内部员工的阅读需求。当然，政府也要鼓励这些企业的图书馆对外开放，完善相关的激励政策，做好企业内部图书馆与政府行为的图书馆之间的有效沟通桥梁。

对于能够为企业员工提供更好的阅读平台的企业，政府职能部门可以联合主流媒体对企业的做法进行重点宣传，以鼓励更多的企业参与到为员工提供阅读服务的平台活动中，形成优秀的企业小文化，用越来越多的企业小文化来影响社会的大文化，形成小文化与大文化联合互动的机制，推动图书馆阅读推广活动向更深层次发展。三是鼓励企事业单位将阅读推广的理念渗透给予该企业有合作的其他单位，这样就会形成阅读推广的网络，能够更广泛地将图书馆阅读活动引向纵深。例如，政府可以鼓励一些企业成为图书馆阅读推广理事单位，这些理事单位要定期为图书馆的阅读推广出谋划策，积极参与图书馆组织开展的各种大型活动，理事成员单位可以借助企业的特殊身份，向其他单位进行阅读宣传推介，并可以在其他领域的合作中给予该企业一定的优惠政策，这样就会形成有效的激励机制，扩大图书馆阅读推广的社会影响力。

其次，建立和完善广大读者普遍参与的图书馆阅读推广激励机制。政府在推动图书馆阅读推广活动中应该积极想办法，建立长效推广机制和激励机制，重点要把握好有一定社会影响力的读者群体，通过以点带面的方式将图书馆阅读引向深入。政府部门要充分利用每年的 4 月 23 日的世界读书日活动，以此作为吸引读者眼球的活动载体，吸引更多的读者到有条件的广场去参与大型的图书阅读推进月活动，并配有地方主流媒体的宣传报道，在活动中还可以选取有特色的群体代表进行有针对性的阅读宣传，而且，这些代表也可以以志愿者的身份参与到图书馆阅读活动中来。在阅读推广活动中，志愿者应该通过行动来影响身边更多的人认识到图书馆阅读的重要性，鼓励身边的人坚持阅读，用阅读来提升个人的品位和综合素质，给身边的读者灌输"把书读旧，把理念读新；把书读薄，把自己读厚"的阅读理念，养成良好的阅读习惯，多读书、读好书，让读书伴随着个人的生活和学习于始终。有关学校和企事业单位应该组建图书馆阅读推广的志愿者队伍，通过这些志愿者的阅读理念传播来影响更多的读者参与到阅读活动中，政府部门要加强对这些志愿者队伍的规范和管理，建立完善的阅读推广激励机制，把志愿者们的阅读宣传活动成效与志愿者日常的学习和工作考核相挂钩，对于在阅读推广志愿活动中表现优秀的志愿者，可以给予一定的奖励，以更大程度地调动全民阅读的积极性，在全社会形成良好的阅读氛围。政府对于普通大众化读者的阅读推广也应该完善相关激励机制，鼓励这些读者用阅读的行为来提升自我的阅历，在工作和学习中实现能力的全面提升，对长期坚持阅读的读者可以免费办理大型图书馆的借阅卡，为这些读者提供阅读方便，形成良好的激励机制，同时，也鼓励更多的读者到图书馆中去嗅闻书的香气，在阅读中提高内涵，在阅读中领略大家风范。

再次，建立和完善政府职能部门积极参与的图书馆阅读推广激励机制。图书馆阅读推广不是简单的图书馆单方面行为，也不完全是读者的个人行为，而应该建立一种阅读推广的体系，图书馆为读者提供大量的阅读资源，图书出版企业把书籍投放到图书馆中供读者阅读，社会中的企事业单位也大力支持图书馆的阅读推广活动，鼓励员工积极参与图书馆阅读互动，政府部门建立健全阅读推广管理的相关机制，在这个阅读推广体系中把阅读的社会化充分体现出来，营造全社会共同参与的阅读氛围。政府职能部门是图书馆阅读推广的重要主体，作为阅读推广主体，也应该建立一套相对完备的阅读推广机制，这并不意味着由政府职能部门去亲自阅读，而是通过这些职能部门的不同特点，来在阅读推广活动中发挥更为积极的作用。职能部门的阅读推广机制建立一定要结合不同部门的特点，换句话说，就是要充分体现出不同部门的专业特点，这样才能让阅读推广活动更具影响力，从而发挥更大的实效性。例如，税务局在阅读推广中可以通过跟图书馆联合设立税务常识专栏的方式，推广相关的税务专业类书籍和案例式书籍，利用税收相关法律法规的普及宣传让广大企事业单位认识和了解我国的相关税收政策，这样既解决了阅读的专业化问题，也为广大群体对企事业单位的纳税情况进行有效监督提供了必要的蓝本，从而使专业化阅读宣传活动得到有效推广。

（三）在政府的宏观调控下加强相关领域的合作

图书馆不能作为一项孤立的事业，这将不利于公共文化事业的发展与壮大，也不能有效推动地方政治经济的飞速发展。地方政府为了能够保证公共文化事业的科学发展，就需要放宽对图书馆等公共文化服务事业的管理和控制，不能把图书馆管理得过于死板，应该给图书馆一定的发展空间，政府职能部门在图书馆等公共文化事业的发展中不仅发挥宏观调控的作用，在微观管理的领域中也要鼓励图书馆进行多元化的合作，加强同更多的企事业单位和个体进行深度的合作，通过合作来实现文化资源的深度共享，推动城市的文化发展建设向更为纵深的方向发展。

图书馆要与社会中的相关领域加强合作，其出发点就是要推动社会公共文化服务事业的发展，在合作共赢的理念指导下，让图书馆通过多样化的活动载体来凸显深度合作的成效。例如，图书馆可以与社会上的企事业单位进行合作，聘请有一定影响力的学术专家为图书馆举办公益性的宣传讲座，从图书馆发展的角度来看，这种模式能够提高图书馆的社会影响力；从社会公共文化事业发展的角度来看，这种模式能够在全社会范围内形成良好的学术氛围，增强广大读者对于文化事业的深入了解，提高图书馆等公共文化服务事业的影响力。

当然，图书馆与社会各领域的合作也应该充分考虑到地方政府的实际发展需求，结合当地的实际发展状况，通过与相关企事业单位联合搞图书的阅读推进会、相关领域的学术精品报告会、新学术观点的论证会等，提高图书馆在广大读者心目中的地位，拓宽在全社会范围内广大读者共同关心和关注的话题。通过搜集公共图书馆内有关的书籍、报纸、杂志、文献资料等，作为内容的丰富材料和共同的研究与探讨话题，积极与相关社会机构、部门加强沟通与合作，从而得到相关职能机构和部门的支持与扶持，提高图书馆资源的高效利用效率，使图书馆中的优秀资源通过公共图书馆这个社会公共文化平台得到更大范围的传播，从而推动全社会公共文化服务事业的发展与进步。

政府宏观调控下的图书馆与社会领域中的合作应该顾忌到多方面的利益，既要考虑到图书馆实际发展的状况，又要考虑到与之合作的企事业单位的实际发展需求，还要考虑到全社会的文化发展趋向和社会的实际发展态势，把这种发展模式建设成为有一定影响力的发展模式，推动图书馆事业的发展，推动企事业单位的产业结构升级，推动社会公共文化服务事业的发展与改革。图书馆作为一种文化产业的实体机构，其中的文化资源属于社会的公共文化资源，社会中的企事业单位对这种文化资源也有享有权，企事业单位同样不能完全从无偿使用的角度出发，而要为社会的公共文化服务事业做出力所能及的贡献，这就需要图书馆与企事业单位建立相互合作的方式，共同提高图书馆优秀文化资源的利用效率，同时让企事业单位也能够履行公共文化服务职能的义务。

图书馆作为文化教育机构，要充分加强与教育类机构之间的深度合作，尤其是教育类的科研院所和高校，拓宽图书馆的资源覆盖面。高校有丰富的文化资源，而且高校中有优势的图书馆专业化团队，这些资源对于图书馆事业的发展起到非常积极的推动作用，能够把这些资源更好地利用到社会的文化事业发展中，可以发挥更大的实际效果。高校所培养出来的图书馆专业人员队伍，也能为图书馆专业化队伍水平的提升起到积极的促进作用，因此作为一般的企事业单位而言，可以从高校中图书馆的专业化队伍中进行人才引进，提高企事业单位公共文化事业的专业化水平，更好地为公共文化服务事业发展服务。

图书馆与社会企事业单位之间的合作应该更加侧重外延性发展，换句话说，尽管图书馆属于公共文化服务性事业，但也需要一种有效的营销手段来提高图书馆的影响力，使图书馆的营销模式能够适应市场经济发展的需要。只有用先进的营销理念来引导图书馆事业的发展，才能使图书馆的公共文化资源有效地推向更为广阔的市场，提高图书馆的知名度。政府应该努力为图书馆提供有效的交流平台，在这个平台上，图书馆可以与社会上的企事业单位进行全面的合作与交流，将图书馆的文化资源推向市场。例如，政府的微博和微信都可以作为图书馆与企事业单位合作沟通的平台，通过现代化的沟通手段来加强二者之间的沟通与合作。同时，政府要加强对这种合作模式的公益性宣传，这也是政府宏观调控手段的表现，以便为企事业单位与图书馆之间的文化合作提供丰富的载体，营造良好的社会合作氛围。

鼓励社会力量参与公共图书馆建设，推动图书馆事业向更深领域的外延合作与发展，可以考虑设立一定的投资合作项目，或者是图书馆的阅读推广活动，通过企事业单位参与活动的策划与宣传，借助公益性媒体的宣传，吸引更多的单位机构和个人参与到图书馆阅读活动中来，提高企业的文化底蕴，这对于企业文化的改革与创新具有非常积极的推动作用，而且还能够通过这种合作产生的文化效应来影响企业的员工，使其更为积极地参与到企业的发展建设中来，为企业的发展做出新的更大的贡献。例如，有些地区的政府为了能够扩大广大读者对图书馆阅读的认可度，聘请地方乃至全国有知名度的人士作为图书馆阅读推广的形象大使，通过这种名人效应来使更多的人认识到阅读的力量，并愿意参与到图书馆的阅读互动中来。当然，这种公益性的文化宣传活动不仅仅是政府单方面的行为，也可以借助企业的经济实力，通过企业来聘请一些名师、名人，让这些名师、名人作为企业的特别顾问，企业可以为他们颁发聘书，这种合作模式也是值得提倡的。这样的公益性文化宣传活动能够大大地提升广大读者的文化理念，图书馆在其中只是作为一个文化传播的媒介，政府可以从中获得长期的利益，毕竟这种公益性的影响力是非常深远的，能够在更大范围内提高一座城市的底蕴。同样，对于企业来说也是如此，企业通过与图书馆、名人之间的宣传合作可以提高企业的文化品位，让文化的理念与企业的经营理念相结合，实现企业的营销推广模式创新发展。另外，图书馆中所拥有的丰富文化资源也可以通过与企业之间的合作得到更高效的利用，很多图书馆的文化资源都是单独的某一个企业所不具备的，企业可能在某一领域有丰富的资源，但不可能涉及所有领域。当企业自身的资源不能够满足企业发展的文化需求时，就需要借助其他的力量，图书馆恰恰是能够满足于企业文化发展过程中可能会面临的资源瓶颈，而对于企业来说，这种文化瓶颈恰恰可能会是致命的。图书馆在发展中也需要企业为其提供一定的技术支持或资金扶持，二者之间的合作能够形成优势资源的有效互补，以达到合作共赢的效果。

图书馆的服务一直在发展和创新，但在一定程度上仍然不能满足所有读者的阅读需求，而与社会中的企事业单位之间加强合作可以大大提高对广大读者阅读需求的满足程度。一些图书馆为了能够吸引更多的读者，为更多的读者提供更大的阅读方便，推行了长时间的阅读服务，或者是灵活性的阅读服务，一定程度上暂时性解决了一些读者的阅读需求，扩大了图书馆阅读的影响力和阅读范畴，但是，这种阅读服务仍然存在一定的局限。为了能够让图书馆阅读的局限更少，能够解决不同领域读者的阅读需求，图书馆加强与相关企业之间多样化的阅读推广服务是非常必要的。图书馆可以借助图书馆以外的企业优势资源为读者提供阅读服务，例如，一些大型的商场可以被用来作为图书馆阅读推广的场所和平台，有些读者可能没有时间到图书馆中去阅读，但让读者在逛商场的过程中，通过在商场中实现阅读推广，也未尝不是一种可以尝试的方式。图书馆还可以与一些大型的销售企业联合，搞一些优势的图书阅读推进活动，商场、火车站、汽车站，以及一些人员相对比较密集的地方，都可以作为图书馆阅读推广的重要场所。政府应该鼓励企业与图书馆进行该领域的合作，并为这种合作提供安全保障，以及一些相关的基础设施配套建设，鼓励图书馆把阅读推广互动引向社会中的每一个角落，让各种读者在各种不同的时间和地点都可以实现阅读，这样阅读就能够与休闲结合起来，这也是作为政府应该为广大社会读者所做的必要性工作。

（四）政府参与图书馆阅读推广机构的发展与建设

图书馆的阅读推广机构发展与建设需要得到政府的支持和参与，这样才能更好地实现图书馆机构的良性发展与战略升级，推动社会公共文化服务事业的发展。政府参与的图书馆阅读推广对于图书馆的发展是有利的，能够优化图书馆的公共服务理念，使图书馆的公益性得到更好的发挥，实现图书馆发展的优化升级。图书馆阅读推广机构包括与文化性企业组建的机构和以技术类企业组建的机构，这两种机构对于图书馆阅读推广发挥的作用是不同的，与文化性企业组建的机构主要是侧重于图书馆文化服务职能的发挥，与技术类企业组建的机构则主要是侧重图书馆技术革新职能的发挥，当然，其最终的落脚点都是服务于社会的公共文化服务事业。

图书馆与文化性企业组建的阅读推广机构有书店、出版社、杂志社、新闻媒体、广播电台等，通过这些机构来宣传图书馆的阅读活动，实现图书馆阅读的品质优化与升级。政府也应积极鼓励图书馆与相关阅读推广机构联合，达到阅读推广宣传的目的，以确保最新的书籍和理论能够在最短的时间内得到更大范围的推广，同时还能够让参与阅读推广活动的文化企业通过与图书馆合作组建阅读推广机构来实现企业优势资源的宣传与推广。文化类企业组建的阅读推广活动可以采取新书签售、开设阅读产品的宣传展厅、与图书馆和社会媒介联合搞新书推介会或者新书签售会等形式来推行新的阅读产品，不仅能够扩大图书的销售量，还能够让新出版的图书以最快的速度通过图书馆的媒介进入市场，让广大读者通过图书馆阅读的方式来了解书籍的精髓，扩大书籍的影响力和公共的认可度。作为政府，在公共文化性企业阅读推广活动中所发挥的作用应该是宣传引导的作用，通过社会主流媒体的介入，来提高公共文化推介机构的社会影响力，宣传推介活动的公益性，把握宣传的理念和创新的设想，对公益性文化推广活动进行有效的报道，提高图书馆阅读推广的知晓度。在阅读推广活动中，应该注重推广机构的体制机制建设，选好合适的宣传结点，发挥各自的优势，深化在讲座、阅读推广活动、阅读促进等方面的合作关系，实现在图书馆阅读推广活动中的共赢与优势互补，营造良好的社会阅读推广局面，为公共阅读创造优势的推广平台。任何政府都需要抓好文化软实力的建设，这是政府发展的关键，在政府文化软实力建设的过程中，不能忽视阅读推介机构的发展与建设，政府要积极鼓励图书馆与阅读推广机构之间进行深入的合作，将阅读资源进行有效的推广，否则图书馆就成了藏书馆，不能对公共文化事业的发展起到太大的积极推动作用。一个良好的推介机构可以让图书馆中的资源在最短的时间内得到有效推广，同时，阅读推广机构也能够了解地方读者的实际需求，从而相对全面地把握图书馆阅读资源的优势和特点，从多个角度对阅读资源进行有针对性的推广，实现公共文化服务资源的有效共享。

图书馆与技术类企业组建的阅读推广机构主要侧重于图书馆推广过程中的技术研发。当代图书馆的发展已经不仅仅是传统意义上的书籍资源，还有很多电子信息类的阅读资源，这些资源在传播的过程中需要经过必要的技术处理，才能有效地投放到市场中。图书馆不是技术研发的主体，不能通过技术研发的手段将数字化信息资源提供给广大社会读者，这就需要图书馆与技术类研发企业进行合作，通过技术类研发企业研究的系统平台将图书馆的阅读资源推向市场。技术类研发企业需要了解图书馆中的图书信息资源有怎样的特点，根据这些图书资源的特点来研发相应的推广技术，才能突出图书的特点，以便得到广大读者对图书资源的认可程度，从而愿意到图书馆中享受这种现代化的信息化阅读手段。图书馆还需要组织专业的人士对技术类企业的研发人员进行文化书籍专业的知识培训，使研发人员能够了解不同种类的图书在技术研发的过程中应该有怎样的切入点，这样就能够保证研发的技术与书籍的本质具有同步性，实现更优化的阅读推广效果。

图书馆阅读推广机构的组建和建设不是一个容易的过程，其中涉及经济利益、资源配置等方方面面的问题，政府应该对这种推广机构的组建和发展起到积极的推动作用，加强与相关企业之间的战略合作，因为，图书馆对于公共文化服务事业的作用与推广机构对于文化服务的推广作用都有利于整个公共文化事业的发展与建设，换句话说，是图书馆和阅读推广机构在为政府的文化发展事业做贡献。因此，政府要在图书馆的阅读推广服务中持有积极的态度，由专门的政府机构来对图书馆的阅读推广进行协调管理，保障阅读推广的顺利进行。图书馆阅读推广机构应该履行好文化推广的职能，由政府、企业、图书馆三方面共同组建图书馆阅读推广工作小组，通过汇集政府、公共图书馆界、文化性企业等多领域的人员进行这一工作的策划和指导协调，探索可持续发展的文化推广路径，可以通过开展学术交流、举办科普讲座、组织业务培训等方式来实现文化的推广工程，为整个社会的公共文化发展事业注入新鲜的动力和活力。

■第八章
中国图书馆的未来走向

通过对中国图书馆等公共文化事业发展的系统分析我们不难发现，图书馆与阅读、图书馆与文化、图书馆与地方经济的发展、阅读与人的素质提升等等，都具有十分密切的关系。中国图书馆事业的发展对于中国的发展能够产生比较深远的影响，我们有必要重新对图书馆与阅读进行相对系统的审视和剖析，科学看待中国图书馆未来的发展与走向，清晰地理清中国图书馆的发展与阅读对于中国社会未来的发展具有怎样的影响。

中国图书馆的未来是一项大的系统工程，我们不能简单地通过一两句论述就洞察出其中本质的内涵，有必要从制度、人文、大众的领域对图书馆的发展进行相对系统的审视和认识，这样我们才能够比较准确地把握图书馆的发展走势，用图书馆阅读来实现文化的传播，用图书馆阅读来传承人类的文明。

一、中国图书馆的制度化走向

图书馆的发展需要有系统化的制度作为保障，这是图书馆科学发展的必然要求。一段时期以来，在一些新的思路影响下，图书馆等公共文化服务事业和图书馆的各项具体工作都出现了一些新的发展与变化，这些新的发展变化更多地表现在经济相对比较发达的地区，尤其以江浙、广东、上海等地最为突出。例如，深圳的"图书馆之城"建设，可以说实现了图书馆最初的设计初衷，即真正意义上的开放性体制、公平性资源享有机制、均等化的图书资源和服务免费项目等，但这些图书馆最原始的设计初衷和基本职能在很多图书馆中都变质了，甚至是消失殆尽，而深圳地区的图书馆正是基于相对完善的图书馆管理制度，将图书馆的基础职能延续至今，这也得益于政府为图书馆提供的相对完备的保障性制度。

从图书馆的实际发展来看，有些地区的图书馆在发展建设过程中，收藏职能比较明显地发挥了作用，但人文职能得不到更为有效的发挥。很多图书馆对于发展的指标衡量因素主要是看一座图书馆中能够容纳多少书籍资源，或者说用一座图书馆的藏书量来作为评判一座图书馆综合实力的重要标志，实际上这是对图书馆综合职能的误解。图书馆不应该被建立成为一座藏书馆，图书馆的发展思路也不应该被定位在藏书馆的层面，而应该被赋予更多人文的要素，这样才能看到图书馆收藏价值背后的人文价值，也才是真正意义上的图书馆。基于此，图书馆就应该在人文价值的发展中完善相关制度体制，让图书馆的发展有人文方面的制度作为保障，倡导人文关怀，鼓励普通的社会大众参与到图书馆的阅读和文化事业的发展中来，用相对完善的制度来保证广大读者群众基本的阅读权益。

图书馆的发展在为我们带来了一个又一个春天的同时，也让我们看到了图书馆在文化事业发展中存在的一些不完善的结点。在一些领域中，图书馆仍然需要不断改善服务管理，创新服务理念，建立健全相关制度机制，积极推动图书馆事业的发展，让图书馆真正为全社会的文化服务事业做出更大的贡献，让图书馆真正能够在完善的制度保障下有序播撒文化的种子，传承文明的精髓。

图书馆作为一种公共文化服务型机构，与其他社会机构相比仍处于相对弱势的地位，地方政府不能持续性地给予大量的资金投入，其中不仅仅是因为图书馆的价值不能在短期内得到显性发挥，也在于地方政府在图书馆发展中的投资制度体制问题。文化局很少能够得到地方政府在大力推进文化事业发展方面给予的大量资金投资，这本身就是一种制度的滞后。当图书馆得不到必要的资金支持，得不到一定的制度保障时，就只能通过出卖自身的现有资源来维持生存，这也是一些图书馆为什么改变了一些最原始的设计初衷的原因，相关收费项目的推出也就不难理解了，毕竟图书馆也需要生存。当然，究其本质莫过于图书馆的制度问题。随着中国经济社会发展水平和成效的不断提升，中国各领域的综合水平都得到了显著的提升，未来中国图书馆的发展制度化趋势将更为明显。

在网络信息技术高速发展的背景下，在经济全球化产生强烈冲击的环境下，人类的文化服务事业发展也越来越表现出较强的全球化和多元化发展趋势，这就对当下的图书馆等公共文化服务事业提出了新的要求，图书馆的发展也面临机遇与挑战并行的现状。城市的发展对于文化事业的发展提出了新的要求，城市与城市之间通过文化之间的有效互动形成了产业之间的相互交融，推动着人类的物质文化生活水平的不断提升，同时，也对人类的精神文化生活水平提出了新的要求，这就需要不同国家和地区之间进行必要的文化交流，来推动图书馆事业的均衡发展。如何才能保证图书馆事业的均衡发展？首先就需要有一定的制度作为保障，从而实现以图书馆为载体的城市文化之间的互动，让图书馆的职能实现外延性拓展，扩大图书馆事业的影响力，从而提升城市的文化品位和国家的文化软实力。

在城市与城市之间相互作用的过程中，图书馆等文化服务事业也在制度的影响下有序发展，并适应时代发展的要求，更好地满足社会发展的文化需求，通过对相关文化资料的专门收集、整理、保存、传播，为全社会的公共科学、文化、教育和科研机构的科学发展奠定坚实的基础。在这个过程中，图书馆的管理与建设也成为重要的内容，尤其是对于制度的建设与完善。制度建设是几乎所有图书馆实现有效管理的根本前提，是图书馆得以有序运转并促进事业发展不能脱离的重要载体之一，在衡量一座城市、一个国家发展的综合水平时，就需要借助这座城市、这个国家对于图书馆发展的投入情况，把图书馆的制度体系化建设程度作为一项至关重要的参考指标。

在任何的社会发展时期，都需要有相对完备的制度作为一项事业长期发展和创新的根本保障性措施，制度也以一种类似法令的形式推动着相关领域的发展与建设。这些制度是需要广大人民群众普遍遵守的，只有大家能够充分认可这些制度，能够主动地去遵循相关的制度，才能保证这项事业在公平、公正的尺度下正常运转。制度反映的是一种集体的意识形态，作为图书馆等公共文化服务性事业来说同样如此，同样需要一项制度或是一个相对完备的制度体系作为保障，来推动图书馆事业的和谐发展和有序运行。制度是一种活动的公认性规则，这个规则反映出了社会中相互作用关系体之间的相互作用关系，从而来保障整个机体的利益取向和行为规范。从制度的发展来看，图书馆事业的制度发展是相对客观的，在《中国大百科全书》中有"图书馆的规章制度是由图书馆行政主管部门或图书馆事业管理机构制定并上报上级部门审批（或备案）公布的图书馆办事规程或行为准则，是图书馆各项规则、章程、制度、标准、程序、办法等的总称"。从这个界定的尺度来看，图书馆的制度属于公共性的范畴，正如图书馆的性质一样，制度的制定就是为了能够保证图书馆事业的有序发展。

伴着电子信息技术的发展，图书馆也逐渐走进了数字信息化的时代，传统的纸质版图书逐渐在升级中发生了形式上的变革。这种变革推动了图书馆综合职能的变迁，让图书馆的综合职能表现出扩展多元化，图书馆中的文献资料也在不断地丰富和发展，相关的服务水平也在不断地升级和完善，信息的多样化趋势更加明显，服务的载体也在不断地创新，图书馆的管理员综合素质较比以前有了很大的提高，能够为广大阅读群体提供更为专业化和系统化的服务，这些与图书馆等公共文化事业发展相关的领域的改善都离不开图书馆制度的发展与完善。从 1978 年改革开放到现在，已经超过了 35 个年头，在这 35 年中，我国的各项文化事

业都取得了令人瞩目的成绩，其中也包括图书馆等公共文化服务事业的
发展水平。之所以图书馆事业能够取得当下的可喜成绩，与图书馆等文
化事业的制度发展与建设是密不可分的。从宏观发展来看，图书馆管理
的制度化趋势主要体现在以下两个突出的方面，一方面是图书馆的管理
思想与服务理念已经逐渐从传统意义上的图书馆管理模式过渡到现代图
书馆管理模式上来，这种转化在制度领域上体现得更为突出，主要体现
在以往的图书馆侧重图书馆的收藏制度，讲求的是图书馆的微观使用能
够满足广大读者的现实阅读需要，实际上这种传统的理念已经不能真实
地满足现代图书馆事业发展的需要，这种制度本身就存在一定的管理局
限，在一定程度上限制了现代图书馆事业的发展，需要进行有针对性的
改革和创新。随着人们在图书馆管理制度领域的探索与创新，图书馆的
管理机构发现应该在制度的完善上下功夫，应该建立一种以广大读者为
中心的管理制度体系，满足广大读者的全方位阅读需要和文化需求，这
就将图书馆的管理理念推上了新的高度。事实上图书馆在制度建设方面
也应该更加开放，通过制度的改革和完善来变革图书馆的发展趋势，以
提高服务质量为中心的专业管理等全方位的管理创新和变革，才是图书
馆制度发展的本质需求。另一方面，现代图书馆等公共文化事业的发展
更多地会受到来自于信息产业的发展的冲击。我国图书馆管理创新和管
理现代化的进程需要充分借助于电子信息产业发展与完善，通过与数字
信息产业的深度合作来推动图书馆事业的科学发展，在这个过程中，图
书馆同样需要相关制度的保障性推进，毕竟在很多领域，都需要对与图
书馆等公共文化事业发展相关的电子信息业发展水平进行规范性的管
理，这也是图书馆制度化管理的一部分。尤其是数字信息业的发展属于
新兴的领域，这个领域与图书馆的衔接还需要不断完善，这样才能更好
地使其为图书馆等公共文化服务事业服务。因此，为了能够提高电子信
息业对于图书馆的推动作用，就需要对电子信息业进行更有力的规范，
尤其是与图书馆发展相关的电子信息产业发展的规范，以保证该领域对

于图书馆的适应性，这就需要图书馆的制度化建设与宏观和微观管理相辅相成。

其一，图书馆制度化的传播性职能趋势。在文化传播和文明传承的历史进程中，图书馆所发挥的重要作用是不可替代的。从建立的那一刻起，图书馆就肩负着对人类共同文化遗产进行保护和传承的使命，这种文化传播和文明传承需要有相应的制度保证，毕竟人类的文化传播和文明传承是一个长期的历史过程，在这个过程中也会产生不同时期的历史变革，不能因为这些历史性的变革而导致人类的文化出现断代。此时，就需要有相关的机构对人类共同的文化进行保护和传播，图书馆的出现正是满足了这样的需求。在文化传播和文明传承的历史进程中，制定相应的保护制度，其中也包括对人类共同文化遗产的保护制度，把这些制度与图书馆的发展制度相结合，才能更好地推动公共文化服务事业的发展。全人类在共同的文化实践中积累了丰富的历史经验，这些历史经验通过文字的形式被保留下来，并需要传递给后人，让后人在新的历史实践中获得相应的借鉴作用，不至于再重蹈历史的覆辙，不至于再走更多的弯路，这样社会实践所取得的经验、文化、知识才得以系统地保存并流传下来。为了能够把这些宝贵的经验汇总到一起，为人类社会的发展发挥更大的作用，图书馆承担起这样的历史使命，建立了相应的文化传播职能性制度，通过对这种文化传播职能的践行来保存现有的文化资源，使其成为人类社会发展的共同财富。

其二，图书馆制度化的导向性职能趋势。图书馆是一种人类文化的发展趋势，图书馆的发展也对人类社会起到一种导向性作用。从近现代社会发展的大趋势来看，社会主义的发展优势越来越得到强烈的凸显，人们的劳动不仅表现出体力劳动的价值，更能够突显出脑力劳动的价值，这种脑力劳动的价值就需要通过文化的形式来获得。换句话说，正是因为有越来越多的脑力劳动参与到社会化大生产的过程中，人们的活动空间才发生了变化，也正是因为脑力劳动的参与，才让图书馆阅读的价值得到更进一步的凸显，并成为一种全社会共同的文化导向，成为一种社会发展的趋势。图书馆的制度化也应该更加倾向于对脑力劳动的重视，各种知识和技术通过图书馆阅读来实现导向性的引导，让广大社会读者充分认识到自身的劳动已经不再局限于简单的体力劳动，还需要通过知识分子文化水平的提升来引导社会的发展和进步，推动全社会公共文化事业的发展，用文化事业的发展来主宰全社会的进步。图书馆的制度建设同样如此，一定要有知识技术的因素参与其中，用知识来指导技术，用文化来引导技术革新，在一定程度上担负起了对工人的科学知识文化教育的任务。图书馆通过各种丰富多彩的教育形式来完成对社会中生活的个体意识形态的导向性影响，使广大社会读者能够接受图书馆的教育，接受图书馆阅读的价值。图书馆中具有丰富的各种文化资源，这些资源是我们共同的财富，图书馆通过对这些资源的收集和整理，再通过有效的传播形式将这些资源传递给更多的读者，整个过程都是有相应的图书馆制度作为参与的，包括对资源的开发和利用过程，因此说，图书馆的制度化是一种人类知识传播的导向化。

其三，图书馆制度化的协调性职能趋势。图书馆的文化能够调整一些复杂的社会关系，毕竟社会的发展是一个复杂的过程，在这个过程中，需要有社会的主体持有一定的世界观、人生观、价值观来影响社会的运行。因此，在图书馆制度制定的过程中，人们需要充分利用图书馆对于社会关系的协调性职能。作为社会发展的主体，人们需要用科学文化知识来武装自己，为自己打下良好的科学文化知识基础，树立科学的世界观和人生观，在社会中处理好各种社会关系，这些社会活动都需要利用科学文化知识，因为，丰富人们的社会文化生活离不开制度的协调化，这属于图书馆制度化的范畴，也成为广大读者日常文化生活的重要组成要素。在科学文化知识的传播中，相对活跃的文化生活内容发挥着非常重要的作用，广大读者可以通过到图书馆中阅读相关的专业化知识和内容来提升自我，到图书馆中读一读专业化的书籍，看一看学术的报刊和日常的报纸，从中领略人生的真谛，在阅读的过程中学会去如何协调各种社会关系。当代图书馆在制度制定方面就涵盖了协调性的职能，能够满足不同读者的阅读需求，使读者能够在图书馆阅读中领会到文化的精神实质，感受到读书带给人们无尽的乐趣。

其四，图书馆制度化突显新的着力点。图书馆的制度化应该在多元化的领域下功夫，形成多点开花的局面，推动图书馆制度化的科学化发展进程。在图书馆采购的环节中，需要坚持制度化的原则，必须要加强和完善图书馆招标采购工作的过程管理，在与图书馆招标相关资格审查、评定论证、采购计划、验收与考核等几个方面，都能坚持从大局出发，从公平、公正的角度出发，为图书馆的文化发展事业服务，为广大读者服务，为社会主义文化发展事业服务，强调整个过程的法治化，整个图书馆的招投标项目都要保证在法制的监督下有序运行，相关内容要及时公告，自觉接受相关部门的监督和管理，相关的招投标人员要增强法制意识和责任意识，建立健全相关的招投标制度，从图书馆的利益出发，保障广大读者的切身利益。在图书馆的基本制度建设方面，要坚持服务育人的原则，从提高全社会的综合文化素质出发，保证图书馆事业的科学发展，把图书馆打造成为文化育人的重要基地，充分发挥图书馆制度化育人的重要职能，建立和完善相关的制度体系，用实践的方式推动图书馆事业的发展，不断探索新的制度模式，培养更多的高素质读者和社会精英，让制度化和科学化推动图书馆服务育人水平的提高。

二、中国图书馆的大众化走向

随着市场经济的深入发展，图书馆事业作为文化、科学与教育事业的重要组成部分，在过去的 30 多年中取得了令人瞩目的成绩，这些成绩的取得得益于图书馆发展的大众化趋势。承前启后，继往开来，未来的图书馆事业如何能够让这种大众化的发展模式坚持下去，取得更大的发展，是图书馆事业发展的关键，是大众化阅读发展的关键，是中国公共文化发展事业的创新发展的关键。

关于公共图书馆的大众化，也许有人会问，图书馆从成立之日起就具有公共性的特点，其一切服务和行动都是沿着大众化的设计思路来展开的，为什么还会有单独的大众化的提法？其实，这是对图书馆大众化的误读。图书馆的大众化与文化的大众化是存在差别的，图书馆的发展要服务于文化发展事业，而文化发展事业是大众化的文化发展事业，这就决定了图书馆的发展过程中具有大众化的本质要素。而在实际发展过程中，图书馆为一些读者设置了很多门槛，让图书馆发展的大众化面临一些挑战，这就需要重新审视图书馆的大众化发展，需要理清我国的图书馆发展是建立在文化大众化基础之上的图书馆发展大众化，还是图书馆本身就应该具备大众化的特点和发展趋势。

其实，就图书馆本身而言，未必能够真正做到大众化，这也正是我们要说图书馆未来发展应该遵循大众化思考的重要原因。正是因为图书馆在发展过程中有了一些不大众化的因素在其中，正是因为图书馆本应该满足广大读者的阅读需求，而实际上图书馆的阅读和服务没能够真正做到大众化，所以我们才需要图书馆坚持大众化的发展趋势。

作为大众化的图书馆，应当更加贴近最广大人民群众的生产和生活，尽可能地满足社会大众的实际需要。例如，当广大读者或者某一区域的读者有阅读需求的时候，图书馆就应该能够解决这些读者的阅读需求，就相当于人们来到餐馆想吃红烧肉，餐馆中就能够为就餐者提供红烧肉一样。如果图书馆不能够满足读者的切实需求，就不能真正成为大众化的图书馆，或者说图书馆的大众化服务在一定程度上是需要不断改善和提高的。图书馆为了满足不同读者的阅读需求，就需要充分了解一个地区读者的阅读需求取向，包括读者的年龄特点、职业特点、学术水平、知识结构、专业分布等，这样图书馆的服务才能更具针对性，也才能够更为贴切地满足读者的实际阅读需求。我们的公共图书馆应该成为真正融入大众生活的大众化图书馆，这种融入大众生活的服务不仅体现在文化知识的层面，也包括对于文化生活领域的深入，甚至包括大众的工作、学习、日常起居，都能够在图书馆的大众化阅读中找到需要的答案和信息。例如，有些图书馆能够为读者提供手工制品工艺手段的讲解服务，这些服务本身就不属于普通的科学文化知识范畴，而是与老百姓的生活关系更为密切。当一些读者有手工方面的爱好时，就可以到图书馆中参加这样的活动。其实，图书馆在这个过程中就已经深入到老百姓的生活之中，解决了老百姓的切实需要。"美国有一个资料显示，他们全国平均几个月就有两百万个以上的小企业在图书馆获得帮助，平均每年有四百万人因为通过图书馆的就业帮助而获得了工作的机会，我觉得这就是大众化图书馆的表现形式，所谓的大众化就是要使图书馆的资源能够与大众的生活、学习、工作相融合，满足大众的日常需要。"[①]从美国图书馆的大众化发展来看，有很多可以值得中国图书馆发展建设借鉴的要素，至少我们的图书馆应该能够深入基层，深入到老百姓生活之中，随时随地为广大读者提供真实的服务信息，这样图书馆的阅读才能成为广大读者日常生活中不可或缺的一部分，广大读者才能够感受到图书馆的价值所在。

另外，图书馆的大众化趋势也表现为能够为企业服务的大众化，能够满足不同企业的文化需求，为企业提供有针对性的文化服务，这也是图书馆大众化发展的一种路径。图书馆不能建设成为空中楼阁，应该满足各种社会实体的文化发展需求，其中也包括社会发展中的企事业单位。这些企事业单位需要一定的企业文化作为支撑，单纯靠企业自身的发展未必能够满足实际需要，因此企业与图书馆之间应加强沟通与合作，由企业为图书馆等公共文化服务事业提供一定的资金支持和技术支持，图书馆将其中的文化资源和服务反作用于企业，满足企业发展的文化需求，这样就能够形成优势资源的高效利用。例如，有些地区建立了企业图书

①刘锦山，崔凤雷，陈传夫.推进图书馆大众化与图书馆事业科学发展［J］.高校图书馆工作，2013（2）.

馆，这种图书馆本身就属于企业大众化的趋势，也就是说，企业为了文化发展的需求，对图书馆的发展进行了一些改造，使图书馆能够服务于企业。其实这类图书馆也属于大众化的范畴，因为这些图书馆同样可以履行对大众化的公共文化服务提供指导的功能，具有很大的实效性。

图书馆的大众化发展也表现在图书馆服务的大众化，不仅仅图书馆提供的资源表现出大众化的特点，也不仅仅图书馆的阅读对象表现出大众化的特点，图书馆的阅读服务也要实现大众化的延伸，将图书馆服务延伸到大众的生活当中去，采用多样化的阅读服务方式，让大众能够根据自身发展的实际需要来选择相应的阅读项目，到图书馆不只是看看书、读读报，也包括在图书馆中接受专家学者的讲解、相关的科普宣传等，这些都可以当成大众化的推广模式。

与一些发达国家的图书馆事业相比，我国图书馆的大众化发展还存在一定的差距，单纯从人均占有的图书馆阅读资源方面，我们与真正的阅读大众化之间存在一定差距，一些发达国家的图书馆阅读资源是我们的几倍、十几倍、甚至是几十倍，而且我们现有人均占有图书数量的数字中还包括一些学生专用的教科书，这也使我们的调查数据中可能会存在一些虚报的现象，这些都为我国图书馆的大众化发展设置了硬性的障碍。当然，这些问题不是短时间内能够解决的，我国的图书馆大众化发展正在建设之中，面对的困难也都会得到有效的解决，中国图书馆发展的大众化趋势必将是不可阻挡的。

在图书馆大众化的发展进程中，需要我们的图书馆、政府、企业、读者等多方面共同努力和付出，在全社会营造良好的阅读氛围，这样图书馆的大众化发展才会增加很多动力。尤其是图书馆作为公共文化服务性事业，单纯依靠政府投资来解决所有的问题是不可能的，社会上的企事业单位也应该为图书馆的发展出谋划策，大大推动图书馆事业的科学发展，加快图书馆大众化进程的发展与实现。

图书馆的大众化发展与社会的公共服务事业发展是相互促进的过

程，图书馆的大众化发展能够积极地推动社会公共服务事业的发展，社会公共服务事业的发展同样会有效地推动图书馆的大众化发展。从图书馆的大众化发展来看，图书馆为最广大的读者提供了最有效的阅读资源，整个阅读服务的提供过程就是一种阅读的大众化。尽管读者通过常规性的阅读也能够实现科学文化知识的提升，但这种提升并没有与图书馆的大众化阅读发生必然的联系。图书馆的大众化阅读让社会共同的文化资源得到了有效利用，从对资源的利用效率来看，这属于大众化进程中的必然结果。当前，一些图书馆为了生存与发展，对读者的阅读进行了一些变革，产生了一些收费性的项目，这本身就是一种对大众化阅读的限制。读者本来可以到图书馆中进行有效阅读的，但是，因为图书馆对某些项目进行了收费，导致读者只能选择那些不收费的项目来进行，更为严重的后果就是一些读者因为这些收费项目而对图书馆阅读产生了误解，放弃了到图书馆中进行阅读的习惯。

从社会公共服务事业的发展来看，所谓公共服务事业就是要满足更多人群的公共性行为需要，从大局的角度出发来解决现实的问题。图书馆的出现就是解决了这样的问题，在一定程度上解决了最广大读者的实际需求。图书馆属于公共文化事业的代表，公共文化事业就是为人民大众提供服务，因此，图书馆的公共文化服务职能与社会文化事业的公共文化职能具有同源性，也可以说，公共文化事业的发展就是对图书馆资源的利用形式，这种利用恰恰符合了大众化的具体要求。在传统的阅读模式中，很多读者也希望能够通过日常的阅读活动来了解自己所需要的资源，但实践证明，读者的阅读总会受到一些不可预见的因素的制约，这些因素的制约影响了图书馆阅读大众化的进程。因此，真正的阅读社会化就需要把公共服务事业做好，满足广大读者的实际需求，充分利用各种可能的社会资源，并将其投入到图书馆等公共文化事业的发展中，让这些社会力量成为阅读大众化的积极推动性因素，提高资源的利用效率。

　　从现实社会中图书馆的发展来看，纸质版资源与电子版资源以及网络信息资源之间是存在一定差异的，但这些资源对于大众化阅读来说都能够发挥比较积极的推动作用。作为图书馆，需要通过有效的阅读推广手段将这些阅读资源整合起来，通过打包的形式传递给大众化的读者，这样读者到图书馆中进行阅读的时候，不仅能够享受到传统意义上的纸质版资源的阅读，也能够享受到时代发展所产生的电子版资源的阅读。同样，网络信息资源的享用也成为现代图书馆事业发展的必然历史趋势，这些形式都属于阅读大众化的范畴。像普通的市场发展领域一样，图书馆阅读也需要进行必要的资源整合，只有这些资源得到有效的整合，图书馆阅读的大众化才更加有直观性，广大读者在阅读的过程中才会省去很多烦琐的程序，通过单一的阅读模式就能达到大众化阅读的实际效果。

　　当然，大众化阅读需要解决图书的知识产权问题，也就是说，不能因为需要满足大众读者的阅读需求，就可以忽视对知识产权的保护。很多时候阅读与知识产权之间会存在着比较微妙的关系，例如，当某种新鲜的读物出现时，我们可能只有在宣传资料的片子中才能对这种资源产生一定的了解。但是，为了尽早了解内容的真实本质，一些读者就会通过盗版或者网络的形式实现对新书籍的阅读。尤其是对于那些电子信息类的阅读资源，形成知识产权保护比较困难，一旦有新产品出现，就必然会产生某些盗版的资源。即便是我们的法律有多么健全，即便是对盗版的惩罚力度有多么大，甚至在很多时候正版没有出现的时候，盗版就已经在市场上横行了，从保护知识产权的角度来说，这是对知识产权的亵渎。但如果从相反的角度来看待，其中不乏有一些读者为了满足阅读的需要，而实际上这些阅读的需要在一定条件下被满足起来可能会比较困难，甚至不能够得到有效的满足，这就是阅读大众化本身出现的障碍。为了解决这种突如其来的障碍问题，一些盗版现象出现了，或许这也是对于大众化阅读不光彩的一种推动方式。当然，这种问题是需要解决的，这种大众化阅读推广模式也存在很多问题，为了满足读者的阅读需要，就忽视了阅读书籍和音像制品的知识产权保护问题。图书馆为了推进阅读的大众化进程，就需要充分考虑到知识产权的保护问题，从为广大读者提供优秀的阅读资源出发，满足读者的现实阅读需求，推进图书馆阅读的大众化。

在图书馆阅读的过程中，总是会遇到一些小的阅读瓶颈，不是每一位读者都能够对某一领域具有较强的学术底蕴，对于学术性比较强的书籍作品，读者能够真正读懂或者真正能够从事阅读的范围是非常有限的，这就很难实现书籍阅读的大众化。基于此，要解决学术类读物的大众化阅读问题，就需要从读者写作的层面入手，鼓动作者选择更容易被广大读者接受的写作形式，或者说作者应该用浅显易懂的语言来为读者进行有效的创造。图书馆为了能够有效推进阅读的大众化进行，就需要对作者创造的各种作品进行选择，不应该仅仅用学术性来衡量作者的作品是否会被读者所普遍接受，还要充分采用作品语言的写作标准作为衡量因素。在图书馆阅读推广的大众化进行中，会有越来越多的作品用简单的语言来进行创作，这样既能够满足读者的学术性需要，又能够给读者带来大众化的品位。当然，图书馆的阅读大众化推广模式也很重要，不能完全借助于传统的阅读推广手段，应该充分利用媒体和网络创新平台进行图书馆的阅读宣传工作，发挥图书馆的实体性优势，与读者和学者以及出版者进行全面的沟通与合作，了解广大读者的切实需求，了解学者的写作背景和具体思路与想法，了解出版者销售和推广的侧重点，等等，这些都将成为图书馆阅读大众化推广非常相关的重要因素。图书馆可以把小范围内读者对于读物的接受程度进行推广，让这种小范围的接受程度发展成为中等范围的读者接受程度，再进一步发展成为大众化的读者接受程度，这就实现了阅读的全面互动。

除了学术性的读物之外，大众化的阅读还应该更多地注重读物本身的大众化。也就是说，图书馆为读者提供的读物本身就是一种大众能够接受或者易于接受的内容。一些学者可能更愿意关注自然科学领域的知识，而有些学者更愿意关注社会科学领域的知识，但是，无论是自然科学知识还是社会科学知识，对于普通的大众读者来说都希望能够看懂。而最容易被读者接受的就是古典的政治、历史、哲学类书籍，相对而言，这类书籍不需要特别强的理论功底就能够读懂，至少能够明白简单的字面含义，这无形之中也成为阅读大众化最大的优势。

三、中国图书馆的人文化走向

图书馆人文化发展是图书馆中文化因素发展的关键，是图书馆现代化发展的重要标志。传统的图书馆阅读领域更注重书籍的品质，而现在的图书馆阅读更注重阅读的效率，在一定意义上来说，对效率的过分追求就容易忽略其中的品质性因素，而这恰恰是图书馆阅读所必须要坚持的。因此，图书馆在阅读推广中就应该提升对图书阅读品质的认识，深入理解书籍背后的人文信息，增加图书馆的人文底蕴，推动图书馆阅读的人文化发展趋势。

在传统意义上，很多人关注图书馆的人文方面主要是从管理员中的人与文的分割，换句话说，就是看图书管理员在人文方面具有怎样的综合素质。当图书管理员具有较高的个人综合素质，我们习惯上就会认为图书馆具有较强的文化底蕴，能够将读者的普遍阅读带进浓厚的人文化氛围中，使读者在阅读中能够感受到深厚的人文主义传统。然而，随着图书馆等公共文化服务事业的现代化发展，这种文化方面的发展已经发生了变化，对人文主义的追求已经突破了原有的图书管理员的人文主义色彩，加入了一些书籍背后的人文主义风格。尤其是20世纪70年代末的改革开放以来，我国的文化发展在不断变化，人们的世界观、人生观、价值观都在不断变化，在图书馆中进行阅读对于人文的领会也具有了一定的实践意义，图书馆的人文建设开始有一种注重图书馆软实力发展的趋势。

（一）图书馆现代化发展进程中的人文定位

图书馆人文化定位是图书馆现代化发展进程中的一种系统性的管理理念，这种人文定位中包含了人的心理和生理特点，以及人对现实和历史的不同反应，把文化的因素在以人为中心的发展系统中全面地展示出来。以文化为特点的人本主义对于图书馆的人文定位具有非常重要的意义，在图书馆的阅读推广活动中，人是最重要的因素，图书馆应该打造一批具有专业知识和服务意识的图书馆管理员队伍，能够为读者提供专业化的服务，这对于图书馆阅读推广服务工作的顺利开展具有重要的实践意义。

图书馆的人文定位主要就是推出人的本质属性，把人放到比较有价值的地位，这是图书馆人文定位的出发点和根本归宿，应该把人放在比较重要的位置，坚持科学化管理与服务相结合，为读者服务，为社会服务，服务于人的管理与人的思想，尊重人类发展的一般规律，坚持人本主义思想，发挥人文主义情怀。

从人文主义作用的层面来看，图书馆要打造文化发展的坚强阵地，突出图书馆文化发展的重要职能，以发挥图书馆阅读推广的重要意义。图书馆的人文定位应该更多地注重文化对于人的全面发展的作用，尤其是图书馆的核心价值观，这种核心价值观可以作为图书馆发展的道德准则和行为方式，对图书馆发展的人文精神具有非常重要的意义，成为图书馆全面发展的软实力建设因素，这种软实力建设因素就是人文要素，可以成为图书馆发展的核心竞争力，推动图书馆各项工作的顺利开展，在全馆内形成良性的互动关系，保证图书馆各项人文服务工作能够有序开展。

图书馆的人文定位应该突出人文精神的主体地位，把人的理性精神有效地凸显出来，用来指导图书馆的科学化管理，实现理性管理与人性化管理的科学统一。图书馆的日常管理需要有人文关怀，不能完全靠制度来约束文化的发展建设，文化发展本身就带有一定的情感性因素或是主观性因素，通过人文精神的模塑来实现管理的科学化提升。实践证明，图书馆的人文建设是一门很大的学问，问题的关键在于要通过人与人之间的有效沟通达到人文管理的目标，使图书馆的综合服务达到很高的水平，满足最广大读者的阅读需求，推动图书馆对于全社会人文建设的重要作用。图书馆的人文建设不是简单的领导对下级的管理，而是管理员的主观意识能够得到有效的控制，人文精神的理念得到最大限度的发挥，形成图书管理员与广大读者之间的有效互动，从而创造更为和谐的人文阅读氛围。

图书馆的人文化管理趋势就是对文化作用力的有效体现，这种文化作用力主要是让文化以一种主动的形态作用于个体的人，产生强烈的文化推动作用。图书馆的文化管理能借助于文化的影响力来对图书馆的日常管理产生重要的影响，尤其是图书馆的科学化管理水平，能够通过文化来发挥更大的作用，使图书馆的发展建设中充满人文的因素。图书馆的人文化管理要科学利用文化的渗透作用，使整个管理过程都能够渗透着强烈的文化味道，把读者作为服务的第一对象。图书馆的任何服务无论是出发点还是最终的落脚点都应该统一到阅读服务的问题上来，否则图书馆便成了营利性的机构，与其他的营利个体没有任何区别。正是因为图书馆坚持用人文精神来作为日常管理和服务的重要标准，才能让读者觉得图书馆的阅读服务是无偿的，而且是没有任何不良动机的，这也正是图书馆大众化服务的需求。这种大众化的需要反映的其实就是一种人文的理念和人文服务的标准，在这种人文服务理念的影响下，图书馆也会变得更具生命力，更能与社会发展的主流意识形态相统一。

图书馆的人文化管理定位是现当代图书馆科学化管理的一种新型管理理念和管理设想，也是对人文精神的一种拓展，而不是具体的某种普通管理方法。图书馆要实施人文化管理，就需要在管理中有人，而且这个人是具有一定的文化修养和文化背景的人，需要选拔有能力的管理主体来完善管理的行为和对图书馆管理的过程，创建有特色的图书馆管理文化，让这种管理有别于日常的管理模式，让这种管理在文化的作用下发挥更大的作用，来提升图书馆的工作水平，创新管理工作的理念，创建具有文化特点的管理体系，即文化软实力管理体系，从而完善图书馆人文化管理的技术基础设施建设。

图书馆的人文化趋势定位应该重点解决管理主体的人文定位问题，也就是说，从事图书馆管理工作的人员要具备一定的知识背景和能力水平，只有这样才能够对图书馆的管理产生积极的推动作用。从事图书馆管理的人员，其做人、做事、做学问的具体实践都会对图书馆的发展建设产生非常重要的影响，对图书馆内涵文化的建立、塑造、控制和发展起着重要的导向作用，成为图书馆人文建设中不可或缺的内容。作为普通的图书馆员，在日常工作中应该形成共同的价值观念和道德准则，并通过这些价值观念和道德准则来影响人们的行为方式，这个过程具有很强的文化因素。图书馆的工作人员作为一个具有凝聚力的集体，对图书馆的具体工作是有计划有步骤地实施的，其中人文精神发挥着重要的作用，能够推动各项具体工作在良性的状态下运行。

图书馆的人文化趋势定位也应该重点解决管理结构的人文定位问题，也就是说，具体的图书馆管理结构也应该体现出人文化的味道，不能是一刀切式的管理模式，也不能把图书馆的日常管理做成准军事化的管理，这些都是不符合图书馆日常管理服务特点的。而真正的图书馆人文化管理应该体现很多非理性的要素，在具体的管理过程中不能纯粹地按部就班来进行，应该注重管理的人文化沟通，能够及时将读者需要的各种信息通过有效管理进行传递，努力提高图书馆管理的民主化程度，形成管理的层次化。图书馆人文化管理应该采用网络状的平衡组织，相互之间的作用不是绝对的关系，而在彼此之间能够互相照应的同时，实现有效的监督和管理，实现管理的有效性。图书馆的管理过程中也包括图书馆管理员对被服务的对象——读者的管理，这种管理绝对不应该是纯粹的强制性的管理，而应该充分体现出人文化的因素，这样才能让读者到图书馆中进行阅读时感受到更多的关怀，以推动图书馆阅读推广过程中的人文化趋势定位落实。

（二）图书馆现代化发展进程中的人文脚步

在图书馆现代化发展进程中，人文的因素越来越多，图书馆的进步一路走来，越来越体现出人文的脚步，朝着人文的发展方向前进，这其中包括图书馆的管理理念人文化、图书馆的服务理念人文化、图书馆的建筑理念人文化等。

图书馆的管理理念人文化。每一个图书馆都有自己的管理办法、规章制度，但这些管理办法、规章制度常常都是对读者的限制，比如，"不得在书上乱写乱画，不得对书籍有任何破坏行为，不能在图书馆中大声喧哗"等等。这些都是对读者的一种限制。这些规定尽管都是对图书馆的可持续发展的一种良性限制，但对于读者来说，也是一种拒人千里之外的限制，与图书馆的初衷是不相匹配的。因此，图书馆的管理理念应该朝着人文化的方向发展，让人感受到人文精神的存在。

图书馆管理理念的人文化首先表现在开放对象的人文化。很多图书馆不是面向所有读者开放的，有些高校的图书馆，馆藏图书非常多，是很好的阅读资源，但只对本校师生开放，对其他非本校人员是不开放的，这是一种对资源的浪费，也没有体现出图书馆的人文情怀。对于非校园内的读者来说，不能进去阅读就是扼杀了他们的读书热情。所以，图书馆应该向所有读者开放，满足所有读者的阅读需求。

图书馆管理理念的人文化还表现在开放的内容要体现人文化。向市民开放的图书馆应该符合老百姓的需求，图书更多地体现生活化，饮食、运动、针织方法等生活层面的读物更能满足普通市民的需求。而校园中的图书馆应满足学者的读书需求，所以图书应该体现学术性，另外还要注意图书的时效性，要紧跟时代步伐，反映时代气息，这就要求图书馆应该及时采购图书，把最新的图书带给读者。另外，有些图书馆有借阅量的限制，也让一些读者很为难。所以，对于学者型的读者来说，应该扩大他们的借阅量，把规则制定得更加人性化一些，这是现代图书馆的发展理念。我国图书馆的开架制度是非常有益的，很多图书馆都采取了这样一种制度，这是非常人性化的，可以让很多读者在开架中发现更多好书，发现更多自己感兴趣的内容，所以开架这一制度值得传承下去。尽管电子图书很畅销，但纸质的图书有其独到的优势，永远不会被电子图书所取代。还有就是关于图书馆的借阅费用，图书馆属于公益性事业，由国家出资，应该免费向读者开放，但由于这一过程中涉及图书的安全事宜，所以有一些收费的内容也是允许的，读者不会因为一些收费内容而放弃阅读。但对于图书馆来说，未来的发展方向应该是减少收费的内容，给读者一个全免费的阅读环境。

图书馆服务理念的人文化是我国图书馆未来发展的一项目标，我国图书馆的工作人员普遍文化程度不高，所以在服务上是有一定欠缺的。图书馆未来的发展应该致力于服务的更加人性化，这主要体现在服务形式、服务层次、服务态度、服务时间等方面。

图书馆服务理念的人文化体现在服务形式的多样性。图书馆的服务除了传统的阅览、借阅、参考咨询、复印、代查代译等之外，还开辟了网络服务、多媒体服务、个性化服务、特色服务等多个方面。网络服务是指图书馆应该博采众长，及时听取网络上读者的内心想法，他们对图书馆的意见是非常宝贵的，会让图书馆得到更大的改观与进步。网络服务还可以开辟读者与读者之间的交流平台，让读者在这里畅所欲言，交流思想与观点，让读者感受现代化的图书馆服务。多媒体服务，图书馆过去只有文字性的资料，而现在有很多学术性的影音资料也是相当宝贵的，可以在图书馆的多媒体借阅室直接观看，也可以借阅，这种多媒体服务符合现代多媒体发展的潮流，同时也是新时代图书馆的典型特征，满足了读者的视听享受，是人文化的一种表现。个性化服务就是针对不同读者的需求，图书馆也要努力进行满足，有些人希望在图书馆中有一个私人空间来阅读，图书馆可以提供一个收费的阅览室，让每个人都有

一个私人的阅读空间，提高阅读效果。还可以在"我的图书馆"项目中存储一些借阅的信息，方便读者个人定制一些自己感兴趣的内容，这是对读者最大的尊重，图书馆会竭尽全力地满足所有读者的个性化服务需求，这也是人文情怀中的重要一环。特色服务体现在图书馆中的吸烟区、电话接听区、休息区等，可以设置一些咖啡屋、零食屋等场所，满足读者休息时的消遣，考虑读者每一分钟在图书馆中的感受，为读者考虑得尽可能周到，这就是更为人文化的服务了。

图书馆服务理念的人文化体现在服务层次的多样化。对于若干读者来说，图书馆怎样才能符合他们的需求要取决于他们自己，所以读者与图书馆之间必须要有一个纽带，让读者与图书馆之间联系起来。所以，不同层次的读者要通过其自身的定制来满足他们不同的需求，比如对于有科研需求的读者来说，图书馆要及时提供给他们关注图书的信息。读者也要和图书馆相配合，学会运用图书馆的相关服务，这样才能在图书馆中游刃有余。而对于一些有着特别关注的读者，图书馆也要及时提供信息给他们，比如关注生态的、关注生物的等。

图书馆服务理念的人文化体现在服务态度的优质化。对于读者来说，走进图书馆的第一印象就是图书馆的服务态度，所以对于图书馆的工作人员来说，微笑服务是最重要的，一个微笑可以反映出一个图书馆的态度，给读者一个更为温馨的环境。工作人员对读者是否耐心，能否及时解答读者的疑惑与问题，都需要图书馆工作人员平时多提高自己的服务理念，随时随地做到微笑服务。

图书馆服务理念的人文化体现在服务时间的全天候。对于读书人来说，灵感是随时产生的，所以对资料的需求就也是全天候的。现代的图书馆很少有24小时开放的，这让一些喜欢晚上夜深人静时阅读的人难以保证阅读的时间。所以，对于读者来说，24小时的阅读服务是相当贴心的，图书馆应该考虑更多读者的需求，从各个角度来为读者着想，满足读者的阅读需求。

　　图书馆的发展进程中还包括建筑理念的人文化。建筑本身是图书馆的硬件设施，也是图书馆的门面，如何让读者感受图书馆自身的书香，就需要用自己的硬件设施来展现，所以硬件也是图书馆不可缺少的一部分。首先，图书馆建筑的整体设计要体现人文性，建筑风格要表现出天人合一的理念，从外观上要与周边的花草和建筑相映衬，以带给读者一种安静祥和的阅读氛围。建设的外观设计要体现艺术性，本身书香气息要用更有深度、更有内涵的建筑风格来体现。其次，图书馆的建筑要有视觉上的开阔性，使读者走进图书馆就有一种心旷神怡的感觉，非常适合阅读，让读者感受到只有读书才是真正融入了环境之中，在这样的环境中读书更是最好的享受。在空间的利用上，还要考虑读者交流的平台，图书馆要提供一个共享的空间，让读者可以在阅读的同时互相交流，方便学习知识。最后，图书馆的硬件设施要更加人性化，包括电脑的摆放、桌椅的高度、桌椅的位置、公共的存包柜等，都要体现人性化的理念，让读者更为方便快捷地享受到图书资源。

（三）图书馆现代化发展进程中的人文效应

　　图书馆现代化发展进程中的人文效应主要体现在对图书馆发展导向的影响，对图书馆发展不均衡的制约，对图书馆综合力量的凝聚，以及对图书馆科学发展的推动。

　　首先，图书馆现代化发展进程中的人文效应体现在对图书馆发展导向的影响。图书馆的人文化应该辐射到图书馆的内部主体和外部主体两个层面，内部主体就是从事图书馆服务的具体员工，外部主体就是到图书馆进行阅读活动的广大读者。无论是内部主体还是外部主体，都应该用文化来对他们产生影响。从图书馆内部主体的人文导向影响来看，主要是影响他们在日常管理服务中的服务理念、服务态度、服务方法等，使他们为广大读者提供的服务是具有人文精神的。对图书馆外部主体的人文导向影响，主要是影响读者到图书馆中进行具体的阅读时，如何采用最有效的方式来完成阅读，使阅读的环境更加和谐，使阅读的形式更

加富有人文内涵。

其次，图书馆现代化发展进程中的人文效应体现在对于图书馆发展不均衡的制约。图书馆实施人文化管理就是要通过图书馆的文化力对广大馆员的思想和行为进行约束和规范，这种规范从一定意义上来说不同于以往意义上的硬性规范。也就是说，既然是人文影响或者称之为人文化服务，就必然有一定的主观性影响在其中，而这种主观性的影响与硬性的规范之间必然会出现一定的管理偏差，这就属于不均衡的重要内容。图书馆在日常的管理过程中，需要把握人文的效应问题，这样才能让日常的管理与传统的管理不至于出现较大的偏差，使不利于图书馆人文建设的因素得到弱化，从而推动图书馆阅读推广事业在人文作用下科学发展。

再次，图书馆现代化发展进程中的人文效应体现在对图书馆综合力量的凝聚。图书馆的人文化管理应该在图书馆中形成共同的社会价值观和认同度，图书馆的管理者与读者之间通过阅读与服务的载体相互连接起来，在相互作用中，图书馆管理员的服务深入到广大读者的心中，与此同时，广大读者对图书馆阅读的热衷也让图书馆管理员对于自身所从事的工作产生很大的热情，这些都属于人文的范畴，且在图书馆中能够形成一种强大的合力，图书馆阅读正是在这种凝聚的合力推动下，更好地服务于社会的文化发展建设，服务于最广大的读者群体。

最后，图书馆现代化发展进程中人文效应的推动体现在科学发展的推动上。随着科学的发展，无论是图书馆的外在建筑理念，还是内在设施都会不断更新，更新的目标都是使图书馆更加具有人文情怀，比如图书馆内部的陈列、样式更加新颖，材质更加环保，有益于读者的阅读和休息。对于图书馆自身的书籍和查阅的工具来说，也会不断更新换代。书籍越来越多，不断满足不同读者的借阅需求，借阅的工具也会不断更新，更加人性化，便于读者和图书馆之间的交流与对话，从而使图书馆不断发展，不断完善。相信随着科学技术的发展与进步，图书馆也和其

他的行业一样，用现代的科技来完善自己，方便读者。

图书馆与阅读是相辅相成的，未来的社会必定是一个充满阅读气息的社会，必定是一个溢满书香文化的社会，必定是一个花满园、书满园、书香满家园的社会，未来的图书馆也必然能够成为读者阅读的摇篮，为推动书香中国的建设贡献更大的力量！

■主要参考文献

一、著作

[1] 吴晞，李万健．从藏书楼到图书馆［M］．北京：北京图书馆出版社，1996.

[2] 祝勇．阅读（第一辑）［M］．北京：中国社会科学出版社，2004.

[3] ［西］法布拉（著），李竞阳（译）．无字书图书馆［M］．天津：新蕾出版社，2012.

[4] 王余光．中国阅读文化史论［M］．北京：北京图书馆出版社，2007.

[5] ［美］默里（著），胡炜（译）．图书馆［M］．广州：广东南方日报出版社，2012.

[6] 巴丹．阅读改变人生——中国当代文化名人读书启示录［M］．北京：东方出版社，2010.

[7] 吴慰慈．图书馆事业与图书馆学教育［M］．北京：北京图书馆出版社，2006.

[8] 吴慰慈，董焱．图书馆学概论［M］．北京：北京图书馆出版社，2002.

[9] ［法］萨雷丝（著），张平，韩梅（译）．古罗马人的阅读［M］．桂林：广西师范大学出版社，2005.

［10］程焕文，张靖．图书馆权利与道德（上）［M］．桂林：广西师范大学出版社，2007.

［11］魏源．海国图志［M］．长沙：岳麓书社，2011.

［12］余训培．民国时期的图书馆与社会阅读［M］．北京：清华大学出版社，2013.

［13］初景利．图书馆发展变革与服务转型［M］．北京：国家图书馆出版社，2012.

［14］李刚．制度与范式：中国图书馆学的历史考察（1909—2009）［M］．北京：科学出版社，2013.

［15］黄增章，杨恒平．中国图书馆事业开拓者——杜定友［M］．广州：广东人民出版社，2009.

［16］陈源蒸，张树华，毕世栋．中国图书馆百年纪事：1840—2000［M］．北京：北京图书馆出版社，2004.

［17］杨春光．国学经典全民阅读读报——庄子选读［M］．银川：宁夏人民教育出版社，2010.

［18］谢灼华．中国图书和图书馆史［M］．武汉：武汉大学出版社，2005.

［19］谢灼华．世界与中国图书馆事业发展趋势［M］．武汉：武汉大学出版社，2000.

［20］朱永新．朱永新教育作品（卷七）：我的阅读观［M］．北京：人民大学出版社，2012.

［21］［美］艾伦·雅各布斯（著），魏瑞莉（译）．再读一遍：消遣时代的阅读乐趣［M］．南京：译林出版社，2013.

［22］史大胜．美国儿童早期阅读教学研究：以康州大哈特福德地区为个案［M］．北京：北京师范大学出版社，2011.

［23］中国图书馆学会青少年阅读推广委员会．播撒阅读种子守望少儿幸福：青少年阅读推广理论与实践［M］．北京：国家图书馆出版社，

2012.

[24][美]罗伯特·达恩顿.世界阅读日推荐图书:阅读的未来[M].北京:中信出版社,2011.

[25]王余光.阅读,与经典同行[M].深圳:深圳市海天出版社,2012.

[26][美]斯蒂芬·克拉生(著),李玉梅(译).阅读的力量[M].乌鲁木齐:新疆青少年出版社,2012.

[27]张树华,张久珍.20世纪以来中国的图书馆事业[M].北京:北京大学出版社,2008.

[28][英]弗朗西斯·培根(著),蒲隆(译).培根随笔[M].上海:上海译文出版社,2010.

[29]蔡汀等编.苏霍姆林斯基选集(第2卷)[M].北京:教育科学出版社,2001.

[30]李芬林,王小林,尹琼.公共图书馆读者工作[M].兰州:甘肃文化出版社,2013.

[31]李家驹.商务印书馆与近代知识文化的传播[M].北京:商务印书馆,2005.

[32]王流芳,徐美莲.社区图书馆的理论与实践[M].北京:中国民族摄影艺术出版社,2002.

[33]郭豫斌.冲突与共存——人文图书馆[M].北京:北京出版社,2005.

[34]夏丏尊,叶圣陶.阅读与写作[M].长沙:岳麓书社,2012.

[35]蒋永福.现代公共图书馆制度研究[M].北京:知识产权出版社,2010.

[36]蒋永福.图书馆学通论[M].哈尔滨:黑龙江大学出版社有限责任公司,2009.

［37］蒋永福.信息自由及其限度研究［M］.北京：社会科学文献出版社，2007.

［38］刘兹恒.图书馆学研究的本土化思考［M］.北京：北京图书馆出版社，2007.

［39］怀特海智慧教育研究中心课题编委会.阅读是最好的教育［M］.北京：石油工业出版社，2009.

［40］周兢.幼儿园早期阅读教育活动设计［M］.北京：教育科学出版社，2010.

［41］黄娟娟.认字、识字就等于早期阅读吗：2—6岁婴幼儿早期阅读教育方案新探［M］.广州：中山大学出版社，2006.

［42］井蛙.人文城市系列——芳香图书馆［M］.济南：山东美术出版社，2011.

［43］茆意宏.面向用户需求的图书馆移动信息服务研究［M］.北京：中国书籍出版社，2013.

［44］王云祥.我国高校图书馆制度与读者权利冲突研究［M］.长沙：中南大学出版社，2011.

［45］吕梅.共享阅读［M］.北京：北京图书馆出版社，2011.

［46］陈伟.构建生命课堂——小学语文阅读教学模式范例［M］.成都：四川大学出版社，2012.

［47］王世伟.图书馆服务标准论丛［M］.上海：上海社会科学院出版社，2009.

［48］王世伟.城市图书馆公共文化服务体系论丛［M］.上海：上海社会科学院出版，2008.

［49］李东来，冯玲，肖焕忠等.城市图书馆集群化管理研究与实践［M］.北京：北京图书馆出版社，2005.

［50］李东来.书香社会［M］.北京：北京图书馆出版社，2008.

［51］陈克杰.图书馆延伸服务［M］.上海：上海科学技术文献

出版社，2009.

［52］唐晶．合作共享发展——图书馆文献提供服务［M］．北京：国家图书馆出版社，2009.

［53］汤江，王世伟．图书馆个性化知识服务发展报告［M］．北京：科学出版社，2010.

［54］欧阳红红．图书馆服务探析：网络信息服务［M］．北京：中国社会科学出版社，2011.

［55］邱冠华，于良芝，许晓霞．覆盖全社会的公共图书馆服务体系：模式、技术支撑与方案［M］．北京：国家图书馆出版社，2008.

［56］李超平．公共图书馆宣传推广与阅读促进［M］．北京：北京师范大学出版社，2013.

［57］范并思．图书馆学理论变革：观念与思潮［M］．北京：北京图书馆出版社，2007.

［58］王军．数字图书馆的知识组织系统：从理论到实践［M］．北京：北京大学出版社，2009.

［59］张彦博．公共文化服务的创新与跨越［M］．北京：国家图书馆出版社，2010.

［60］周文骏，王红元．中国图书馆学研究史稿(1949 年 10 月至 1979 年 12 月)［M］．北京：北京大学出版社，2011.

［61］张树华，张久珍．20 世纪以来中国的图书馆事业［M］．北京：北京大学出版社，2008.

［62］沈秀琼．大学图书馆导读策略［M］．北京：人民邮电出版社，2013.

［63］［印度］阮冈纳赞．图书馆学五定律［M］．北京：书目文献出版社，1984.

［64］宁英伟．公共图书馆与未成年人服务［M］．沈阳：万卷出版公司，2013.

［65］袁明伦.现代图书馆服务［M］.成都：四川大学出版社，2013.

［66］蔡家园.去图书馆约会［M］.北京：金城出版社，2013.

［67］马莎.高校图书馆文化建设与创新［M］.成都：西南交通大学出版社，2008.

［68］刘锦山.沉思与对话：高校图书馆新馆建设［M］.北京：国家图书馆出版社，2010.

［69］［美］瑞德帕兹（著），查连芳，陈勋远（译）.阅读的革命［M］.北京：中国科学技术出版社，2001.

［70］王启云.图书馆学随笔［M］.北京：国家图书馆出版社，2011.

［71］李琛.高校图书馆教育功能理论与实务［M］.芜湖：安徽师范大学出版社，2012.

［72］张玮，李俊宝.阅读革命［M］.太原：北岳文艺出版社，2011.

［73］民间流动图书馆编著.爱上读书　有书不输：22位名人谈阅读［M］.北京：机械工业出版社，2012.

［74］陈军科.应用型大学图书馆特教服务模式及馆藏资源建设［M］.北京：中国经济出版社，2014.

［75］黄梦醒.数字图书馆服务链：服务模式·体系架构·关键技术［M］.北京：清华大学出版社，2013.

［76］陈红勤.图书馆知识社区研究［M］.北京：中国书籍出版社，2010.

［77］于良芝.公共图书馆建设主体研究——全覆盖目标下的选择［M］.北京：国家图书馆出版社，2011.

［78］万群华主编.图书馆：文化传承·阅读·服务.上册，第十一届中国社区乡镇图书馆发展战略研讨会论文集［M］.武汉：湖北

科学技术出版社，2012.

[79] 万群华主编.图书馆：文化传承·阅读·服务.下册，湖北省图书馆学会2012年年会论文集 [M].武汉：湖北科学技术出版社，2012.

[80] 柯平等.公共图书馆的文化功能：在社会公共文化服务体系中的作用 [M].上海：上海交通大学出版社，2010.

[81] [美] 赖德伯格·科克斯（著），朱常红（译）.挑战数字图书馆和数字化人文科学 [M].桂林：广西师范大学出版社，2010.

[82] 徐学林.中国历代行政区划 [M].合肥：安徽教育出版社，1991.

[83] 沈固朝.信息服务与图书馆学教育 [M].北京：国家图书馆出版社，2010.

[84] 彭晓东，杨新涯.数字图书馆技术与未来——2011年教育部高校图工委信息技术应用年会论文集 [M].北京：知识产权出版社，2012.

[85] 陈艳梅.高校图书馆与大学生信息素质教育 [M].沈阳：辽宁教育出版社，2012.

[86] 张隆溪.同工异曲：跨文化阅读的启示 [M].南京：江苏教育出版社，2006.

[87] 杨慧.麻辣阅读：流动的盛宴（文化）[M].南宁：广西教育出版社，2007.

二、学术论文

[88] 汤松梅.读者阅读需求类型初探 [J].长春大学学报，2007（5）.

[89] 吴建中，胡越，黄宗忠.《图书馆服务宣言》专家笔谈 [J].中国图书馆学报，2008（6）.

[90] 杨素音.少儿阅读推广之我见 [J].图书馆学刊，2010，(5).

［91］卿玉弢,王黎,朱俊波.简析中国近代图书馆的产生和发展［J］.图书馆,2009（4）.

［92］陈永娴.实现全民阅读的助推器［J］.图书馆论坛,2008（8）.

［93］苏全有,马君鹏.对晚清我国图书馆史研究的回顾与反思［J］.大连大学学报,2011（8）.

［94］陈丽华.地市公共图书馆读者阅读需求分析［J］.南华大学学报（社会科学版）,2000（9）.

［95］叶柏松.再议藏书楼与图书馆［J］.图书馆,2003（1）.

［96］黄幼菲.中国古代藏书楼封闭性与开放性刍议［J］.河南图书馆学刊,2010（3）.

［97］黄幼菲.中国近代图书馆是多元文化融合的产物——兼议中国近代图书馆学的形成及发展［J］.图书馆工作与研究,2010（9）.

［98］郭佳.论和谐文化建设中公共图书馆的地位与作用［J］.图书馆学刊,2008（1）.

［99］朱峻薇.公共图书馆与少儿阅读［J］.图书与情报,2010,（2）.

［100］庞弘燊.1979—2010年我国图书馆史研究的定量分析［J］.国家图书馆学刊,2011（1）.

［101］廖宪方.面向服务创新的图书馆知识服务发展研究［J］.图书情报工作,2009,（1）.

［102］牛丽.浅谈公共图书馆面向老年读者的服务工作［J］.图书馆学研究,2005(2).

［103］勾学海.当前公共图书馆面临的几大问题［J］.图书馆,2003（4）.

［104］刘鸿娟.美好人生从阅读起步——简述少年儿童图书馆如何开展阅读活动［J］.图书馆工作与研究,2009（4）.

［105］李新祥.成果述评:我国国民阅读研究现状述评（上）［J］.浙江传媒学院学报,2010（01）.

［106］李新祥. 成果述评：我国国民阅读研究现状述评（下）

［J］. 浙江传媒学院学报，2010（02）.

［107］丁文祎. 中国少儿阅读现状及公共图书馆少儿阅读推广策略研究［J］. 图书与情报，2011（2）.

［108］段小虎. 后工业社会中的合作治理——公共图书馆治理模式研究之三［J］. 图书馆杂志，2012（7）.

［109］李东来. 整合资源传播知识建立城市图书馆公共服务体系［J］. 图书馆论坛，2005（6）.

［110］李国新. 我国乡镇社区图书馆的现状和发展［J］. 图书馆论坛，2010，（9）.

［111］陈峰. 图书馆开展企业竞争情报服务的关键成功因素［J］. 图书情报工作，2012，（2）.

［112］鲁宁. 新环境下图书馆的合作方式和内容研究［J］. 图书馆学研究，2010（10）.

［113］王兰敬. 图书馆隐性知识转移模式与流程研究［J］. 图书馆学刊，2009（1）.

［114］田桂兰. 推动全民阅读——图书馆的神圣使命［J］. 江西图书馆学刊，2007（2）.

［115］石静. 少儿图书馆开展亲子阅读服务的实践与思考［J］. 图书馆工作与研究，2008（8）.

［116］黄宗忠. 中国新型图书馆事业百年（1904—2004）（续）［J］. 图书馆，2004（3）.

［117］王达生，刘滨. 全面关注读者阅读倾向，实现阅览服务科学发展［J］. 中国科教创新导刊，2007（10）.

［118］窦英杰. 从藏书楼到图书馆——论图书馆"话语权"的演变［J］. 图书馆论坛，2005（3）.

［119］洪文梅. 公共图书馆在全面阅读活动中的作用与对策探

讨[J].图书馆理论与实践，2009（7）.

［120］吴志敏.社会阅读推广与公共图书馆使命[J].图书馆学研究，2011（2）.

［121］周文骏.图书馆是社会的产物[J].大学图书馆学报，2010（9）.

［122］范并思.现代图书馆理念的艰难重建：写在《图书馆服务宣言》发布之际[J].中国图书馆学报，2008（6）.

［123］何娟红.建设学习型的新农村必须加强农村图书馆的建设[J].中共南宁市委党校学报，2003（4）.

［124］段小虎.后工业社会中的合作治理——公共图书馆治理模式研究之三[J].图书馆杂志，2012（7）.

［125］李东来.整合资源传播知识建立城市图书馆公共服务体系[J].图书馆论坛，2005（6）.

［126］石静.少儿图书馆开展亲子阅读服务的实践与思考[J].图书馆工作与研究，2008（8）.

［127］田桂兰.推动全民阅读——图书馆的神圣使命[J].江西图书馆学刊，2007（2）.

［128］王兰敬.图书馆隐性知识转移模式与流程研究[J].图书馆学刊，2009（1）.

［129］鲁宁.新环境下图书馆的合作方式和内容研究[J].图书馆学研究，2010（10）.

［130］陈峰.图书馆开展企业竞争情报服务的关键成功因素[J].图书情报工作，2012，（2）.

［131］李国新.我国乡镇社区图书馆的现状和发展[J].图书馆论坛，2010，（9）.

［132］胡庆连.公共图书馆致力"社会阅读"推广的逻辑起点[J].河南图书馆学刊，2009（2）.

［133］刘锦山，崔凤雷，陈传夫．推进图书馆大众化与图书馆事业科学发展［J］．高校图书馆工作，2013（2）.

三、网站资源

［134］法制日报．我国公共图书馆人均藏书量不足 0.5 册［EB/OL］.http://news.ifeng.com/gundong/detail_2013_03/15/23126595_0.shtml.

［135］耿骞，叶亚娜．浅谈我国数字图书馆建设与发展现状［EB/OL］.http://www.edu.cn/tsg_6497/20080525/t20080525_298541.shtml.

［136］中国新闻网．温家宝：读书关系到民族素质不读书的民族没前途［EB/OL］.http://www.chinanews.com/gn/news/2010/02-27/2142314.shtml.

［137］文化中国－中国网．朱永新：改变，从阅读开始［EB/OL］.http://cul.china.com.cn/2012-01/06/content_4744021_4.htm.

［138］文化部．文化部办公厅关于印发"数字图书馆推广工程"省级、市级数字图书馆硬件配置标准的通知［EB/OL］.http://www.ndcnc.gov.cn/2013zhuanti/tongzhi/201307/t20130712_705532.htm.

［139］叶薇．讲座文化：城市新磁场［EB/OL］.http://www.people.com.cn/GB/paper40/16852/1480613.html.

［140］人民网．700 多县市图书馆不是"书吃人"就是"人吃书"——生存还是消亡？基层图书馆面临艰难抉择［EB/OL］.http://politics.people.com.cn/GB/30178/3651628.html.

［141］国家科学图书馆馆史陈列室（网络版）．"文革"期间的一方净土——馆员回忆科学家齐聚图书馆 [EB/OL]. http://www.las.ac.cn/history/history-4_2.html.

［142］中国广播网．400 万未成年人参与"全国少年儿童阅读年"活动［EB/OL］.http://finance.sina.com.cn/roll/20100423/20337817662.shtml.

[143] 海飞. 让孩子们多读书读好书——海飞："中国儿童阅读日"推动青少年健康阅读 [EB/OL] .http://culture.people.com.cn/GB/42496/42499/5613230.html.

[144] 舜网 (济南). 名人名家谈读书 [EB/OL] .http://news.163.com/09/0424/04/57L0H4IH000120GR.html.

[145] 工人日报. 专家学者谈阅读莫言曾尝试在雪上读书 [EB/OL] .http://www.chinanews.com/cul/2011/04-29/3008945.shtml.

[146] 易中天. 易中天谈经典教育 [EB/OL] .http://baby.nlp.cn/2009-03-28/18397.html.

[147] 中国青年网. 钱文忠：中国人道德观崩塌很快 [EB/OL] .http://wenhua.youth.cn/wx/zjpl/201012/t20101221_1437317_1.htm.

[148] 春城晚报. 莫言谈阅读：手机网络同样是阅读 [EB/OL] .http://www.wenming.cn/book/zsds/201311/t20131121_1592706.shtml.

[149] 中央政府门户网站. 国家统计局发布2012年全国农民工监测调查报告 [EB/OL] .

http://www.gov.cn/gzdt/2013-05/27/content_2411923.htm.

四、其他资源

[150] 姚瑶, 郭玉娟. 手机小说翩然而至 [N] .人民日报海外版, 2009-04-16 (第4版).

[151] 中共文化部党组. 在改革创新中繁荣发展——改革开放三十年中国文化事业发展回顾 [N] .经济日报, 2008-12-04 (第10版).

[152] 姜梦诗, 朱畑明. 迎接互联网挑战　保住传统阅读优势 [N] .晶报, 2013-03-02 (第A05版).

[153] 北京大学图书馆学系. 中国近代现代图书馆事业史草稿 (内部资料). 1961.